KB144887

인공지능과 국제정치

연구 어젠다의 발굴

인공지능과 국제정치
연구 어젠다의 발굴

2024년 5월 17일 초판 1쇄 인쇄
2024년 5월 29일 초판 1쇄 발행

엮은이 김상배
지은이 김상배·김용신·홍건식·문용일·윤정현·윤대엽·설인효·정성철·장기영·송태은

편집 김천희, 한소영
디자인 김진운
마케팅 김현주

펴낸이 윤철호
펴낸곳 (주)사회평론아카데미
등록번호 2013-000247(2013년 8월 23일)
전화 02-326-1545
팩스 02-326-1626
주소 03993 서울특별시 마포구 월드컵북로6길 56
ISBN 979-11-6707-152-1 93340

* 이 저서는 2023년 서울대학교 국제문제연구소와 서울대학교 미래전연구센터의 지원을 받아 수행된 연구임.

인공지능과 국제정치

연구 어젠다의 발굴

김상배 엮음

김상배·김용신·홍건식·문용일·윤정현
윤대엽·설인효·정성철·장기영·송태은 지음

사회평론아카데미

차례

6

제1장　　　인공지능과 국제정치: 연구 어젠다의 발굴

김상배(서울대학교)

I. 머리말

지난 10여 년 동안 인공지능(Artificial Intelligence, AI)에 대한 국내외의 관심이 급격히 커졌다. 2016년의 '알파고 쇼크'가 첫 번째 계기를 제공했다(김상배 2018). 2023년에 다시 한번 밀어닥친 쇼크는 챗GPT로 대변되는 생성형 AI의 충격이었다. 그동안 상상하지도 못했던 일들이 AI의 힘을 빌려 이루어지고 있다. 분야마다 챗GPT의 이전과 이후가 크게 다르고, 앞으로 AI가 만드는 세상은 여태까지 인류가 겪어 보지 못한 새로운 지평에서 펼쳐지리라는 막연한 기대와 불안이 교차하고 있다. 기술이 만들어 내는 물질적 삶의 변화에 항상 늦은 반응을 보여 왔던 국제정치학 분야에도 AI의 바람은 불어와서 최근 큰 화두가 되었다. AI가 미래 국제정치를 주도해 갈 새로운 권력을 엿보게 한다는 점에서 자연스러운 일인지도 모른다(김상배 2021). 그러나 아직은 AI를 보는 시각이 제대로 정립되지 않아 국제정치학 연구 대중이 공감할 정도로 의미 있는 연구 어젠다의 발굴이 미흡한 상황이다.

그나마 제일 주목을 많이 받는 연구 어젠다는 기술·경제·정치 차원에서 전개되는 AI 기술경쟁과 관련된 논제들이다. 기업 간 경쟁을 넘어선 국가 간 경쟁의 시각에서 본 기술경쟁은 국제정치학의 오랜 연구 어젠다였고, 그 연장선에서 본 오늘날의 대표주자 중의 하나는 AI이다. 그만큼 신흥기술로서 AI는 미래 국력경쟁에서 중요한 위상을 차지하고 있다. 첨단부문에서 미국과 중국이 벌이는 글로벌 패권경쟁의 핵심으로까지 거론된다. 조금 다른 맥락에서 AI를 둘러싼 글로벌 공급망의 안정성 문제도 국가안보의 시각을 내세운 '안보화(securitization)'의 쟁점이 되면서 AI 기술의 수입규제와 수출통제가 산업정책의 현안이 되었다. AI 규제표준과 이를 뒷받침하는 정책과 제도의 차이가 통상 마찰을 일으키는 빌미가 되고 있다. 게다가 안면인식AI 등과 같은 기술의 개발과 도입은 정치적 감시의 논란을 낳으면서 '권위주의 대 민주주의'라는 가치·이념 경쟁의 전선을 형성하는 양상마저도 보여주고 있다.

안보·군사·전쟁 차원에서 본 AI 이슈도 국제정치학의 중요한 연구 어젠다이다. 전통안보 시각을 넘어서 신흥기술안보의 시각, 그중에서도 사이버 안보, 데이터 안보, 인지전, 포스트휴먼 안보 등의 시각에서 보는 AI 이슈가 큰 주목의 대상이 되고 있다. 실제로 AI를 악의적으로 활용한 자동화·자율화된 사이버 공격이 증가하고 있다. 이러한 과정에서 AI를 활용한 데이터의 유출과 오염 및 조작 가능성도 새로운 안보위협으로 부상하였다. AI를 활용한 허위조작정보의 생산과 유포도 문제다. 예를 들어, AI를 활용한 텍스트의 조작뿐만 아니라 딥페이크와 같은 이미지의 조작은 여태까지 겪어 보지 못한 위협을 가할 수도 있다. 더 나아가 기술 시스템으로서 AI가 지닌 자체적인 편향이 인간에 반하는 오류를 생성할 가능성도 걱정거리이다. AI의 도입은 군사안보 분야에도 영향을 미쳐서 AI기반 무인화 기술의 도입을 바탕으로 군사혁신과 군비경쟁이 가속화되고 있으며, 전쟁 수행방식도 큰 변화를 보일 것으로 예상된다.

외교·평화·질서 차원에서도 AI는 글로벌 패권경쟁을 벌이는 두 강대국인 미중이 추구하는 양자와 소다자 및 다자 형태의 동맹과 연대 전략의 대상이 되었다. 이러한 과정에서 미국과 서방 진영은 중국을 견제하기 위한 목적으로, '자유롭고 민주적인 AI 기술담론'의 형성을 주도하면서, AI 윤리규범을 만들기 위한 행보를 선도하고 있다. 국제기구 차원에서도 AI의 도입이 야기할 국제평화에 대한 위협을 방지하고 이를 보장할 국제적 제도와 규범을 마련하기 위한 노력이 진행되고 있

다. 글로벌 시민사회 차원에서 제기하고 유엔과 같은 국제기구에서 수
용된 AI 국제규범의 담론에도 주목할 필요가 있는데, 특히 군사적 용
도로 AI를 활용한 자율살상무기체계(LAWS)의 규범과 윤리에 대한 논
의가 쟁점이다. 이러한 과정에서 AI의 도입은 근대 국제질서의 기본골
격, 특히 국가주권을 기반으로 형성된 기존 질서의 변화를 야기할 요인
으로 거론되기도 한다.

　　이 글은 인공지능과 국제정치의 연구 어젠다를 발굴할 목적으로
편집한 이 책의 총론 격으로 집필되었는데, 국제정치학의 시각에서 보
는 AI 관련 9대 어젠다를 선정하고 그 취지와 배경을 설명했다. 우선
AI와 기술·규제·거버넌스의 국제정치 주제로서, AI 기술경쟁, AI 규
제표준과 안보화, AI와 거버넌스 및 민주주의의 문제를 살펴보았다. 둘
째, AI와 안보·군사·전쟁의 국제정치 주제로서 AI와 관련된 신흥기술
안보 이슈(사이버·데이터·인지전·포스트휴먼 안보), 군사안보 분야의
AI 군비경쟁과 군사혁신, 그리고 AI와 전쟁 수행방식의 변환을 살펴보
았다. 끝으로, AI와 외교·평화·질서의 국제정치 주제로서 AI와 관련된
동맹 및 연대의 전략과 중견국 외교, 국제규범 및 안보·평화, 주권국가
질서의 변동 등을 살펴보았다.

II. 인공지능과 기술·규제·거버넌스의 국제정치

1. 인공지능 기술경쟁

　　미국과 중국은 글로벌 패권경쟁의 차원에서 신흥기술 경쟁을 벌
이고 있는데 그중의 핵심이 AI 기술이다. AI 기술 분야에서 미중의 경

쟁력 현황을 보면, 미국이 원천기술을 장악하면서 선도하고 있는 가운데 중국은 응용기술 분야에서 우세를 보이며 추격하고 있는 양상이다. AI 기술경쟁은 단순히 하드웨어 분야의 기술경쟁과는 달리 표준경쟁 또는 플랫폼 경쟁의 성격도 띤다. 구글, MS, 오픈AI, 메타 등과 같은 미국 빅테크 기업들이 오픈소스 개발플랫폼 및 범용플랫폼을 제공하면서 AI 플랫폼 경쟁을 주도하고 있다. 이에 비해 중국은 방대한 내수시장을 기반으로 생성된 로컬 데이터를 활용하여 독자적 생태계를 구축하기 위한 노력을 벌여 왔는데, 바이두, 알리바바, 텐센트 등과 같은 중국 기업들이 각기 역할을 분담해서 성장해 왔다. 한편, 미중 AI 경쟁에서 주목해야 할 미래 경쟁의 관건 중의 하나는 디지털 콘텐츠 추천 AI 알고리즘이나 생성형 AI 분야의 경쟁이다(김상배 2022).

AI 경쟁은 궁극적으로는 데이터 플랫폼 경쟁의 양상을 띨 수밖에 없다. 실제로 국경을 초월하여 활용되는 빅데이터는 디지털 경제의 산업과 서비스 및 무역 경쟁의 핵심으로 부상하고 있다. 이러한 과정에서 AI를 활용하여 이미 축적된 데이터를 분석하는 것이 경쟁력의 요체이다. 이러한 데이터를 담아내는 인프라 환경으로서 클라우드 컴퓨팅도 중요하다. 클라우드 분야 미중경쟁의 현황을 보면, 글로벌 클라우드 시장은 아마존의 AWS, MS의 애저, 구글 등의 클라우드 플랫폼이 3강 체제를 형성하고 있다. 클라우드 시장에서도 중국 기업들은 급속히 성장하며 추격하고 있는데, 그중에서 알리바바가 제일 앞선 추격자이다. 데이터의 수집과 활용뿐만 아니라 데이터 저장도 민감한 이슈인데, 데이터 센터의 설립 문제가 쟁점인 가운데 데이터 주권과 데이터 국지화 문제를 놓고 미중 양국은 실랑이를 벌이고 있다.

이러한 현상의 전개를 보고 경제·경영학의 시각에서 기업의 비즈니스 전략을 분석하는 차원을 넘어서 국제정치학적 시각의 필요성이 거론되는 이유는, 최근 주요국들이 모두 기업 차원을 넘어서 국가 차원에서 AI 전략을 추진하고 있기 때문이다. 국가 간 전략경쟁의 시각에서 AI 경쟁을 보면, 종합적인 미래 국력경쟁 차원에서 AI 기술경쟁을 뒷받침하는 정책과 제도 및 체제 경쟁이 전개되고 있다.

이러한 문제의식을 바탕으로, 제2장은 미국과 중국이 이념·제도 동학을 통해 어떤 혁신체제를 구축했고, 이러한 혁신체제가 구체적으로 AI 영역에서 어떤 경쟁의 동학을 만들었는지를 살펴보았다. 중국의 혁신체제는 중앙과 지방 사이의 '느슨하게 연계된 체제'였으나, 시진핑 집권 이후 거국체제를 기반으로 한 '국가혁신구동발전전략(IDDS)'으로 변모하고 있다. 이러한 '기술-안보 국가(techno-security state)'의 전환 과정에서 안보 목적을 강조하는 중국 중앙정부의 AI 발전 전략은 지방정부의 상업적 목적과 충돌하며 중앙의 의도와는 다른 결과를 만들어 내기도 했다. 그런데 이렇게 중국의 안보화된 중앙의 AI 전략은 경쟁국인 미국의 AI 전략과 공존할 공간을 축소시킬 수밖에 없다는 것이 문제로 지적된다.

이러한 중국의 사례와 대비해서 제2장은 미국의 '국민안보국가(national security state)' 역시 탈냉전 이후 상당 부분 와해의 과정을 겪었으나, 중국을 새로운 지정학적 경쟁자로 지목하면서 새로운 전환기를 맞이하고 있다고 주장한다. 상업적인 행위자의 비중과 역할이 매우 큰 미국의 경우에도 연방정부의 AI 전략은 전반적인 기술 발전의 방향을 주도하고 있다. 국내적 제도의 차이에도 불구하고 서로를 지정학적 주적이라고 인지하기 시작한 미국과 중국은 새롭게 등장하는 AI 분야에서 매우 유사한 전략과 정책을 만들어 내고 있다는 것이다.

제2장에 따르면, 결국 미중 AI 경쟁은 AI 육성 전략에 대한 양국의 지향점과 정책집행 과정에 있어 상당한 차이를 만들어 낼 수밖에 없다

고 한다. 중국은 거국체제를 강화하며 AI 혁신에 박차를 가하고 있는데 이는 단기적으로는 중앙과 지방 사이의 불일치를 일시적으로 축소할 수 있을 것이다. 그러나 이러한 중국의 행보는 경쟁자인 미국도 한층 강화된 '국민안보국가'가 필요함을 인식하는 근거로 작동할 수 있다. 여기서 주목할 점은, 미국 역시 '국민안보국가' 체제의 강화를 통한 AI 발전을 도모하고 있기는 하지만, 이러한 미국의 시도가 중국에 비해 더 민첩한 대응이라는 보장은 없다는 사실이다.

2. 인공지능 규제와 안보화

5G나 반도체와 같은 여타 몇몇 디지털 기술 분야와는 달리, AI 분야에서는 아직 미중갈등이 표면에 드러나지 않고 있다. 일단 먼저 각자 기술혁신을 하고, 안보를 내세운 규제는 나중에 한다는 공감대가 있는 듯하다. 그럼에도 만약에 미국이 AI 설계와 장비 및 전문기술의 수출을 통제하겠다고 나선다면 중국은 상당히 난감한 상황에 빠질 가능성이 크다. 게다가 AI는 민간 기술이지만 군사적 용도로도 사용되는 기술, 즉 민군겸용기술인 경우도 많아서 수출통제의 대상이 될 수 있다. 실제로 최근 미국은 자국 AI 기업의 중국 투자를 억제하고, 엔비디아 등에서 생산하는 AI용 고성능 반도체의 중국 수출을 금지하는 조치를 취한 바 있다. 여태까지 AI 분야에서 미국은 AI알고리즘은 개방하되 AI반도체는 독점하는 복합적인 전략을 구사해 왔다. 이런 상황에서 미국이 AI반도체의 수출통제라는 카드를 꺼내 들 가능성은 언제든지 있다. 이는 AI 분야에서 미국이 중국을 압박할 수 있는 일종의 '초크 포인트'라고 할 수 있다.

여기서 더 나아가 미중 간에 AI 규제정책이나 윤리규범을 둘러싼 마찰과 충돌이 발생할 가능성도 만만치 않다. 중국의 안면인식AI와 관련된 논란이 그러한 가능성의 단초를 보여주었다. 실제로 2019년 10월 미국 정부는 중국 내에서 인권 탄압을 자행하고 미국의 국가안보에 반한다는 이유로, 중국 신장·위구르 자치구의 불법 감시에 연루된 지방정부 20곳과 기업 8곳을 제재 리스트에 올렸다. 센스타임, 메그비, 이투 등과 같은 중국의 대표적 AI 기업이 포함되었다. 이 외에도 일종의 '정치기술'로서 AI기술을 둘러싼 논란은 다양한 분야에 걸쳐 AI를 활용한 ICT제품이나 기술 시스템을 활용한 데이터 감시 문제와 연관돼서 발생했다. 최근 중국산 ICT 제품들의 신뢰성이 문제가 되어 미국 정부가 중국 기업들을 제재 리스트에 올렸던 사례는 CCTV, 드론, 항만 크레인, 동영상 서비스(예: 틱톡) 등의 분야에서 출현했다.

　　AI 관련 글로벌 공급망의 안보 이슈도 쟁점인데, 미국 내에서 중국의 AI 사용을 금지하는 수입규제도 거론되고 있다. AI 기반 데이터 이동에 대한 차별적 조치와 통상 마찰의 가능성도 잠재하고 있다. 특히 일반적인 정책규제를 넘어서 '안보화'의 논리에 기댄 제재 가능성이 우려된다. AI 안보화의 관점에서 볼 때, 생성형 AI는 양국 간에 안보 문제를 내세워 수입규제 정책을 펼칠 가능성이 큰 후보이다. 이러한 과정에서 양국의 서로 다른 AI 규제원칙이 공급망 및 수입규제 이슈와 연계될 가능성도 있다. 미중 양국은 AI알고리즘의 규제원칙을 국가전략의 차원에서 제시하고 있다. 미국은 2020년 1월 〈인공지능 적용 규제 가이드라인〉을 제시했고, 중국은 2019년 5월 〈베이징 AI 원칙〉을 수립하였다. 이러한 과정에서 드러나는 AI규제 원칙에 대한 미중의 입장 차이는 양국이 벌이는 체제 경쟁의 소재로 원용되기도 한다.

　　제3장에 의하면, AI는 4차 산업혁명의 성과 중에서 가장 핵심적인 혁신 요소이며, 정치, 경제, 사회 그리고 인간의 삶 모두를 변화시킬 수

있는 잠재력을 가졌다. 각국이 AI 전략을 앞다투어 수립하고 AI를 둘러싸고 각축을 벌이는 이유는 AI가 가지는 혁신 기술의 잠재력과 민군 겸용기술이라는 성격에서 비롯된다. 이러한 AI의 능력은 각국이 반도체나 소프트웨어 같은 기술을 얼마나 복합적으로 그리고 효율적으로 활용하는가에 따라 결정된다. 이러한 이점을 인식한 기술 선진국들은 AI 기술의 주도권 확보를 위한 경쟁을 벌이고 있으며, 특히 미국과 중국은 AI 기술 경쟁력의 확보에서부터 지정학 차원의 자원 경쟁에 이르기까지 다차원적이고 복합적인 경쟁을 벌이고 있다. 결국 무역 전쟁으로 시작된 미중 전략경쟁은 기술경쟁 그리고 이제는 기술의 집약체라 할 수 있는 AI경쟁으로 이어지고 있다.

여기서 더 나아가 제3장은 글로벌 AI 리더십 확보의 필수 요소로서 AI기술 담론의 방향을 설정하고 AI 분야의 표준을 구축하는 기술패권의 확보를 강조한다. 미국은 시장의 중요성을 강조하며 정부의 역할은 최소화하려는 입장이며, AI기술 경쟁력의 확보 및 중국 견제를 목적으로 다양한 정책들을 점차 체계화하고 있다. 중국은 AI 규제에 대해 공산당의 정치적 안정성을 목적으로 국가 중심 접근 방식을 취하고 있다. 한편 유럽연합(EU)은 기술을 기업에 맡겨 두기보다는 사용자와 시민의 권리에 초점을 맞춘 권리 중심적 접근 방식을 취한다. AI 규제에 대한 기술 선진국들의 입장은 각기 서로 다르며, 이들의 정책은 각국 AI 기업의 알고리즘과 데이터 사용의 투명성에도 영향을 미치고 있다. 더 나아가 AI에 대한 각기 다른 규제는 글로벌 AI 리더십 구축을 위한 경쟁으로 이어지고 있다.

3. 인공지능과 거버넌스, 민주주의

AI 기술의 도입은 신흥기술을 활용한 거버넌스와 이를 뒷받침하는 정치체제의 성격과 관련된 문제를 제기한다. 특히 AI 기술을 활용한 과도한 권력 행사가 중앙집권화를 강화하고 민주주의를 위협하는 것이 아니냐는 의구심이 제기된다. AI의 무분별한 개발과 도입이 정치적 감시와 사회통제 및 인권침해를 야기할 수 있다는 것이다. 이러한 우려는 미중 전략경쟁의 과정에서 중국의 AI 기술 사용을 둘러싼 논란에서 드러났다. 예를 들어, 중국의 쑤저우(苏州)시는 '천망(天网, Skynet)' 시스템을 도입했는데, CCTV 감시망을 통해 수집된 데이터로 1초 만에 특정인을 식별할 수 있는 시스템을 구축한 것으로 알려져 있다. 천망은 노자의 〈도덕경〉에 나오는 사자성어인 천라지망(天羅地網)에 기원을 두는데, 천라지망은 악한 사람을 잡기 위해 하늘에 쳐 놓은 그물을 뜻한다. 이러한 중국의 디지털 감시 담론은 실리콘밸리의 자유주의적 질서관에 기반을 둔 미국의 담론과 충돌하는데, 이는 앞서 살펴본 중국산 AI제품의 수입규제 문제와 연결될 뿐만 아니라 양국 간 체제 경쟁의 소재가 되었다.

그런데 AI 기술의 정치적 활용 문제는 민주주의를 후퇴시킨다는 단순 논리로만 볼 문제는 아니다. 민주주의의 미래를 기술 변수의 영향만으로 판단할 수는 없다. 기술 변수 이외에도 민주주의의 실현에 영향을 미치는 다양한 '사회 변수'들이 있다. 더구나 AI라는 디지털 기술 변수의 역할만 보아도 다른 시각의 제시가 가능하다. 디지털 기술의 비전에는 디지털 분산화와 민주화의 비전도 있다. AI를 통한 정치권력의 합리화나 역(逆)감시 담론의 제시도 가능하다. AI를 활용하여 정치적 통제에 저항하는 디지털 민주주의의 가능성을 높일 수 있다는 논의에도 귀를 기울일 필요가 있다. 게다가 여타 디지털 기술의 정치적 역할에 대한 논의도 종합적으로 살펴볼 필요가 있다. 소셜 미디어를 활용한 정치참여의 활성화나 블록체인 기술의 도입이 가능케 한 분산자율조직(DAO)의 등장에 대한 논의에도 주목해야 한다. 이러한 기술과 정치의 복합적 구도에서 AI와 거버넌스, 그리고 민주주의의 문제를 보아야 한다.

제4장은 AI의 사례에 주목하여 신흥기술의 등장과 발전이 기존 정치체제와 권력 지형에 미칠 영향에 대한 기대와 우려, 가능성과 한계를 살펴보았다. AI의 발전은 사회의 안정과 거버넌스의 발전을 가져와 인류의 삶을 더 편리하고 윤택하게 해줄 것인가? 아니면 감시와 통제의 거버넌스 시스템을 발전시켜 시민들의 자유와 권리를 속박할 것인가? 제4장의 주장에 따르면, AI의 발전이 세계 각국의 거버넌스 체제 및 정당성에 미칠 심각한 영향에도 불구하고 AI와 거버넌스의 연구는 세간의 관심에 비해 상대적으로 미흡하다고 한다. 이러한 문제의식을 바탕으로 제4장은 AI의 발전이 감시통제 거버넌스의 발전으로 나타날 수 있는 논제들을 세 가지 측면에서 지적하였다.

첫째, 기술혁신을 주도하는 민간 빅테크 기업이나 다중이해당사자들의 역할이라는 점에서 AI 기술의 발전이 권력의 분산과 국가중심성의 탈피를 가속화할 수도 있고 그 반대일 수도 있다. 둘째, AI의 발전이 예방적 또는 표적화된 억압, 사회신용체계 등과 같이 '보다 나은 사회'의 구축을 핑계로 시민들에 대한 체계적이고 일상적인 감시와 통제를 강화할 수 있다. 이는 '디지털 권위주의'에 대한 논의를 촉발하는데, AI 발전으로 인한 감시통제 거버넌스의 촉진은 민주주의 국가에서도 충분히 가능한 일이라는 점을 유념할 필요가 있다. 끝으로, AI의 학습과 발전에 필요한 데이터의 확보, 특히 민감정보의 확보와 개인정보 및 인권의 중요성을 강조하는 민주주의 사회의 규범 간 상충성이 발생할 수 있다. AI 경쟁의 승리를 위한 기술적 발전만을 고려한다면 인권의 보호보다는 시민들의 권리를 침해하거나 감시통제 거버넌스를 발전시키는 것이 더 효과적일 수 있기 때문이다.

아울러 제4장은 생성형 AI의 발전이 민주주의 거버넌스에 미치는 영향에 대해서도 세 가지 측면에서 검토하였다. 첫째, AI의 발전이 대의민주주의의 제약을 완화하고 보완함으로써 민주주의의 발전에 기여할 수 있는 가능성과 한계를 살펴보았다. 특히 AI의 발전이 야기할 수 있는 알고크라시 또는 디지털 기술지배의 문제를 거론하며, AI의 발전이 알고리즘을 설계하거나 AI 모델의 발전을 주도하는 소수에 의한 통제의 가능성을 높여줄 수 있음을 지적하였다. 둘째, 생성형 AI의 발전이 가짜뉴스의 폐해나 감정적·정치적 양극화 등과 같은 민주주의 후퇴 현상을 심화시킬 위험성에 대해서 살펴보았다. 끝으로, AI의 발전이 감시통제 거버넌스의 강화와 민주주의 거버넌스의 정당성 잠식 등을 통해 시민의 자유와 인권 환경을 악화시킬 위험성을 지적하면서 인간 중심 AI 거버넌스에 대한 규범적 합의의 필요성을 제시했다.

III. 인공지능과 안보·군사·전쟁의 국제정치

1. 인공지능과 신흥기술안보

사이버 안보나 데이터 안보 등과 같은 신흥기술안보 분야에서 AI가 야기하는 안보위협이 최근 큰 쟁점이다. 사이버 범죄 및 테러를 감행하는 과정에서 AI를 악의적으로 활용한 자동화·자율화된 공격이 증대되고 있다. 생성형 AI를 활용한 악성코드의 생성 및 강화, 프롬프트 해킹, 생성형 AI의 쿼리를 통한 기밀 유출이 심각한 문제로 인식된다. AI를 활용한 데이터 수집과 처리를 통해서 정치적 감시와 사회적 통제가 더욱 교묘히 수행되고 있으며, 이는 민주주의 체제 자체에 대한 위협을 제기하기도 한다. 또한 AI 기반 시스템에서 오염된 데이터를 활용하여 발생할 수 있는 오작동이나 허위로 조작된 데이터의 편향성 문제도 심각하다. 최근 AI와 사이버 및 데이터 안보의 문제는 우주공간으로도 확장되고 있다. 특히 위성시스템의 AI 의존성이 증가함에 따라 발생할 안보위협이 우려되고 있는데, 인공위성에 대한 사이버 공격, AI를 활용한 위성 데이터 및 영상의 조작 등이 쟁점이다(김상배 편 2023).

이러한 연장선에서 생각해 볼 수 있는 최근의 큰 쟁점은 AI와 허위조작정보의 생성 및 유포를 통한 안보위협의 문제이다. 이는 사이버 정보심리전 또는 사이버 영향공작 등으로 불린다. 최근 사이버 공간을 배경으로 하여 생성형 AI를 활용한 가짜뉴스, 딥페이크, 이미지/영상 조작 등의 위협이 다양하게 출현하고 있다. 역으로 조작·허위·편향 데이터 적용에 의한 AI알고리즘의 취약성도 부각되고 있다. 더 나아가 포스트 휴먼 안보 관점에서 기술 시스템으로서 AI가 지닌 자체적인 결함이나 예상치 못한 환경에서 발생할 수 있는 AI 시스템의 오류 등도 문제점으로 지적된다. 특히 이러한 과정에서 AI의 설명 불가능한 자율적 판단이 인간의 판단에 반하는 오류를 낳거나 인간을 해치는 행동을 유발할 가능성이 우려된다.

제5장은 오늘날의 디지털 전환을 견인하는 대표 기술이라 할 수 있는 AI의 활용이, 필요한 산업 영역들을 상호 융합하여 다양한 혁신을 창출하고 있으며, 각국은 이를 주도하기 위한 치열한 경쟁을 벌이는

중이라고 지적한다. 특히 AI는 민군겸용기술이자 미래전의 양상을 바꾸는 군사혁신의 기반을 형성하고 있다. 나아가 챗GPT와 같은 생성형 AI의 혁신적 인터페이스의 등장으로 활용의 범위가 대폭 확장된 상황에서 그것이 제기하는 부정적 효과와 안보위협 역시 증대되고 있다. AI의 급속한 진화는 양적·질적 위험의 변화와 초국가적 안보화 리스크를 수반하고 있으며, 이는 하이브리드전 시대를 맞아 사이버 위협뿐만 아니라 물리적 타격과 연계되어 치명성을 부가하고 있다.

이처럼 AI의 부상은 비인간 행위자의 통제에 대한 거버넌스 문제를 제기한다. 제5장은 인공지능의 진화가 초래하는 안보위협의 양적·질적 변화 양상과 그것이 초래하는 국제정치적 의미를 탐색하였다. 이를 위해 신흥기술안보 각 분야의 핵심적 융합 요소와의 연계 메커니즘에 주목하고 그 파급력을 검토하였다. 특히 제5장은 AI의 부정적 효과와 미래 위협 대응을 위해 진화된 AI의 트렌드 및 생성형 AI로 명명되는 기술이 기존 AI와 어떠한 차이를 보여주는지 밝혔다. 이 과정에서 차세대 인공지능의 진화를 가늠할 수 있는 기술성숙도, 범용성, 정치안보적 무기화, 보안 패러다임 전환 과정들을 면밀히 살펴보고 신흥기술안보의 도전 요인으로서 AI의 급속한 발전이 초래하는 중단기적 불확실성과 파급력을 전망하는 한편, 복합적 측면에서의 도전적 의미와 이에 필요한 대응방안을 제언하였다.

향후 진화된 AI가 가속화하는 신흥기술안보 위협에 대응하기 위해서는 물리적 인프라의 확충뿐만 아니라 데이터의 투명성과 신뢰성 확보, 공급자를 넘어서는 사용자의 윤리성 강화 등 사회의 전일적 차원에서의 경각심과 대응 의지가 요구된다. 더불어 신뢰 가능한 생성형 AI 알고리즘 검증 테스트베드의 표준을 구축하고, 사이버 공간에서 벌어지는 주요 AI 입력 데이터의 이상 신호를 모니터링하는 체계도 마련해야 한다. 마지막으로 AI의 범용성과 통제의 불확실성에 따라, 경계짓기가 어려운 데이터 주권의 관점에서 벌어지는 갈등을 해결하기 위한 글로벌 거버넌스 및 규범 논의가 세분화되어야 함을 지적하였다.

2. 인공지능과 군사혁신, 군비경쟁

AI 기술의 도입은 전통 군사안보 분야에도 영향을 미쳐서 AI기반 무인화 기술의 도입이 야기하는 군사혁신과 군비경쟁이 진행되고 있다. 이러한 AI 군사혁신과 군비경쟁은 복합적 성격을 가지고 있어서 단순한 군사기술 혁신이나 군사력 경쟁의 성격을 넘어서는 기술·정보·지식력을 놓고 벌이는 경쟁일 뿐만 아니라 AI 무기체계의 표준 경쟁 또는 플랫폼 경쟁의 성격도 갖는다. 좀 더 넓은 의미에서 보면, AI 군사혁신은 군사작전과 전략 및 군 인력구조의 재편 등 여러 수준에서 큰 변화를 야기하고 있다.

AI 군사혁신을 추동하는 가장 직접적인 요인은 기술혁신 그 자체라고 할 수 있다. 기술혁신의 시각에서 본 AI 군사혁신은 알고리즘, 빅데이터, 군사인터넷(IoMT) 등을 바탕으로 한 AI 무기체계의 개발이나 지능형 지휘통제체제의 구축 등으로 나타난다. 이렇게 획득될 AI 분야의 비대칭적 우세는 미래 군사력의 핵심으로 인식되고 있으며, 미래 전장을 지배하여 승리를 확보하는 요인으로 이해된다. 그러나 그 과정에서 AI 우세를 달성하기 위한 군비경쟁의 가속화와 안보 딜레마의 가능성도 발생한다. 게다가 심리적·윤리적 판단이 배제된 AI무기에의 의존이 전쟁 개시의 가능성을 높인다는 우려도 만만찮다. AI 우세를 바탕으로 하여 이루어질 선제공격의 성공 가능성에 대한 기대가 재래식 공격에 비해서 좀 더 쉽게 전쟁을 개시할 수 있게 할지도 모른다는 것이다.

한편 AI 군사혁신은 상대방과 벌이는 군비경쟁 과정 그 자체에서 추동되는 측면도 크다. AI의 도입은 막연히 기술적 트렌드를 이상적 목표로 삼아서 따라가는 절대적 과정이 아니라 상대방과의 군비경쟁이라는 상호작용의 과정에서 이루어지는 제한된 자원의 동원과 상대적 배분의 결과라고 할 수 있다. 이러한 관점에서 보면 AI 군사혁신은 오히려 전쟁의 발발을 방지하고 억지하는 수단으로 활용되는 면도 없지 않다. 특히 AI 기술을 바탕으로 한 무기와 시스템의 도입은 광범위한 불확실성을 해소하는 데이터·정보전의 수단이 될 수 있다. AI 기반 유무인 복합체계의 도입이 물리전에서 발생하는 생존성의 취약성을 극복하게 하고, 사이버 방어에서 AI를 효과적으로 활용할 수 있을 뿐만 아니라, 공개정보(OSINT)의 수집과 방첩 등에 AI를 활용하여 억지력을 유지할 수 있을 것으로 기대된다.

이러한 맥락에서 생각해 볼 것은, 과연 이러한 AI 군사혁신과 군비경쟁이라는 두 가지 변수가 한반도의 맥락에서 구체적으로 어떻게 상호 작동하는가의 문제이다. 사실 한국의 AI 군사혁신은 기본적으로 기술의 트렌드, 특히 미국의 사례를 따라가는 '학습된 군사혁신'의 성격이 강하다. 또한 북한과의 군사적 경쟁이라는 시각에서 보면, 한국의 AI 군사혁신은 북한의 핵무기를 억지하기 위한 '비대칭 혁신'의 성격을 갖는다. 이러한 맥락에서 한국이 핵보유국이지만 AI 후진국인 북한을 상대로 AI 분야에 제한된 자원을 투입하여 AI 군사혁신을 추진하는 것의 의미를 되새길 필요가 있다. 핵무기 개발은 할 수 없고 AI 군사혁신만 추진하는 상황에서 최근 한국의 군사혁신의 행보가 재래식 군사력을 소홀히 하는 어중간한 군사혁신에 그칠지도 모른다는 우려도 없지 않다.

제6장은 군사혁신 시각에서 AI 무기화 경쟁이 군사전략 및 미래전

쟁에 주는 함의를 분석하였다. AI의 무기화를 위한 경쟁이 본격화되면서 AI 군비경쟁에 대한 낙관론과 비관론이 제기되고 있다. AI 군비경쟁은 도구의 전쟁, 기계의 전쟁, 정보화 전쟁에 이어 지능화 전쟁으로의 전환점을 마련할 것으로 예견된다. 그러나 AI의 군사화 및 무기화에 대한 낙관론이나 비관론과 달리 AI 군비경쟁의 미래가 미리 정해져 있는 것은 아니다. 기술과 전략의 상호작용을 통해 진전되어 온 군사혁신의 역사를 되돌아보면, AI의 무기화는 AI 기술이 군사전략, 무기체계, 부대구조와 산업구조 등 군사체계에 수용되고, 동태적 우위와 억지를 위한 군비경쟁 과정을 통해 점진적으로 형성될 것으로 전망해 볼 수 있다.

제6장은 AI 군사혁신의 체제적 과제를 세 가지로 요약해서 주장하였다. 첫째, AI 군사혁신은 알고리즘, 빅데이터, 연산능력, 클라우드, 네트워크 등 연관 기술의 성단(星團)을 구축해야 한다. 둘째, AI가 군사전략, 부대구조, 무기체계에 통합·활용되는 것은 기술변화의 속도보다 어려운 과제라는 점을 인식해야 한다. 끝으로, AI 기반 무기가 C6ISRI 체계에 통합되어 활용되기 위해서는 기술적·조직적 장벽과 함께 규범적 쟁점이 해소되어야 한다.

한편 제6장은 AI의 무기화를 위한 군비경쟁 역시 상대적 비교우위와 억지경쟁을 지속할 것이라고 세 가지 측면에서 전망한다. 첫째, 그 자체가 화력무기가 아닌 AI는 작전적·전술적 운영체계와 전장 효율성을 혁신하지만, 핵보유국과 비보유국의 전략적 비대칭을 대체하지 못할 것이다. 둘째, AI 군사혁신 과정에서도 상대적·동태적 억지 균형을 위한 경쟁이 지속될 것이다. 끝으로, 과거 국가가 주도한 군사혁신과 달리 AI 플랫폼의 혁신을 주도하는 민간부문과의 협력이 무엇보다 중요한 과제가 될 것이다.

이러한 논의의 연장선에서 제6장은 한국의 AI 국방혁신을 위한 과제도 세 가지로 요약하였다. 우선, AI 군사혁신의 기술, 비용, 시간을 고려할 때 정찰-타격체계 등 북핵 위협에 대응하는 전략을 우선시할 필요가 있다. 둘째, 기반 기술의 동시적·병렬적 발전이 필요한 만큼 포괄적인 AI 국가책략이 필요하다. 끝으로, 민군협력과 동맹협력에 기반한 AI 군사혁신 과제가 추진될 필요가 있다.

3. 인공지능과 전쟁 수행방식 변환

AI 기반 무기체계의 도입은 실제 전쟁 수행방식의 변환도 야기할 것으로 전망된다. AI는 전투수단이지만, AI 기반 정보·데이터 통합체계가 새로운 전장 환경을 형성하고. 더 나아가 AI 자체가 전투 행위자가 되기도 한다. 제7장의 논의에 따르면, AI의 도입은 전쟁의 본질이라는 측면에서 체계의 대결에서 알고리즘의 대결로, 전쟁 승리의 조건 측면에서 제(制)정보권 달성에서 제(制)지능권 달성으로, 전쟁수행 주체 측면에서 인간 중심의 체계에서 인간-기계 복합체계로, 전쟁수행 방식 측면에서 네트워크 중심전에서 클라우드 중심전으로, 전쟁 수행 요체 측면에서 체계공략에서 인지공략으로 변화하는 계기를 마련했다.

새로운 무기체계의 도입이라는 시각에서 AI가 야기하는 전쟁 수행방식의 변환을 보면, AI를 기반으로 하여 이른바 AI/데이터 기반 정보전, 클라우드 중심전 등이 등장했다. 특히 2022년 우크라이나 전쟁에서 등장한 AI기반 드론전의 확산에 주목할 필요가 있다. AI 기반 무인화 기술의 도입이 초래할 파괴력이 경계의 대상이 되었다. 인공위성을 활용한 우주전의 도입도 큰 관심을 끌었다. 또한 AI/데이터 기반 정보전은 지능형 데이터 통합체계를 기반으로 한 통합전장 환경의 출현

사례를 보여주었다. 이러한 과정에서 AI의 도입은 '관측(Observe) - 판단(Orient) - 결심(Decide) - 행동(Act)'으로 구성되는 'OODA 루프'의 변환을 초래하는데, 특히 OODA 루프의 융복합을 넘어서 관찰-판단-결심-행동의 동시화가 발생한다.

기술 중심의 시각을 넘어서는 전장 중심의 시각에서 AI가 야기하는 전쟁 수행방식의 변환을 보면, 그야말로 육-해-공-우주-사이버 공간, 그리고 최근에는 인지 공간까지도 포괄하는 다영역작전(MDO) 또는 전영역작전(ADO)이 등장하였다. 이러한 AI 기반 사이버전, 우주전, 인지전의 부상은 상호 연계되면서 이른바 '사이버전 복합 넥서스'를 형성하고 있다. 그중에서도 핵무기의 스마트화, 즉 AI화가 창출한 취약성이 논란거리가 된 '사이버-핵 넥서스'에 대한 논의가 한창이다. 네트워크 중심전에서 클라우드 중심전으로 변환을 겪고 있는 새로운 군사작전의 출현 과정에서 그 핵심은 모자이크전과 무인 스워밍전의 도래가 차지하고 있다. 이러한 과정에서 미래전은 유인과 무인 어느 한쪽으로 치중되기보다는 유무인 복합의 스펙트럼 사이에서 부상할 것으로 예견된다.

제7장은 AI 기술로 인한 전쟁 수행방식의 변환을 최근까지 미국 내 논의 동향을 중심으로 분석하였다. 미중 전략경쟁, 방대한 산업기반, 높은 수준의 기술 등을 고려할 때, AI 기술에 기반을 둔 새로운 전쟁수행 방식의 출현은 미중 두 나라를 중심으로 이루어질 가능성이 높다. 제7장은 이러한 미래 전쟁수행 방식에 대한 정교한 전망을 위해 '기술 중심 접근법'과 '전장 구조 접근법'을 제시하고 이에 대한 비교를 바탕으로 해서 두 접근법의 종합적 적용 필요성을 주장하였다. 두 접근법을 종합적으로 적용해 볼 때 미국 내에서 구상하고 있는 미래전은 어느 한 유형으로 수렴하기보다 유인과 무인의 비중과 역할에 따라 다

양한 스펙트럼으로 존재할 것이라고 주장한다.

미국 내 논의와 관련하여, 제7장에 따르면, 미국은 미래의 대중국 우위를 확보하기 위해 지금부터 준비가 필요하며 가까운 미래에 대한 대비와 먼 미래에 대한 대비가 상호 충돌하지 않는 복합적 관점에서 군사기획 방안을 마련해야 한다는 활발한 논의를 진행하고 있다. 즉 다양한 형태의 미래전 유형들의 공통 분모를 식별하여 이를 위한 기반체계를 지금부터 구축해 나가고 있다는 것이다.

한편 제7장은 AI 기반 전쟁수행 방식의 도입 과정에서 생각해 보아야 할 한국의 과제도 짚어보았다. 한국은 미중경쟁으로부터 산출되는 세계적 군사표준으로서 선진국형 미래전을 창조적으로 수용하여 국방혁신을 추진하면서도, 낮은 수준의 미래전 기술과 무기체계를 비대칭적 방식으로 적용하여, 도전하는 북한의 위협에도 대응할 수 있어야 한다는 것이다. 이는 상당히 다른 두 가지 방향의 도전을 제기하고 있으며 한국도 그러한 점에서 한국적 복합 기획체계를 신속히 구축해야 함을 의미한다. 즉 세계적 수준의 미래전 수행체계를 구축해 나가고 한국적 상황에 맞게 창조적 변용을 추진해 나가는 동시에 전혀 다른 방식으로 낮은 수준의 미래전 기술을 활용하는 북한에 대한 효과적 대응도 함께 진행해 나가야 한다는 것이다.

IV. 인공지능과 동맹·평화·질서의 국제정치

1. 인공지능과 동맹정치, 중견국 외교

AI로 대변되는 신흥기술을 둘러싼 경쟁은 외교 분야에도 영향을 미치고 있다. 최근 미국과 중국이 벌이는 AI 경쟁은 두 나라가 벌이는 패권경쟁이지만, 자국을 중심으로 동맹 또는 유사동맹을 형성하기 위해 벌이는 경쟁의 성격이 강하다. 신흥기술안보 분야의 동맹과 연대는 5G 분야에서 벌어진 '화웨이 사태'를 계기로 부각되었다. 미국의 대중 견제 정책에 이른바 '파이브 아이즈+3'에 해당되는 국가들이 동참하였다. 이러한 대결 구도는 미중이 벌이는 동맹과 연대의 경쟁 일반으로 확장되어 미국의 인도·태평양 전략과 중국의 '일대일로' 이니셔티브의 대결에도 반영되었다. 바이든 행정부에서도 신흥기술 동맹외교의 추세는 지속되어 쿼드, 오커스, 나토 등에서도 그 동맹과 연대의 전선이 확대되는 현상이 나타나고 있다. 이러한 과정에서 AI는 참여국들에 의해서 항상 거론되는 주요 아이템이다. 여기서 주목할 것은 이러한 미중 동맹경쟁의 양상이 최근 가치 및 규범 이슈와 연계되어 '민주주의 대 권위주의'의 구도를 형성하고 있다는 사실이다.

　AI를 포함한 신흥기술 분야에서 서방 진영 국가들의 정부간협의체 활동도 활발히 이루어지고 있는데, 그 저변에 중국에 대한 견제가 자리잡고 있음을 주목해야 한다. 그 사례 중의 하나가 GPAI(Global Partnership on AI)인데, 국가 간 협력을 통해 AI의 개발과 사용의 책임성을 증진하고 민주적인 AI 거버넌스를 도모하여 중국이 표방하는 AI/데이터 주권론과 구분되는 담론을 형성하는 목적으로 추진되고 있다. REAIM(Responsible AI in the Military Domain)도 AI 윤리를 선도하려는 서방 진영 중견국 리더십의 한 사례이다. 2023년 2월 네덜란드와 한국이 첫 회의를 공동 개최하고 2차 회의는 2024년 한국에서 열렸다. 2023년 11월 영국에서 첫 회의가 열린 'AI 안전 정상회의'도 유사한 사례이다. 1차 회의의 후속 조치를 중간 점검하는 성격의 미니 회의가 2024년 한국에서 개최되었다. 2023년 9월 유엔총회에서 한국이 제

안한 'AI 글로벌 포럼'도 중견국이 AI 분야에서 리더십을 발휘한 사례
이다.

제8장은 미중 관계, 동맹 정치, 중견국 외교라는 세 가지 요소와
연계하여 AI를 둘러싼 외교의 부상이 한국의 대외관계에 지대한 영향
을 미칠 것이라고 예상한다. 우선 AI는 미중경쟁을 세 가지 영역, 즉 경
제, 기술, 가치 영역에서 심화시키면서 '민주주의 대 권위주의' 구도를
강화하리라 예상한다. 현재 자유주의 세계질서 이후의 세계에 대한 불
확실성은 매우 높다. 다만 AI가 지정학과 비(非)지정학, 특히 핵무기와
사이버를 둘러싼 국제경쟁과 맞물려 미국과 중국이 각자 주도하는 동
맹 네트워크의 출현을 추동할 가능성은 높다. 이러한 시각에서 보면,
그러한 미래 국제정치에서 과거 미국이 선도하는 단일 질서는 복수의
경쟁적 질서들에 의해 대체될 것으로 전망된다.

한편, AI 초강대국인 미중 간의 경쟁은 그 사이에서 추진되는 중
견국 외교의 중요성을 부각시킨다. 강대국 경쟁 속에서 자국의 이익과
가치를 실현하려는 중견국 간 협력은 한층 강화되고 있다. 대다수 국가
는 그동안 헷징전략을 추구하며 전략적 자율성을 확보하려 했지만, 최
근 들어 이들의 행보는 다변화되는 양상을 보인다. 부상한 중국이 자유
주의 세계질서에 도전하는 상황이 발생하자 균형전략 혹은 편승전략
을 명확히 채택하는 국가들이 늘어나고 있다. 이와 동시에 중견국은 스
스로 연대와 협력을 주도하고 참여하는 노력을 배가하고 있다. 그 결과
인도·태평양 지역을 중심으로 아시아와 유럽 국가들이 참여하는 다양
한 (소)다자 협력이 뚜렷하게 증가하고 있다.

한국은 과거 화약과 핵무기의 개발이 초래한 국제정치의 질적 변
화를 기억하며 AI가 불러올 새로운 미래에 대한 관심을 확대해야 한다.
AI는 미중 간 체제경쟁을 격화시킬 뿐 아니라 미중 빅테크 기업들의

영향력을 배가시켰다. 이러한 상황 속에서 인터넷과 데이터, 디지털 경제와 산업을 둘러싼 담론 경쟁은 국제정치의 물질적 권력뿐만 아니라 구성적 권력의 중요성을 부각시키고 있다. 향후 국가 및 비국가 행위자가 참여하는 다면적·다영역 권력 경쟁에 대한 이해와 그러한 국제정치 속에서 소외된 세력에 대한 관심은 한국 외교의 새로운 지평을 열어줄 자양분이 될 것이다.

2. 인공지능과 미래 안보·평화

AI 분야의 제도와 규범을 마련하고 이를 통해서 AI와 관련된 평화를 구축하는 문제도 국제정치학의 중요한 관심사 중의 하나이다. AI와 같은 신흥기술과 이를 활용한 무기체계의 개발이 전쟁이 아닌 평화로 이르게 하기 위한 국제규범 형성의 노력은 다양한 경로를 통해서 진행되어 왔다. 특히 AI 분야에서의 이러한 평화 구축과 규범 마련의 과정은 이른바 '킬러로봇'의 금지를 촉구하는 글로벌 시민사회의 문제제기에서 비롯되었다. 이후 유엔 등의 국제기구가 이를 수용하여 군사적 용도의 자율살상무기체계(LAWS) 규범 마련뿐만 아니라 민간 차원에서 개발된 AI 기술의 군사적 전용 금지를 위한 윤리적 논의를 진행하면서 주목을 받고 있다.

이러한 여정은 로봇 군비통제 국제위원회(ICRAC) 출범(2009), 킬러로봇중단운동(CSKR) 발족(2013), 유엔 차원에서 자율살상무기의 개발과 배치에 대한 토의 진행 등을 거쳐서 이루어졌으며, 2013년의 제23차 유엔총회 인권이사회에서는 보고서가 채택되었다. 또한 특정재래식무기금지협약(CCW)을 논의 기구로 설정하고 2014년 5월부터 2016년 12월까지 여러 차례 전문가 회합이 개최되었다. 그 결과 자율살상무기에 대한 정부전문가그룹(GGE)이 출범하였다. 이러한 과정에서 기존 국제법을 원용하여 '킬러로봇'의 사용을 규제하는 문제가 가장 큰 관건이었다. AI를 활용한 무기체계의 개발과 사용이 유엔헌장 제51조에 명기된 '자위권'의 논리에 해당하는지, 좀 더 넓게는 '킬러로봇'을 내세운 전쟁이 '정당한 전쟁'인지, 그리고 좀 더 근본적인 차원에서 완전자율의 기계가 독자적인 판단으로 인간을 살상하도록 허용해도 되는지 등의 문제가 토의되었다.

제9장은 일반적으로 이루어지는 국제기구 차원에서의 AI 기술의 평화적 사용에 대한 논의를 넘어서, 국가 및 개인 수준에서 AI 기술이 미래의 안보환경에 미칠 영향에 대하여 살펴보았다. 제9장에 의하면, 최근 국제정치학에는 다양한 국가 및 개인 수준의 국제정치이론이 발전해 왔음에도 불구하고, AI 무기체계에 대한 대부분의 기존 연구는 주로 '체제(system) 수준'에서 패권전쟁, 불확실성, 안보 딜레마 개념 등의 논제를 다루어 왔다고 지적한다. 따라서 상대적으로 국가 수준이나 개인 수준의 변화에는 관심이 부족했다는 것이다.

이러한 맥락에서 제9장은 국가 수준 접근법 중의 대표적인 이론인 민주평화론과 경제적 상호의존론에 중점을 두고 AI 군사기술 발전이 민주주의 국가들 또는 경제적으로 밀접한 교류가 있는 국가들 사이의 평화적 관계에 미칠 영향을 전망하였다. 제9장은 민주평화론의 '전쟁비용 메커니즘'과 '정치정보 메커니즘'을 고려할 때, 향후 AI 시대 민주평화의 가능성은 작다고 전망한다. 비슷한 논리로 AI 시대 국가 간 무역 패턴이 다양화 또는 다변화된다면 국가들 사이의 상호의존 규모는 상대적으로 낮아지게 되어 경제적 상호의존으로 인한 평화 구축에 그다지 도움이 되지 않을 것이라고 주장한다. AI 기술로 인하여 시장의 투명성 및 효율성이 극대화되어 개별 국가들이 대체 시장을 상대적으로 용이하게 찾는다면 분쟁 상황에서 경제적 상호의존의 평화적 효과는 감소할 것이다. 그러나 AI 시대 경제적으로 성공을 거둔 소수 엘리트 집단이 국내정치적으로 많은 영향력을 갖게 되고 이들이 전쟁보다는 평화적 관계를 선호하게 된다면 국가 간 전쟁이 억제될 것이라는 예측도 가능하다.

이러한 논의의 연장선에서 제9장은 개인 수준에서 AI의 활용이 미래 안보에 미칠 영향도 전망하였다. 우선 AI시대 '안보정책 결정자'로서의 국가지도자에 주목한다. 이들은 AI의 역량이 국제사회에 막대한 부를 창출하고 또한 자연에 대한 지배를 강화해 주리라 과도하게 믿는 '비전 과두귀족' 출신이다. 따라서 AI 시스템에 중요한 군사적 결정을 위임하기 쉽기 때문에 국가 간 갈등이 고조될 가능성이 높다는 것이다. 또한 정치지도자가 AI 기술을 자신의 통치 기반을 강화하는 데 사용하여 훼손된 민주주의와 강화된 권위주의 시스템이 등장한다면 분쟁 상황에서 위기를 제어할 수 있는 국내정치 메커니즘을 약화시켜 국가 간 위기가 증폭될 수 있을 것이다. 또한 빠른 속도로 결정을 내려야 하는 군사적 위기 상황에서는 정책결정자가 명시적 또는 묵시적으로 상대와 공감할 수 있는 인간의 판단이 개입될 여지가 없기 때문에 국가 간 군사적 위기는 제어되지 않고 증폭될 수 있다는 것이다.

아울러 제9장은 AI 시대 '안보정책 수용자'로서의 개인의 안보를 인간안보 개념을 통해 종합적으로 전망한다. AI 기술의 사용은 인간안보와 관련한 다양한 이슈들에 대해 비용적으로 효율성이 높은 실시간 대응을 가능하게 할 수 있다. 이런 점에서 AI 활용은 일정 부분 인간안보에 크게 기여한다고 평가할 수 있다. 그러나 AI 기술로 인한 혜택이 특정 개인이나 집단에 선별적으로 적용될 가능성이 있다는 점을 고려한다면 반드시 AI 기술이 인간안보 측면에서 긍정적인 결과만을 가져다주지는 않는다.

　결과적으로 AI 활용이 초래할 불안정한 미래 안보 시나리오를 효과적으로 극복하기 위해서는 단순히 특정 기술에 대한 규제를 넘어서 그 기술이 체제 수준뿐만 아니라 국가 및 개인 수준에서 미래 안보를 강화하는 방향으로 글로벌 규범 및 거버넌스 시스템이 구축될 필요가 있다. 이러한 상황은 전통적인 평화 개념보다는 새로운 평화, 즉 신흥평화(emerging peace)의 개념을 통해서 AI 평화를 보아야 할 필요성을 제기한다.

3. 인공지능과 주권국가 질서의 변동

　AI가 국제정치에 미치는 영향은 근대적인 의미의 국가주권의 관념을 근간으로 하여 형성된 국제질서의 변화를 야기하는 데까지 이르는 것으로 상정할 수 있다. 사실 AI 기술의 도입은 국가의 능력이나 이를 뒷받침하는 정책 및 제도의 변화에 영향을 미치는 차원을 넘어서 국제정치의 구성원리와 작동방식의 변환도 야기하는 것으로 이해할 수 있다. 이러한 변화의 양상은 주권을 보는 세 가지 시각, 즉 정부(government)의 통제력, 국가(statehood)의 법정치적 권위, 국민(nation)의 차원에서 공유된 집합적 정체성이라는 시각에서 살펴볼 수 있다.

　첫째, '정부의 통제력으로서 주권'이라는 시각에서 볼 때, 최근 영토국가의 경계를 넘어서 발생하는 활동을 통제하는 능력, 즉 정책주권은 약화되고 있다. 정부가 추진하는 정책 차원의 자주나 자율성 및 능력의 관점에서 파악된 능력이라는 관점에서 본 주권적 자율성이 제약받고 있는 것이다. AI의 부상은 이러한 국가의 정책주권 약화를 부추기는 계기를 마련한다. 예를 들어, AI 기술혁신을 수행하는 주체로서 국가는 그 흐름을 주도해 나가는 일차적인 행위자가 아니다. 오히려 민간 행위자들의 역할이 크게 증대되어 국가도 이에 의존할 수밖에 없다. AI를 활용하여 초국적으로 활동하는 다국적 기업들의 비즈니스와 여기에 수반되는 데이터와 정보의 초국적 유통은 더욱 늘어날 것으로 예견되지만, 이렇게 국경을 넘나드는 흐름에 대한 국가의 주권적 통제력은 예전 같지 않다. AI 기술이 점점 더 발전하고 그 활동이 국가의 경계를 넘어설수록 이를 통제하는 국가의 정책주권은 약화될 것이다.

둘째, '국가의 법정치적 권위로서 주권'이라는 시각에서 볼 때, 근대 국민국가가 누려 왔던 주권적 권위는 침식되고 있다. 이는 대내외적으로 국가의 독립적인 지위를 뒷받침하는 법률상(de jure) 또는 제도적 차원에서 파악된 주권 개념의 약화이다. AI의 도입은 이러한 법제도적 측면의 국가주권 관념의 변환을 부추긴다. AI 주권뿐만 아니라 사이버 주권, 데이터 주권 등에 대한 논의는 근대국가의 배타적 권리라는 범주를 넘어서 진행되고 있다. 물론 AI와 관련된 새로운 주권 관념에 대한 국가별 입장의 차이는 존재한다. 미국은 자본의 시각에서 자유로운 AI 환경을 보장하는 탈(脫)주권적이고 초국적인 패권질서의 구성과 작동을 옹호한다. 비서방 진영은 미국 빅테크의 활동이 자국의 영토주권을 부당하게 잠식하는 것을 경계하고 국가주권의 권위를 내세워 방어하려 한다. 이에 비해 유럽연합은 일종의 '시민주권'이라고 할 수 있는 새로운 차원의 복합적인 주권 개념을 내세우는 것으로 이해할 수 있다.

끝으로, '국민의 차원에서 공유된 집합적 정체성으로서 주권'이라는 시각에서 볼 때, 주권을 행사하는 정치적 단위체에 대한 공유된 관념으로서의 주권 관념은 오늘날 큰 변환을 겪고 있다. 이는 사람들의 심층적 일체감을 이루는 정체성의 변화를 보여주는 주권 관념의 변화이다. AI의 도입은 이러한 주권 관념의 변환을 야기한다. AI 기술을 바탕으로 구성되어 작동하는 사이버 공간의 존재는 획일적인 글로벌 정체성의 출현을 야기하는 것은 아니지만 적어도 영토국가 단위로 상상되던 집합적 정체성의 변환을 초래하는 것은 분명하다. 게다가 AI의 도입은 국제정치에서 벌어지는 권력게임의 성격과 권력주체, 권력질서 등에 영향을 미침으로써 근대 국제정치학이 전제로 하고 있던 근대 주권국가 중심의 국제질서관을 변화시킬 가능성을 열고 있다. 더 나아가 AI의 시대를 맞이하여 인간중심의 틀로는 통제할 수 없는 현상의 발생에도 주목해야 한다. 사이버 공간의 봇넷 공격, 악성코드, 무인기, 로봇·사이보그 등에 대한 논의는 인간이 아닌 행위자들이 국제정치의 전면에 부상하는 스토리를 창출하고 있다.

　　제10장은 미중 기술패권 경쟁 시대를 맞아 AI 기술의 도입이 초래하고 있는 글로벌 패권과 국가주권의 경합 구도, 그리고 그러한 과정에서 파생되는 근대 주권국가 질서의 변동 문제를 살펴보았다. 최근 각국은 AI 기술을 염두에 두며 국가 목표와 비전을 새롭게 제시하고 있다. 그만큼 AI는 국가의 안보, 경제, 사회에 전방위적인 영향을 미치고 있다. 그런데 현재의 미중 전략경쟁과 그 과정에서 진행되는 신흥기술의 안보화는 세계적으로 많은 나라가 AI의 기술표준을 선택하거나, 또는 기술이 갖는 위험을 관리하는 방식에도 지대한 영향을 미치고 있다. AI 관련 기술표준이나 위험관리 방식의 선택은 각국의 AI무기체계 개발 과정이나 경제·산업의 육성뿐만 아니라 정치적으로 원용되는 국가의 감시기술이나 개인정보에 대한 접근과 사용 방식, 그리고 사이버 공간에서 여론이 형성되는 과정에도 영향을 미친다.

　　이러한 관점에서 보면 국가가 특정 AI 기술을 사용하는 문제는 단순히 기술적인 유용성이나 효율성에 의해서만 선택할 수 있는 종류의 사안은 아니라는 것이 제10장의 주장이다. 미중 기술패권 경쟁 시대에 각국은, AI 기술을 사용하는 과정에는 국제정치적 변수, 즉 세계 최고의 AI 기술을 가진 미국이나 중국의 표준을 선택해야 하는 구조적 상황에 놓여 있기 때문이다. 이러한 맥락에서 볼 때, 오늘날 AI 기술은 군사, 경제, 정치, 사회 모든 영역에서 패권과 주권 간에 벌어지는 갈등과 긴장 속에서 개발 및 사용되고 있는 것으로 이해해야 한다. 강대국 패권과 각국 주권 사이에 AI 기술을 둘러싸고 협상과 협력 및 갈등이 반복되는 가운데, 국가주권을 중심으로 상상된 기존의 근대 국제질서도 세계적 차원에서 변동하고 있다.

V. 맺음말

AI로 대변되는 신흥기술의 부상이 국제정치 분야에 미치는 영향이 크다. 특히 최근 생성형 AI의 도입은 국제정치 분야에도 큰 충격을 주었다. 이러한 배경하에 이 책은 AI를 둘러싼 국제정치학적 연구 어젠다를 발굴하기 위한 지적 탐색을 펼쳤다. '인공지능과 국제정치'를 제목으로 내건 책들이 몇 안 되는 상황에서 이 책이 향후 이 주제의 연구를 위해서 무엇을 기여할 것인지가 제일 큰 고민거리이다. 특히 기술공학자들이 현장의 목소리를 담아 낸 소개서나 유명 인사들이 AI의 중요성을 강조한 대중서와 비교하여 학술서로서의 차별성을 어떻게 유지할 것인지도 큰 관건이다(하정우·한상기 2023; 키신저·슈밋·허튼로커 2023). 여타 학문 분야와 비교할 때, 지금까지의 국제정치학이 기술현실을 반영한 연구에 있어서 항상 뒤따라가는 처지였다면, 동일한 AI를 보더라도 이제는 조금 더 깊게, 조금 더 멀리, 그리고 조금 더 시대를 앞서가는 시각을 세워야 할 책임감을 느끼게 된다. 이러한 문제의식을 향후 연구에 투사하는 차원에서 고민해 볼 세 가지 문제를 간략히 짚어보면서 이 글을 마무리하고자 한다.

먼저, 기술 변수를 그냥 '블랙박스' 안에 놔두고 '외곽 때리기'만 하는 기존의 국제정치학 연구의 타성을 넘어서야 한다. 기술의 블랙박스를 열고서 보면, AI는 여타 기술들과는 다른 특징을 지니고 있다. 예를 들어, 지금 거론되는 AI 기술은 한창 창발(創發, emergence)하고 있어 그 외연과 내포를 명확히 설정하기 어려운 '신흥기술'의 특징을 지닌다. AI를 '개체적인 행위자'로 볼 것이냐, 아니면 '환경적인 시스템 또는 플랫폼'으로 볼 것이냐도 쟁점이다. 또한 AI는 특정 부문의 기술이라기보다는 디지털 시스템이라면 모두 활용하는 기반 기술이다. '약한 AI'부터 '강한 AI'에 이르기까지 모두 일정한 규모와 형태의 소프트웨어 프로그램을 기반으로 하고 있기 때문이다. AI 기술은 지적재산권을 주장하는 과정보다는 오픈소스 바탕으로 널리 공유되는 과정에서 그 진가를 발휘한다. 이는 하드웨어 관련 기술과 다른 가장 큰 특징이기도 하다. 따라서 AI를 활용한 산업이나 서비스에서는 기술은 널리 공유하고, 그 대신 그렇게 해서 형성된 플랫폼 위에서 생성되는 데이터로 수익을 창출한다.

둘째, AI로 대변되는 신흥기술 패러다임이 국제정치에 미치는 영향의 양면성을 엮어서 보려는 노력이 필요하다. AI를 둘러싼 경쟁과 협력의 양상은 오늘날 국제정치의 변화에 복합적인 효과를 낳고 있다. 그 하나가 기술이 낳는 '통합의 효과'라면 다른 하나는 '분산의 효과'이다. 이러한 양면적 효과는 오늘날 지정학과 지구화, 안보와 평화, 혁신과 규범, 전통안보와 신흥안보, 객관적 안보위협과 주관적 안보화, 권위주의와 민주주의, 디스토피아와 유토피아, 패권과 반패권, 국가와 탈

국가, 강대국과 약소국, 인류 멸망과 인류 번영 등과 양면적 비전을 동시에 제기하고 있다. 이러한 과정에서 국제정치적으로 AI는 강자의 지배수단이기도 하지만 약자의 저항수단이기도 하다. 이를 염두에 둘 때, 향후 AI의 국제정치학적 연구에서 필요한 것은 이 중 어느 하나의 비전을 선택하는 것이 아니라 이 양자가 어떻게 교차하면서 미래를 구성해 가는지와 관련된 '복합의 공식'을 밝히는 작업이다. 좀 더 구체적으로 AI라는 기술의 도입이 국제정치에서 권력의 성격과 주체 및 질서를 어떻게 변화시키는지를 탐구하는 것이다.

끝으로, AI가 제기하는 기계문명의 미래 비전에 대한 논의를 넘어서 기계와 인간이 공존하는 인류문명의 미래 비전을 고민해야 한다. 실제로 최근 철학 분야에서는 트랜스 휴머니즘이나 포스트 휴머니즘 등의 기술 중심 담론을 넘어서 실존적 허무를 극복하고 인간존재의 의미를 회복하려는 담론이 제기되고 있다. 이른바 '네오 휴머니즘'에 대한 논의는 그 사례 중의 하나이다. 결국 이 문제는 얼마나 미래 지향적으로 AI와 인간, 그리고 국제정치의 동학을 다룰 것이냐, 그리고 그 과정에서 미래를 형성하는 주체를 어떻게 설정하느냐로 귀결된다. 최근 생성형 AI의 출현은, 이전의 인간을 닮아 가는 기계에 대한 논의에서 인간을 초월하는 기계의 비전을 보여주고 있다. 이러한 상황에서 AI 연구를 더 열심히 하려는 노력과 함께, 인간지능(Human Intelligence, HI)에 대한 고민도 게을리하지 말아야 한다. 궁극적으로는 AI와 HI를 모두 봐야 한다. 이러한 맥락에서 국제정치학 분야도 인간-인공 복합지능 연구, 소프트웨어 프로그램과 뇌과학 연구, 기술안보와 인지안보 연구 등에 관심을 기울일 필요가 있다.

이 책은 2023-24년도 서울대학교 국제문제연구소 총서 시리즈 중의 하나로 기획되어 진행한 연구의 결과를 묶어낸 논문 모음집이다. 2023년 초에 기획되어 필진을 구성하고 프로포절 발표회를 거쳐서 전체 구도를 가다듬었으며, 2023년 하반기에 여러 차례의 중간발표를 겸한 세미나를 거쳐서 잉태된 작품이다. 특히 중간발표를 위해서 2-3개 주제를 묶어서 네 차례로 나누어 세미나를 진행했다. 2023년 2학기에 진행된 중간발표 세미나에는 서울대학교 미래전연구센터 미래군사전략과정의 수강생들이 청중으로 참여하여 많은 질문과 피드백을 주었다. 이 책에 실린 최종원고는 〈인공지능과 국제정치: 연구 어젠다의 탐색〉이라는 제목을 내걸고 개최된 2023년 10월 정보세계정치학회 추계대회에서 세 세션으로 나누어 발표하였다. 그 이후 추가 마무리 작업을 거쳐서 이렇게 세상에 나오게 되었다.

이 책이 나오기까지 도움을 주신 많은 분께 감사의 말씀을 전한다. 무엇보다도 길지 않은 시간 내에 원고를 작성해 주신 아홉 분의 필자들께 깊게 감사한다. 또한 이 책의 초고가 발표되었던 2023년 10월 정보세계정치학회 추계대회에 사회자와 토론자로 참여해 주신 여러 선생님께 감사드린다. 직함과 존칭을 생략하고 가나다순으로 언급하면, 민병원(이화여대), 배영자(건국대), 성기은(육군사관학교), 윤민우(가천대), 이신화(고려대), 이정환(서울대), 전재성(서울대), 정헌주(연세대), 차정미(국회미래연구원), 하영선(동아시아연구원) 등 여러분께 감사드린다. 서울대학교 미래전연구센터 안태현 박사의 수고에 깊게 감사한다. 또한 이 책의 출판 과정에서 진행된 다양한 세미나 준비 작업과 번거로운 교정 작업을 맡아 준 서울대학교 정치외교학부 대학원의 김명하, 이수연, 신승휴 박사과정과 신은빈, 이유나, 백경민 석사과정에게도 고마운 마음을 전한다. 끝으로 출판을 맡아 주신 사회평론아카데미 관계자들께도 감사의 말씀을 전한다.

참고문헌

김상배. 2018. "인공지능, 권력변환, 세계정치: 새로운 거버넌스의 모색." 조현석·김상배 외.
　　『인공지능, 권력변환과 세계정치』. 삼인. pp.15-47.
＿＿＿. 2021. "AI알고리즘 패권경쟁의 세계정치: 기술-표준-규범의 3차원 경쟁."
　　한국정치학회 편. 『알고리즘의 정치학』. 인간사랑. pp.150-192.
＿＿＿. 2022. 『미중 디지털 패권경쟁: 기술-안보-권력의 복합지정학』. 한울.
김상배 편. 2023. 『신흥기술과 사이버 안보의 국가전략: 국제정치학적 어젠다의 발굴』.
　　사회평론아카데미.
키신저, 헨리, 에릭 슈밋, 대니얼 허튼로커. 2023. 『AI 이후의 세계』. 김고명 옮김. 월북.
하정우·한상기. 2023. 『AI전쟁: 글로벌 인공지능 시대 한국의 미래』. 한빛비즈.

제1부   인공지능과 국제정치(1): 경제·정치 차원

제2장   인공지능 기술경쟁: 미중경쟁의 맥락

김용신(인하대학교)

* 이 글은 2024년 "이념과 제도의 연계와 미중 인공지능 기술경쟁." 『중소연구』 47(4): 43-78
에 게재되었다.

I. 문제제기

미국과 중국은 다면적이고 다차원적인 혁신 냉전에 돌입하고 있다. 혁신 냉전에서 미중 양국은 상대국의 기술경쟁력 강화를 존재론적 위협으로 인식하고, 특히 선발의 이점이 크고, 효과가 누적되며, 겸용 기술 가능성이 높은 첨단기술은 기술경쟁의 첨단에 있게 된다(이승주 2022). 하버드 벨퍼 센터는 2021년 12월에 미중 간 기술경쟁의 현황을 정리한 보고서를 발표했다(Allison et al. 2021). 이 보고서는 새로운 행정부의 대중 전략 수립에 도움을 주기 위해 작성되었고, 2020년 11월 대선 이후 바이든 당선자 측과 트럼프 행정부에 모두 전달된 것으로 알려졌다(김재현 2022).

이 보고서는 미중 양국 간 첨예하게 경쟁이 진행되고 있는 산업 영역으로 인공지능, 5G, 양자정보과학, 반도체, 생명과학, 청정기술 등을 들고 있다. 본 보고서는 인공지능(AI)을 향후 10년 동안 경제와 안보에 가장 큰 영향을 끼칠 첨단기술로 지목하고, 인공지능 시장, 연구, 경쟁력 등 거의 모든 분야에서 중국이 미국의 전면적인 경쟁자(full-spectrum peer competitor)로 발돋움하고 있다고 지적하고 있다. 이 보고서는 인공지능 국가위원회의 보고서를 인용하면서, 중국은 현재의 트렌드가 향후 변하지 않을 경우 미국을 제치고 인공지능에서 세계의 리더가 될 능력, 인재, 의지 등을 지니고 있다고 지적하고 있다. 다만 알고리즘과 하드웨어에서 진보가 있을 경우 아직도 미국에게 유리한 점이 있음을 동시에 지적하고 있다.

인공지능 영역에서 미중 간의 기술 격차가 매우 좁혀지고 있기에 미국은 2016년 오바마 행정부 당시부터 인공지능 발전을 위해 "Preparing for the Future of Artificial Intelligence"라는 제목의 보고서를 발표했다. 이 보고서는 외부적 프로그램이 없이도 스스로 학습하고 향상될 수 있는 기술인 기계학습(Machine learning)이 인공지능 혁명을 가능하게 하고 있다고 주장하면서 인공지능 기술에 대한 관심을 환기시켰다. 이와 유사하게 중국 역시 2017년 국무원 차원에서 "차세대의 인공지능 발전 규획"을 발표했다. 이 발전 규획 역시 인공지능을 미래의 경제력과 군사력을 획기적으로 변화시킬 게임체인저로 인식하고 있다. 미국 오바마 행정부의 보고서와 중국 국무원의 인공지능 발전 규획은 상위의 목표뿐만 아니라, 구체적인 정책 내용, 그리고 추천 방향까지도 상당 부분 일치하고 있다. 앨런과 카니아(Allen and Kania 2017)는 미중 양국의 정책적 유사성을 강조하면서, 중국이 인공지능 혁명을 추진하기 위해 오바마 행정부가 만들어 놓은 각본(plyabook)을 이용하고 있다고 평가하고 있다. 2017년 이후 미중 양국은 각국의 인공지능 정책을 보다 심화시키고 있으나, 인공지능이라는 새로운 전략 기술 분야에서 매우 유사한 전략 정책을 만들어 내고 있다. 결국 양국의 인공지능 경쟁에서의 성과는 인공지능 정책 자체보다는 인공지능 기술 분야 육성에 대한 미중 양국의 지향점과 정책의 집행 과정에서 상당한 차이를 만들어 낼 수밖에 없다.

　물론 인공지능과 인공지능의 컴퓨팅 능력을 좌우하는 반도체와 같은 하드웨어에서 우위를 점하고 있는 미국의 기술 봉쇄 전략 역시 중국의 성과를 좌우하는 데 상당한 영향을 미칠 수 있다. 이를 반영하듯, 2022년 10월 7일 미국 상무부의 Bureau of Industry and Security (BIS)는 중국에 대해 첨단 컴퓨팅과 반도체 장비 등에 대한 새로운 수출통제 조치를 발표했다. 10월 7일 조치는 지난 25년간의 미중 교역 관계를 다음 세 가지 측면에서 새로운 방향으로 전환시키는 분수령과 같은 조치였다. 첫째, 새로운 수출통제는 고성능 반도체 수출을 군사용이나 금지된 사용자에게만 적용되는 수출통제 방식이 아니라 중국 전체에 대해 지리적인 개념에 기반해 수출통제를 적용했다. 둘째, 기존의 수출통제는 미국 및 동맹국들이 기술 우위를 확보하는 것을 전제로 중국 내에서 기술의 진보를 허용했다. 그러나 새로운 수출통제는 중국에 수출될 수 있는 반도체 기술의 고점(peak)을 매우 하향하여 설정했다.[1] 마지막으로 중국 수출에 허용되는 기준(threshold)을 지속적으로 업데이트하기보다 특정한 기술 수준에 고정시켜, 미국 및 동맹국과 중국의 기술 격차가 향후 시간이 지남에 떠라 더욱 커지도록 유도하고 있다 (Allen ed. 2023).

2022년 10월 7일 수출통제 조치는 이미 18개월 전에 출간된 인공지능 국가안보위원회(National Security Commission on Artificial Intelligence)의 최종 보고서에서 제시한 정책적 아이디어가 구체적으로 실현된 것이라 할 수 있다. 결국 2022년 10월 7일 수출통제를 통해 미국은 중국의 인공지능(artificial intelligence) 발전의 핵심인 고성능 반도체 칩에 대한 수출통제를 실시했다. 그러나 반도체 수출통제가 실제 중국 AI 산업 발전에 어떤 영향을 미칠지에 대해서는 지속적인 모니터링이 필요하다. 우선 중국 AI 기업들의 경우 반도체 수출통제가 중국이라는 지역을 기반으로 하지 기업을 타겟팅하지 않는다는 점을 감안하여, 인도에 있는 중국 AI 자회사가 고성능 반도체를 수입하고, 중국의 개발자들은 클라우드를 통해 컴퓨팅 능력에 접속하는 방식으로 반도체 수출통제를 우회하고 있다. 또한 ChatGPT나 OpenAI처럼 생성형 AI 기술 발전에 핵심적인 Nvidia의 경우 현재 대표적인 GPU인 H100을 수출통제 조건에 맞게 성능 변경하여 H800이라는 이름으

---

1   로직칩 16nm, DRAM 18nm, NAND 128단으로 알려져 있음.

로 중국에 수출을 하고 있다. 그러나 Center for the Governance of AI의 Lennart Heim은 H800으로 인한 성능 저하가 10% 이내일 것으로 예측하면서, 미국의 새로운 수출통제의 유효성에 대해 의문을 제기했다.

본 연구는 먼저 II절 분석틀에서 AI 영역에서 중국과 미국 양국에서 이념과 제도가 어떻게 연계되어 양국 간 기술경쟁으로 연결되는지 살펴본다. III절에서는 미중 양국의 인공지능의 현재 상황을 종합적으로 평가한다. IV절에서는 인공지능 산업에서 미중 양국의 이념과 제도가 실제적으로 어떤 동학(dynamics)을 만들고 있는지 살펴본다. 마지막 V절에서는 논문의 주요 발견들을 정리하고 한국에 주는 함의를 검토한다.

II. 분석틀: 이념-제도의 연계와 미중 AI 기술경쟁

본 논문은 인공지능을 둘러싸고 미중 양국이 가지는 이념과 제도가 상호 어떻게 연계되어 인공지능 발전의 경로에 영향을 미치는지 분석하고자 한다. 여기서 이념이라 함은 국가가 스스로의 존재를 정의하고 지키기 위한 구체적인 가치 지향을 의미한다. 결국 이념은 스스로의 존재를 규정하는 이념적인 핵심이기에, 기술경쟁 등과 같은 상대국으로부터 오는 존재론적 위협의 증가는 흔히 국가 스스로의 이념적 정향들을 더욱 구체화하고 이를 지켜내기 위한 장치들의 강화로 연결될 수밖에 없다. 그러나 본 연구는 인공지능에서의 미중 경쟁을 다루고 있기에, 미중 양국의 핵심 이념 자체를 다루기보다 미중 양국이 인공지능에 어떠한 이념적 가치(ideational value)를 부여하고, 그 의미 실현을 위해 어떤 정책적 방안을 만드는지 살펴본다.

개별 국가의 이념적 정향이 정책의 방향성을 만든다고 해도, 개별 국가의 혁신 체제와 같은 제도적 장치는 정책의 집행 과정에 결정적인 영향을 미친다. 에른스트(D. Ernst)는 지정학적 목적에 따른 미국 정부의 반도체 공급망 개입이 미국이 지닌 시장 중심의 혁신 시스템으로 인해 오히려 집행 과정에서 문제에 봉착하고, 미국 기업들의 혁신 역량이 약화되는 등 의도치 않은 결과들을 만들어 낼 수 있다고 주장한다 (Ernst 2021). 결국 미국 정부의 지정학적 목적을 위한 개입은 이념과 제도의 불일치 상황을 만들어 의도한 성공보다는 의도치 않은 실패로 귀결될 가능성이 높다는 것이다. 다시 말해 AI 정책에서 국가가 부여하는 이념이 AI 정책의 방향을 결정하고, 그 제도적 배경이 AI 정책 목표가 어떻게, 얼마나 효과적으로 달성되는지 결정한다.

1. 중국의 이념-제도 연계

중국 정부가 인공지능에 어떠한 이념적 의미를 부여하는지 파악하기 위해, 우선 2017년 발표된 "차세대 인공지능 발전 규획"을 살펴보자. 규획 본문의 전략적 방향을 설정하는 전략적 입장 부분에서 현재 인공지능 발전 경쟁에 대한 개략적인 설명 이후 아래와 같은 전략적 상황을 설명하고 있다.

인공지능은 국제 경쟁의 새로운 초점이 되었다. 인공지능은 미래를 선도할 전략 기술로, 세계 주요 선진국들은 인공지능 개발을 국가 경쟁력 제고와 국가안보 수호를 위한 주요 전략으로 삼고, 계획과 정책 도입을 강화하고, 새로운 국제 과학기술경쟁에서 주도권을 잡기 위해 핵심 기술, 최고 인재, 표준 및 규범 배치를 강화했다. 현재 우리나라의 국가안보와 국제 경쟁 상황은 더욱 복잡해졌다. 우리는 세계를 바라보고 인공지능 개발을 국가전략 수준에 두고 체계적이고 적극적으로 계획하며, 새로운 시대에 국제 경쟁의 전략적 주도권을 확고히 장악하여 경쟁에서 새로운 우위를 창출하고 새로운 개발 공간을 열고 **국가안보**를 효과적으로 보호해야 한다. (번역 및 강조는 필자의 것임)

위의 규획은 인공지능 경쟁에서 주도권을 잡아야 하는 첫 번째 이유로 국가안보(安全)의 보장에 인공지능이 핵심적이라고 평가하고 있다. 여기서 안전은 18차 당대회 이후 시진핑을 핵심으로 하는 당 중앙이 제시한 총체적 국가안전관(总体国家安全观)을 의미한다. 이 국가안전관에서 가장 핵심은 정치 안보를 그 핵심으로 하는데, 이는 당의 국가안보 공작에 대한 절대적인 영도를 유지하는 것을 그 핵심으로 한다 (李峥 2018). 징안 쩡(Jinghan Zeng)은 중국의 AI 정책의 주요 특징으로 안보화(securitization)를 들고 있다. 중앙정부는 인공지능을 안보화하는 방식으로 지방정부, 시장행위자, 지식인, 대중들을 동원한다는 것이다(Zeng 2021a; Zeng 2021b). 이러한 안보화는 국내 행위자들을 설득하는 데 매우 유용하지만, 국내 안보에 집중한 AI 정책은 오히려 국가 간 자유로운 자본과 노동의 이동을 방해하면서 중국 인공지능 생태계에 부정적 영향을 줄 수 있다는 것이다.

중국의 인공지능 안보화에서 더욱 두드러지는 특징은 중국의 안보에서 우선되는 이념적 가치에 있다. 국가안전관의 핵심이 당의 정당성과 생존을 유지하고 강화하는 것이라고 한다면, 외교 정책 역시 국력을 극대화하는 것보다 공산당의 생존과 권력 강화가 더욱 중요한 것이라고 할 수 있다. 당의 생존이라는 당의 이익(party interest)은 심지어 외교 정책에서도 국익을 우선한다. 결국 중국 공산당의 최우선의 이념적 목표는 공산당의 정당성과 생존을 유지하고 강화하는 것인데, 이러한 추세는 시진핑 집권 이후 더욱 강화되고 있다. 당의 모든 것에 대한 통제를 강화하기 위해 2017년 당장(党章)에 당이 모든 것을 지도한다는 내용을 포함시켰다.[2] 또한 2018년에는 공산당의 중국 국가에 대한 지도를 명시하기 위해 헌법에 다음 문구를 삽입했다. "사회주의 체제는 중화인민공화국의 기본 시스템이다. 중국 공산당의 리더십 포지션은 중국특색사회주의의 핵심적인 요소로 간주된다."[3]

결국 중국의 인공지능 정책은 당의 생존과 번영을 1차적 목적으로 안보화될 수밖에 없다. 이러한 이념적 배경과 함께 중국의 AI 정책은 중국의 혁신 체제라는 제도 속에서 실행될 수밖에 없다. 중국의 혁신 체제에 대해서는 중앙과 지방 사이에 서로 다른 작동 메커니즘에 주목하여 "느슨하게 연계된 시스템(loosely-coupled system)"을 주장하는 연구들이 많았다(Chen 2016; Rho and Kim 2021). 그러나 타이밍 청(Tai Ming Cheung)은 시진핑 집권 이후 미중 경쟁에서 승리하기 위해 새롭게 등장한 중국의 혁신체계를 기술-안보 국가(techno-security state)라고 명명하고, 그 등장 배경과 구체적인 작동 메커니즘을 분석하고 있다(Cheung 2022).

---

2 "党政军民学, 东西南北中, 党是领导一切的"("The Party exercises overall leadership over all areas of endeavors in every part of the country.").

3 중국어 원문은 다음과 같다. "社会主义制度是中华人民共和国的根本制度. 中国共产党领导是中国特色社会主义最本质的特征." 2018년 헌법에 추가된 내용은 아래 사이트 참조할 것. https://flk.npc.gov.cn/detail.html?MmM5MDlmZGQ2NzhiZjE3OTAxNjc4YmY1OWRhODAwMmMQ%3D

2. 미국의 이념-제도 연계

미국 역시 미국 고유의 이념적 렌즈를 통해 인공지능을 볼 수밖에 없기에 인공지능과 같은 첨단기술 문제를 이해할 때 안보 이슈에서 자유로울 수 없다. 2023년 5월에 발표한 "핵심 그리고 신흥 기술에 대한 미국 정부의 국가 표준 전략(United States Government National Standards for Critical and Emerging Technology)"을 보면 인터넷, 무선통신, 그리고 다른 디지털 표준에서 미국이 기존에 보여줬던 리더십 역할에 얼마나 많은 의미 부여를 하고 있는지 알 수 있다(White House 2023). 결국 미국은 자국의 리더십 하에 주변국들과 규칙기반 질서의 현상을 유지하는 것에 많은 전략적 의미를 두고 있다.

일반적으로 미국의 국가-기업 관계에 대한 논의는 약한 국가를 전제로 한 반국가주의적(robust anti-statism combined with weak states) 가정이 우세했다. 그러나 미국의 혁신 시스템에 대한 약한 국가 혹은 작은 국가와 같은 가정에 대해 린다 바이스(Linda Weiss)는 미국의 국가는 일반적으로 국가-기업의 직접적인 파트너십에 의존하기보다 인프라스트럭쳐 건설 등에 집중하는 경향이 있었기 때문이라고 지적한다(Weiss 2014). 바이스는 미국의 혁신 시스템을 국가안보국가(national security state, NSS)라고 정의하고, 미국의 국가는 지정학 및 안보적 목적에 따라 스스로의 역할과 정부-사기업의 파트너십(public-private partnership)을 재조정해 왔다고 주장한다. 위 단락에서 언급했던 "국가 표준 전략" 역시 규칙 및 사영 기업 중심의 표준 제정(the rules-based and private sector-led approach to standard development) 방식의 문제점을 제시하고, 정부의 전략적인 경제정책, 공적 개입, 투자 등을 통해 표준 제정 과정에 적극적으로 참여할 것임을 천명했다.

　바이스와 서본은 한국과 미국에서 국가가 경제 및 기술 발전에 개입하는 모습을 비교하면서, 두 국가가 기술 영역에 개입하는 상이한 이념적 동기에 주목했다(Weiss and Thurbon 2021). 한국의 경우 발전국가 시기 북한의 안보 위협에 대응하기 위한 지정학적 강박(imperatives)이 21세기 들어서는 중국과의 최첨단 기술 영역에서 스스로의 경쟁력과 시장을 지키고자 하는 지경학적 강박으로 대체되었다. 미국의 경우 기술 혁신을 위한 국가의 개입이 기술 자주를 통해 경제적 이윤을 확대하는 것을 목적으로 하기보다, 기술적 우월성 확보라는 전략적 목적 달성에 있다고 할 수 있다. 이런 측면에서 바이스와 서본은 최근 개별 국가들이 경제 영역에 적극적으로 개입하는 정책을 산업정책보다는 국가통치술(statecraft)이라는 개념을 통해 설명하고자 한다. 산업정책은 일반적으로 목적, 동기 등과 상관없이 경제활동에 대한 모든 형태의 국가적 지원을 지칭한다. 이에 반해 국가통치술은 특정한 외부의 위협과 압력에 대응하기 위해 국가가 국내의 조력자(enabler)들과 함께 만드는 전략적 대응을 의미한다. 결국 국가가 외부의 위협에 대응하기 위한 이념적 목표를 설정하고 이를 국내적 제도와 연계하여 만드는 전략을 의미하고, 이는 본 논문에서 말하는 이념-제도 연계와 맥을 같이한다.

　탈냉전 이후 미국은 소련과 같은 단일한 외부의 적에 직면하기보다 테러리즘과 같은 비대칭적인 안보 위협에 주안점을 두었다. 중국 역시 미국의 적으로 간주되기보다 자유주의적 관점에서 경제적 상호의존의 확대를 통해 결국 미국과 같은 동류의 민주주의 국가로 변화될 대상으로 인지되었다. 그러나 2017년 트럼프 행정부 당시 발표된 국가안보전략(National Security Strategy) 보고서는 중국에 대한 자유주의적 신념이 무너지고 중국과 새로운 강대국 경쟁이 시작되었음을 선포하고 있다(White House 2017). 2018년 미국 국방부는 중국에 대한 새로운 전략적 판단에 보다 구체적 근거를 제시하면서 중국과의 새로운 경쟁이 도래하였음을 알렸다. 미국 국방부 산하 국방혁신실험단(Defense Innovation Unit Experimental, DIUx)에서 발표한 보고서는 인공지능과 같이 새롭게 등장하는 핵심 기술 영역에서 미국이 중국에 이미 뒤처지고 있음을 처음으로 공식적으로 천명했다. 보고서는 미중 간의 경제 및 전략 경쟁은 새로운 기술 영역에서 더욱 심화되고 있는데, 이는 현존하는 군사적 균형 상태를 분열시켜 미중 양국 간 갈등의 본질을 바꿀 수 있는 가능성이 존재한다고 지적한다(Brown and Singh 2018). 중국의 안보적 위협에 대한 평가는 바이든 행정부에서 더욱 심화되고 있다. 2022년 10월 발표된 바이든 행정부의 첫 번째 국가안보전략 보고서는 "중국은 미국이 직면한 가장 심각한 지정학적 도전"이라고 칭하며, 앞으로 10년을 "결정적 10년"으로 보고 미국의 대중국 전략은 중국과 경쟁하여 승리하는 것이라고 강조하고 있다(White House 2022).

III. 미중 AI 능력 평가

인공지능 분야에서 미중 양국은 각각 어떤 장단점을 지니고 있고, 실제적으로 어떤 능력을 보여주고 있을까? AI 기술의 결과는 컴퓨터 연산 능력의 발굴과 데이터의 양과 질에 의해 좌우된다. 결국 인공지능 개발을 위해서는 데이터가 핵심적이라고 할 수 있으므로 우선 양국의 데이터 경쟁력부터 살펴보자.

아래의 〈표 2.1〉은 데이터의 양, 깊이, 질, 다양성, 접근성에 따라 미국과 중국의 데이터 경쟁력을 비교하고 있다. 데이터의 양적 측면에서 미국과 중국은 상이한 우세를 보이면서 동등한 경쟁력을 확보하고 있다. 미국은 중국과 비교해 국내 이용자들이 많지는 않지만, 미국 이외의 국가들에서도 높은 시장 점유율을 기록하고 있다. 예를 들어, 전 세계 검색 엔진 시장에서 구글의 시장 점유율은 92%를 상회하고 있다. 이에 반해 중국은 많은 인구와 빠른 경제성장에 힘입어 데이터의 양이 매우 빠른 규모로 성장하고 있다. 결국 양국은 데이터의 양(量)의 측면에서는 동등한 우위를 점하고 있다.

중국의 AI 선도 기업인 BAT(Baidu, Alibaba, Tencent)는 많은 인구를 지닌 국내 시장을 중심으로 발전하고 있다. 중국의 인터넷 이용

표 2.1 미국과 중국의 데이터 경쟁력 비교

영역	내용	예	우세	비고
量 (quantity)	사용자 혹은 이벤트의 수	Facebook 이용자 수; 공유 자전거 이용 횟수	동등	미국=높은 천장; 중국=빠른 규모의 성장
깊이 (depth)	디지털 형태로 포착되는 사용자의 행위나 이벤트의 다른 측면	스마트폰을 이용하여 하루 동안 이루어지는 여행, 거래, 식사 등의 퍼센트	중국	도시 안에서 이루어지는 일 중 높은 비율이 스마트폰을 통해 이루어짐.
質 (quality)	훈련을 위해 사용되는 데이터의 정확성; 어떻게 데이터가 구조화되고 저장되는가	기업의 금융 기록이 어떻게 만들어지고 저장되는가	미국	미국의 사기업들이 앞서나감; 중국의 공적 영역 데이터가 따라잡을 가능성 존재
다양성 (diversity)	연구되는 사용자 및 이벤트의 상이성	얼굴 인식 훈련을 시키기 위해 사용되는 모델의 인종의 수	미국	미국=상이한 국내 인구+전 세계 이용자; 중국=보다 경제적으로 다양한 국내 이용자
접근성 (access)	관련된 행위자들에게 데이터의 접근성	감시 카메라의 정보가 어떻게 모이고 누가 접근 가능한가?	중국	정부와 기업의 엄청난 규모의 감시 및 교통 카메라에 대한 접근

출처: Sheehan(2019).

자 수는 2018년 8억 명을 돌파했는데, 인터넷 이용자들은 컴퓨터보다
는 주로 스마트폰을 통해 인터넷에 접속하고 있다(Xinhua 2018). 높은
비율의 중국 인터넷 이용자들이 주로 스마트폰을 통해 인터넷에 접속
하기에 인터넷 사용자의 이동 경로 대부분이 디지털 데이터로 전환될
수 있다. 유선 인터넷망 보급이 느렸던 중국에서는 중국산 저가 휴대전
화기를 통해 인터넷에 접속하는 비중이 훨씬 높기 때문에, 휴대전화를
이용한 모든 데이터, 즉 휴대전화 이용자의 동선, QR코드를 이용한 구
매 패턴, 대중교통 이용 패턴 등이 다양하게 축적된다. 예를 들어, 스마
트폰 알람 소리를 듣고 잠에서 깨, AI 추천 음악을 들으며 출근 준비를
하고, 공유 자전거를 타고 출근을 하여 일을 하다가, 모바일 결제 앱을
이용하여 점심 및 후식을 구매하고, 휴식 중에 인터넷 상점에서 쇼핑하
고, 퇴근 후 모바일 결제를 통해 영화표를 구매하고, 영화관에서 공유
차량 서비스를 통해 귀가하는 상황을 가정해보자. 가상 이용자의 일과
대부분이 스마트폰과 함께 이루어지기에, 이용자의 구매 정보는 물론
이고, 음악 및 영화 취향, 열량 소모, 물건 구매 시 취향, 차량 및 도보로
의 이동 거리 등 매우 다양한 형태의 데이터가 축적될 수 있다. 이런 이
유로 중국은 데이터의 깊이 측면에서 미국보다 우세하다. 또한 중국 정
부는 AI 기술이 사회 안정을 확보하는 데 유리하다고 판단하여 대규모
의 감시 카메라를 설치하고 있고, 이렇게 축적된 데이터에 대해 사기업
들의 접근을 허용하여 스마트 도시 운영의 효율을 높이려 하고 있다.
게다가 미국과 비교해 개인정보 보호에 대한 사회적 인식이 높지 않은
상태여서 정보에 대한 접근의 측면에서도 중국은 우세를 보인다.

　데이터의 깊이나 접근에서는 열세를 보이지만, 데이터의 질(質)과
다양성 측면에서 미국은 중국보다 우위를 보인다. 인공지능의 성과는
많은 양의 데이터도 중요하지만 얼마나 정확한 정보에 의해 훈련되느

냐에도 결정적으로 영향을 받을 수밖에 없다. 미국 금융기관에서 생산되는 대규모의 정확한 데이터와 여러 차례의 검증을 통해 대중에게 공개되는 다양한 데이터들은 질적 측면에서 미국의 데이터 경쟁력의 근간이 되고 있다. 또한 국내적으로도 다양한 인종으로 구성되어 있는 미국은 대다수 기업의 활동 영역이 국내에 머무르지 않아 보다 다양한 데이터 샘플들을 확보할 수 있기에, 다양성 측면에서 우위를 지니고 있다.

데이터 경쟁력에서 미중 양국이 팽팽한 접전을 보이고 있는 가운데, 그럼 과연 미중 양국의 적극적 개입은 그 성과로 나타나고 있는가? 특히 중국의 2017년 "차세대의 인공지능 발전 규획"은 아래처럼 구체적인 중장기 실현 목표를 제시하고 있다.

〈2017년 "차세대의 인공지능 발전 규획"이 제시한 목표〉
- ○ 2020년까지 중국 인공지능의 총제적인 기술 및 응용 수준이 세계의 선진 수준과 동일하게 발전, 인공지능 산업 규모가 1500억 위안, 인공지능 관련 산업이 1조 위안 이상
- ○ 2025년까지, 인공지능 기초 이론에서 대도약을 이루어 부분적인 기술과 응용 수준이 세계에서 선도적 수준으로 발전, 인공지능 산업 규모가 4000억 위안, 인공지능 관련 산업이 5조 위안 이상
- ○ 2030년까지, 인공지능 이론, 기술, 총체적인 응용까지 선도적 수준으로 발전하여, 세계 인공지능 혁신의 중심으로 도약, 인공지능 산업 규모 1조 위안, 관련 산업 규모 10조 위안 이상

위에서 제시한 목표에 중국의 성과는 얼마나 다다르고 있을까? 이에 대한 하나의 유일한 정답이 있을 수는 없으나, 아래 2018년 옥스퍼

드 대학 보고서의 결과와 보다 최신의 평가들을 통해 미중 양국의 현재 상황을 추적해보자.

〈표 2.2〉는 수량적으로 비교 가능한 AI 가능성 지수를 도출하기 위해 AI 발전 요인을 크게 네 부분으로 구성했다. 인공지능 컴퓨팅 능력에 필수적인 하드웨어, 데이터, 연구와 알고리즘, 그리고 상업 부분 등을 종합해서 수량 지표로 환산한 결과를 보면 중국이 17, 미국이 33으로 훨씬 더 높은 가능성을 지닌 것으로 보인다. 〈표 2.2〉에서 언급한 AI 발전 요인을 보다 최근 자료로 업데이트해보자.

우선 하드웨어의 경우 2022년 10월 7일 미국 상무부의 AI 반도체 수출통제로 중국에 상당한 타격이 있을 것으로 짐작할 수 있다. 물론

표 2.2 AI 발전에 영향을 미치는 다양한 요소들과 AI 가능성 지수

AI 발전 요인	측정 수단	중국	미국
하드웨어	반도체 생산에서 세계 시장 점유율(2015년)	4%	50%
	FPGA* 반도체 개발자에 대한 펀딩 규모	3440만 US달러 (세계 7.6%)	1억 9250만 US달러 (세계 42.4%)
데이터	이동통신 이용자	14억 명 (세계 20%)	4억 1600만 명 (세계 5.5%)
연구와 알고리즘	AI 전문가 수	39,200명 (세계 13.1%)	78,700 (세계 26.2%)
	AAAI** 컨퍼런스 발표 비율 (2015)	세계 20.5%	세계 48.4%
AI 상업 부문	세계적인 AI 기업의 비율 (2017)	23%	42%
	AI 기업의 총투자 (2012-2016)	26억 US달러 (세계 6.6%)	172억 US달러 (세계 43.4%)
	AI 스타트업에 대한 총 자본 펀딩 (2017)	세계 48%	세계 38%
AI 가능성 지수	네 가지 측정 수단의 평균	(5.8 + 20 + 16.8 + 25.9) = **17**	(46.2 + 5.5 + 37.3 + 41.1)/4 = **33**

* FPGA(field-programmable gate arrays): AI 운용에 유용하게 재배치 및 프로그램이 가능한 반도체 칩
** Association for the Advancement of Artificial Intelligence: AI 연구에서 가장 널리 알려진 연례 학술대회

최근 미국의 반도체 수출통제 상황에서도 화웨이 7 나노급 반도체를 장착한 휴대전화를 공개해 중국이 이미 상당히 높은 수준의 반도체 제조 능력을 가지고 있는 것이 아닌가 하는 추론이 제기됐다. 그러나 화웨이 반도체 등에서도 얼마만큼 양산 능력이 있는지에 대해 구체적인 답변이 제시되지 않고 있고, 설사 7 나노 반도체의 양산이 가능하다고 해도 AI용 반도체 수급 문제가 해결되는 것은 아니다.

두 번째 데이터의 경우 〈표 2.2〉는 국내 이동통신 이동자만을 중심으로 데이터 역량을 측정했다. 그러나 〈표 2.1〉에서 보이는 것처럼 미국 기업들의 경우 국내 사용자가 중국보다 적은 것은 사실이지만 다양한 국가에서 운용되고 있다는 점에서 데이터의 양에서는 중국과 동등한 수준을 다양성에서는 보다 우위를 기록하고 있다. 다만 중국의 경우 휴대폰을 이용한 인터넷 접속자의 비율이 다른 국가에 비해 현저히 높기에 인공지능 기업들이 수집할 수 있는 데이터의 깊이(depth) 측면에서 미국보다 우위에 있고, 권위주의 성격으로 인해 높은 접근성을 보이고 있다. 결국 데이터 측면에서도 중국이 미국에 비해 명백하게 우위에 있다고 말하기 쉽지 않다.

세 번째 연구와 알고리즘의 경우에도 미국이 현저하게 우위에 있는 것으로 보인다. 아래 〈그림 2.1〉은 글로벌 AI 핵심 인력의 근무지를 정리한 그림이다. 글로벌 AI 핵심 인재 중 59%가량이 미국에서 근무하고 있고, 중국은 이에 한참 뒤진 11% 정도이다. 게다가 앞서 언급한 AI 기술의 안보화 및 인터넷 주권 등과 같은 폐쇄적인 생태계로 인해 중국인이 아닌 AI 인재가 중국으로 유입되기는 더욱 쉽지 않을 것으로 보인다.

마지막으로 상업 부분에서 AI 투자를 살펴보면 선도국 미국의 위상은 공고하게 유지되고 있다. 〈그림 2.2〉는 2013년에서 2021년 사이

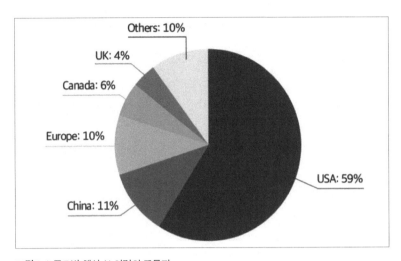

그림 2.1 글로벌 핵심 AI 인력의 근무지

출처: http://macropolo.com (김준연·박강민 2023에서 재인용).

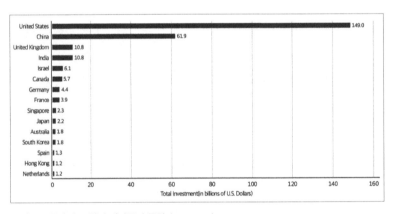

그림 2.2 국가별 AI 분야 민간투자 동향 (2013-21)

출처: Stanford AI Index (김준연·박강민 2023에서 재인용).

국가별 AI 민간투자 동향을 보여주고 있다. 동 기간 미국의 민간투자가 1469억 달러를 기록하고 있는 반면, 중국은 619억 달러를 기록했다. 물론 3위인 영국에 비해 대략 6배 정도나 많은 금액이지만, 미국의 반

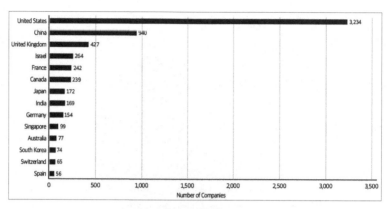

그림 2.3 국가별 신규 투자된 AI 기업 규모(2013-21)
출처: Stanford AI Index (김준연·박강민 2023에서 재인용).

에도 미치지 못하는 상황이다. 또한 〈그림 2.3〉에서 보이는 것처럼 동 기간 신규 투자된 기업의 수 역시 미국이 3234개, 중국이 940개를 나 태내고 있다. 〈표 2.2〉에 따르면 2017년 중국의 AI 스타트업에 대한 총 자본 펀딩이 전 세계 총액의 48%였던 점을 감안하면 상업 영역에서의 성적 역시 중국 정부가 만족스러울 만한 정도는 아닌 것으로 보인다.

2017년 기준으로 작성된 〈표 2.2〉의 개별 평가 항목을 좀 더 최근 자료로 업데이트해 보아도, 중국 AI 산업의 성과는 중국 정부의 정책 목표에 한참 뒤져 있는 것으로 보인다. 그럼 다음 절에서 미중 양국의 AI 국가 전략이 실제적으로 집행 단계에서 어떤 역학(dynamics) 속에 서 작동하게 되는지 살펴보고자 한다.

IV. 인공지능 산업에서 미중 양국의 이념-제도의 동학

1. 중국의 안보화된 AI 국가전략과 기술-안보 국가(techno-security state)로의 전환

중국의 권위주의적 정치체제와 하향식(top-down) 산업정책에 대해 매우 일관되고 잘 조율된 정책이라는 평가가 많다. 그러나 전통 산업에서 중국의 산업정책 집행 과정을 분석한 연구에 따르면 중앙의 관심 속에 산업정책으로 육성된 산업은 정책의 의도 밖에서 빠르게 성장(rapid growth outside of policy intention)한 경우가 많았다(Kim 2021). 중국 자동차 산업의 예를 들면, 중국 정부는 중국의 거대 시장과 해외의 자본 및 기술을 교환하는 시장환기술(市場換技術) 정책에 근거해 대형 국유기업들이 외국 기업들과 합자회사(joint ventures, JVs)를 설립하여 기술 습득을 한 후 자동차 산업의 국가대표(国家队)로 성장하는 전략을 구상했다. 이를 위해 자동차 산업에 대한 진입 규제(entry control)을 엄격하게 시행하고 자동차 소매 가격을 인위적으로 상향조정하여 외국 기업들이 중국에 진출하도록 유인(incentive)을 제공했다. 그러나 외국 기업과 합자회사를 설립한 국유기업들은 기술 습득을 통해 지적재산권을 지닌 자주적인 브랜드 자동차를 육성하려고 노력하기보다 외국 합자기업의 하청업체로 기능하면서 높은 이윤율에 취해 있었다. 이에 반해 엄격한 진입 규제로 인해 자동차 완성차 시장에 진입하기가 사실상 불가능했던 사영기업들은 자동차 산업정책의 회색지대를 이용하여 시장에 진입하였다. 자동차 산업에서 호적이 없는 신세(黑孩子)였던 신생 자동차 업체들은 일단 자동차 시장에 진입한 후 스스로의 정당성을 확보하기 위해 자동차 산업정책이 추구했던 지적재산권을 지닌 자주브랜드 개발에 박차를 가한다. 2008년에 중국이 전 세계 자동차 최대 생산국으로 빠르게 성장한 이유는 중앙정부의 정책적 목표가 달성되었다기보다, 중앙정부의 산업정책이 몇 가지 의도치 않은 시장 경쟁을 유도했기 때문이다.

위의 자동차 산업과 매우 유사하게 중앙의 산업정책은 고속철도, 우주항공 등과 같이 시장 수요를 정부가 완전히 통제할 수 있는 경우를 제외하고 대체로 정부의 의도대로 진행되지 않는 경우가 많다.[5] 국가 안전이라는 이념의 프레임 속에서 육성되는 인공지능 산업 역시 다음과 같은 정책 동학을 경험할 것으로 기대된다. 첫째, 국가안보에 집중한 중앙의 정책 목표는 기술 개발의 주요 행위자인 기업에게 양날의 칼이 될 수밖에 없다. 현저한 안보에 대한 위협감을 지닌 중앙정부의 산업정책은 산업 육성을 위한 엄청난 규모의 정부 지원을 수반하게 되고, 기업들로 하여금 기술 개발에 힘을 쏟기보다 정부 돈을 쫓아다니게 만드는 유인을 제공한다. 예를 들어, 반도체 산업 육성을 위해 설립한 반도체대기금의 최대 수혜자였던 칭화유니의 경우 회사가 부도나고, 당시 회장이었던 자웨이궈(赵伟国) 역시 부패 혐의로 수감되었다. 칭화대 졸업생인 자오 회장은 원래 신장 지역에서 건설업을 통해 부를 축적했는데, 2010년 지분 매입을 통해 칭화대 소속으로 부실기업이었던 칭화유니의 경영권을 확보한다. 이후 반도체 산업 육성을 위한 정부의 보조금 지원에 힘입어 무리한 차입 경영을 시도하면서 결국 파산에 이르게 된다. 중국 정부의 보조금 지급이 아직 반도체에 집중되어 있으나, 인공지능 기업들에 대한 보조금의 범위와 금액이 확대되면 정부 돈을 집중적으로 쫓는 기업들이 보다 많아질 것으로 예상된다.

4   고속철도 산업에 대해서는 Ma(2022), 우주 산업에 대해서는 이승주(2021); 이춘근 (2020)을 참조할 것.

그러나 발전 초기 단계의 기업들에게 정부의 보조금은 매우 필수적이고 사활적인 역할을 한다. 정부의 지원을 통해 특정 기업이 인공지능 영역에서 독보적인 지위를 확보하게 된 후에도 중앙정부의 안보화된 관심은 기업들에게 양날의 칼이 될 수 있다. 중국 인공 기업들의 경우 후발주자임을 감안하여 인공지능 원천기술 발전보다 경량화, 데이터 자원화 등 독창적인 생태계를 구축하려는 움직임이 있다. 그러나 이러한 기업의 전략이 국가의 주요 이념적 필요성 및 전략과 부합한 경우 문제가 없으나, 그렇지 않을 경우 중앙정부는 국가적인 관점에서 기업 전략의 변화를 요구하기도 한다. 예를 들어, 파운드리에 좀 더 특화되어 있던 SMIC에게 중국 중앙 정보부는 다량의 외화를 소모하는 메모리 반도체에 집중할 것을 요구했다. 이러한 요구의 실효성을 높이기 위해 SMIC에 대한 공유 지분 범위를 확대하여 실제적으로 SMIC를 반국유화하는 조치를 취했다(Rho and Kim 2021). 인공지능 기업의 경우 국가대표를 정해 세부적인 기술 영역에 대해 특정 기업에게 임무를 부여하고 있는데, 이러한 조치가 기업의 비교우위를 높이는 데 실효적인지는 지속적으로 관찰할 필요가 있다.

둘째, 중앙과 지방 사이에 느슨하게 연계된 체계인 중국의 혁신시스템 하에서 중앙의 강력한 드라이브는 실제적인 정책 집행을 하는 지방정부와 개별 기업들의 상업적 이윤을 저해하여 장기적으로 혁신 역량에 부정적 영향을 미칠 수 있다. 중국 인공지능 혁신 생태계를 분석하면서 제프리 딩(Ding 2018)은 중앙정부가 중요한 안내 역할을 하지만, 관료 기구, 사영기업, 대학 연구소, 지방정부 등은 모두 그들이 주장하는 중국의 AI Dream을 실현하기 위해 각자의 이해를 추구한다고 설명하고 있다. 또한 쩡(Zeng 2021a; 2021b)은 중앙의 AI 정책이 AI를 국가안보 문제와 연결시키지만, 지방정부들의 AI 정책은 국가안보 문제보다는 경제적 측면들에 초점을 맞추고 있음을 밝히고 있다. 결국 중앙정부의 산업인도기금 등을 통한 안내(guiding) 역할에도 불구하고, 중앙정부의 정책이 실제적인 혁신 주체인 지방정부와 기업들의 상업적 이해와 상충한다면 중앙정부가 구상하는 AI Dream 역시 실현되기 싶지 않다.

마지막으로, 중앙정부의 안보화된 인공지능 육성 노력은 장기적으로 폐쇄적인 혁신시스템으로 진화되어 오히려 인공지능 분야의 혁신 역량을 약화시킬 수 있다. 또한 미중경쟁에서 승리하기 위해 민군겸용이 용이한 첨단기술에 대한 기술-안보 국가적 대응은 미국과 같은 경쟁 대상국으로부터의 견제와 억지를 유발할 가능성이 높다. 중국 역시 폐쇄된 시스템의 한계를 극복하고자 일대일로 연선국가들과 연계성을 높이기 위한 다양한 노력을 취하고 있지만, 인터넷 주권 등을 원칙으로 한 안보화된 협력 기제 하에서 장기적이고 호혜적인 협력이 가능할지는 두고 볼 일이다. 또한 중국의 AI 정책이 국가안보를 환기시키고 이에 대한 대응을 강화한다면, 미국과 같은 경쟁 대상국 입장에서는 중국에 대한 수출통제 조치를 더욱 수월하게 할 수 있는 빌미를 제공한다. 2022년 10월 7일 반도체 및 AI 관련 칩 수출통제 역시 중국의 대량살상무기 개발에 위 기술이 전용될 가능성이 높음을 명시하고 있다. 결국 인공지능을 무기화하려는 노력은 보다 높은 수준의 안보 딜레마 상황을 야기하고, 이는 결국 미국의 보다 강한 대응책으로 연결될 수밖에 없다.

중국의 "느슨하게 연계된 시스템(loosely-coupled system)"이 가지고 있는 문제점에 대응하기 위해 2012년 국가지도자로 등장한 시진핑은 국방, 기술 혁신, 경제시스템을 효율적으로 조율하여 전략적이고 군사적인 영역 및 국력 증강을 위해 상호 조응할 수 있는 시스템을

고안하기 시작한다. 이러한 노력은 2016년 발표된 국가혁신구동발전
전략(国家创新驱动发展战略, IDDS: Innovation-Driven Development
Strategy, 이하 IDDS)으로 응축되어 발표된다. 위 전략은 아래 세 가지
단계의 목표를 담고 있다.

〈국가혁신구동발전 전략의 세 가지 단계적 목표〉

1) 2020년까지 "innovation country": 이노베이션 친화적인 거버
   넌스 레짐 구축과 강화된 지적재산권 보호, 보다 정비된 인센티
   브와 종합적인 정책 및 규제, GDP 대비 R&D 비율 2.5%

2) 2030년까지(이후 2035년으로 수정) "move to the forefront of
   innovative countries": 중국이 몇몇 소수 영역에서 글로벌 리
   더가 되고 선진 산업 혁신 경제에서 top-tier 진입, 2030년까지
   R&D 비율 3%

3) 2050년까지 "strong global innovation power": 중화 민족 부
   흥의 꿈 실현, 과학, 기술, 혁신 부분에서 미국의 리더십을 대체,
   국방과기 능력 역시 세계적 수준 도달

   IDDS는 국제질서를 극단적인 제로섬(zero-sum) 관계로 보는 홉
스적인(Hobbesian) 시각에 기반한 전략이다. 국가적, 군사적 경쟁력
확보와 글로벌 주도권을 쥐기 위해 국내적 혁신 역량을 강화하고자 하
는 노력은 2010년대 중반 미중 관계 악화 이전에 이미 명확하게 자리
잡았고, 트럼프 등장 이후 본격화된 미중 관계 악화는 중국 지도부가
정확한 정세 판단을 했음을 역으로 확인시켜주는 계기가 되었다. 또한
IDDS는 국가발전개혁위원회와 공산당재경영도소조에 의해 입안되
고 중공중앙과 국무원 수준에서 반포되었는데, 이는 중장기과학기술

발전전략이 국무원 차원에서 반포되었지만, 제도적으로 과기부에 의해 주도된 것과 명확하게 대비된다. 결국 과거의 혁신 전략과는 다르게 IDDS는 시진핑이 사회주의의 강점이라고 강조한 권위주의적인 동원 전략(authoritarian mobilization model)을 적용하였다. 게다가 시진핑과 밀접하게 연결된 전략이기에 시진핑의 장기집권에 의해 보다 긴 생명력과 추진력을 얻게 되었다. 결국 과거의 창신 전략과는 다르게 모방적 추격자(catch-up imitator)에서 세계적 수준의 원천적 혁신 국가(world-class original innovator)로 변모하기 위해 과감한 목표와 위험 감수(risk-taking)를 하는 모습을 보이고 있다. 이에 대해 타이밍청은 중국을 기술-안보 국가로 정의하는데 이는 "높아진 위험 인식과 국내 안보 연합의 막강한 영향력을 바탕으로 확대되는 국가안보 요구 사항을 충족하기 위해 기술, 안보, 국방 역량 구축을 우선시하는 혁신 중심, 안보 극대화 체제"를 의미한다(Cheung 2022).

2. 미국의 안보화된 AI 국가전략과 국가안보국가(national security state)의 재편

1945년 2차 세계대전 이후 미국의 최첨단기술 영역에서의 헤모니적 역량을 설명하는 데 있어 미국과 소련의 냉전만큼 중요한 요인은 없다. 미소 간 지정학적 경쟁은 미국 행정부 및 국방부의 정책결정자들이 최첨단기술에서의 우위가 국가안보를 위한 필수요소라고 인지하게 만들었다. 소련이라는 외부 위협 요인은 미국의 국가안보국가(national security state) 형성을 촉진시켰고, 전면적인 안보 경쟁에서 승리하기 위한 혁신 경쟁에 대해 초당파적인 지지를 만들어 낼 수 있었다. 첨단기술 우위를 통한 안보 우위라는 공동의 목표는 수많은 실패를 수반할 수밖에 없는 핵심 기술에 대해 장기간의 투자가 이루어지도록 했고, 범용(general-purposes) 기술에서의 혁신은 군사 영역뿐만아니라 컴퓨팅 소프트웨어, 반도체, 통신위성, 인터넷, GPS, 자율주행차 등과 같은 상업 영역에서도 엄청난 변화를 가져왔다. 실리콘벨리의 성장 자체가 국가안보국가의 초기 투자와 수요 덕분에 이루어질 수 있었다(Weiss 2014).

　그러나 소련의 붕괴로 인한 외부 위협의 소멸은 동시에 국가안보국가의 혁신 체제를 와해시켰다. 외부의 위협에 대응하기 위해 장기적인 혁신을 감내할 수 있었던 시스템은 주주의 이익 보장이라는 단기적인 이익으로 대체되었다. 이러한 변화에 대해 미 국방부가 출간한 2018년 국방전략서(National Defense Strategy of the United States of America) 역시 다음과 같이 평가했다. "오늘날 우리는 전략적 위축의 시기에서 벗어나고 있으며, 우리의 군사적 경쟁 우위가 약화되고 있음을 인식하고 있다(United States Department of Defense 2018)."[5]

　소련과의 냉전 시기에 구축되었던 국가안보국가를 다시 재건하기 위해 오바마 행정부 당시부터 첨단 제조업을 재건하고자 하는 노력들이 시작되었다. 탈냉전 이후 경제적 효율이 신봉되던 신자유주의 시기 미국 내 주요 첨단 제조 역량은 비용 절감을 위해 중국 등 해외로 이전(off-shoring)되었다. 제조 역량의 해외 이전은 "감자 칩을 서빙하는 것과 마이크로 칩을 생산하는 것은 동일하다(serving potato chips is the same as making micro-chips)"는 생각과 함께 정당화되었다(Weiss 2021에서 재인용). 그러나 제조업이 공동화된 에코 시스템에서 기술 혁신이 존재하기 어렵고, 실제로 생산 과정에서 발생

5　본문은 다음과 같다. "Today, we are emerging from a period of strategic atrophy, aware that our competitive military advantage has been eroding."

하는 혁신 역량의 중요성이 강조되면서 국내적인 첨단 제조업 혁신 역량 구축이 시급한 과제가 되었다. 이를 위해 국방부 및 DARPA는 2018년경부터 새로운 프로그램을 개시했다. 미국 국방부는 2018년부터 MINSEC(Microelectronics Innovation for National Security and Economic Competitiveness)을 시작했는데, 이 프로그램은 5년간 15억 5천만 달러의 규모로 안정적이고 경쟁력 있는 국내 반도체 생산 에코시스템을 육성하는 것을 목표로 했다. 또한 DARPA는 ERI(Electronics Resurgence Initiative)를 통해 감소하는 무어의 법칙과 중국의 부상이라는 두 가지 공통의 적에 대응하는 것을 목표로 했다. 이 이니셔티브의 규모는 5년간 15억 달러로 국방, 학계 산업계 등과 다양하게 연계하고 산업계와 매칭펀드를 통해 규모를 늘리고자 했다. 이 사업을 통해 DARPAsms 반도체 디자인 및 제조에서 차세대 기술 개발을 유도하고자 했다(Weiss 2021).

미국 내 첨단 제조업 육성 기조는 더욱 강화되어, 바이든 행정부는 동맹쇼어링(ally-shoring)을 통해 미국 내 반도체 제조 역량을 강화하고 있다. 또한 미국이 지니고 있는 반도체 영역에서의 압도적인 네트워크 파워를 이용하여 첨단 반도체 및 AI 반도체에 대한 강력한 제제를 가하고 있다(Malkin and He 2023). 그러나 AI 영역에서 중국과 무엇보다 두드러진 차이점을 보이는 것은 AI 혁신을 주도하고 있는 사영 기업의 역량과 국가와 기업 간의 관계라고 할 수 있다. 미국이 중국과의 안보 경쟁을 강화하며 국가안보국가 체제를 강화하려고 하지만, 미국의 국가안보체 제가 중국의 기술-안보 국가보다 훨씬 다원적인 성격을 지닐 수밖에 없다.

V. 결론 및 한국에 주는 함의

지금까지 본 논문은 미국과 중국의 이념-제도 동학을 통해 양국이 어떤 혁신 체제를 구축해 왔고, 이러한 혁신 체제가 구체적으로 AI 영역에서 어떤 경쟁의 동학을 만들어내고 있는지 살펴보았다. 중국의 혁신 체제는 중앙과 지방 사이의 "느슨하게 연계된 체제"였으나, 시진 핑 집권 이후 거국체제를 기반으로 한 국가혁신구동발전전략(IDDS) 로 변모하고 있다. 이러한 기술-안보 국가의 전환 과정에서 안보적 목적을 강조하는 중국 중앙정부의 AI 발전 전략은 지방정부의 상업적 목적과 충돌하며 중앙의 의도와는 다른 결과를 만들어 내기도 한다. 그러나 안보화된 중앙의 AI 전략은 미국 AI 전략과 공존의 공간을 축소시킬 수밖에 없다. 미국의 국가안보국가 역시 탈냉전 이후 상당 부분 와해의 과정을 겪었으나, 중국을 새로운 지정학적 경쟁자로 지목하면서 새로운 전환기를 맞이하고 있다. 상업적인 행위자의 비중과 역할이 매우 큰 미국의 경우에도 중앙의 AI 전략은 전반적인 기술 발전의 방향을 주도하고 있다.

국내적 제도의 차이에도 불구하고 서로를 지정학적 주적이라고 인지하기 시작한 중국과 미국은 새롭게 등장하는 AI 분야에서 매우 유사한 전략 정책을 만들어내고 있다. 결국 양국의 인공지능 경쟁에서의 성과는 인공지능 정책 자체보다는 인공지능 기술 분야 육성에 대한 미중 양국의 지향점과 정책의 집행 과정에서 상당한 차이를 만들어낼 수밖에 없다. 중국은 거국체제를 강화하며 AI 혁신에 박차를 가하고 있는데 단기적으로는 중앙과 지방 사이의 불일치(discrepancy)를 일시적으로 축소시킬 수 있겠지만, 미국이라는 외부의 적에게 미국 역시 한층 강화된 국가안보국가가 필요함을 설명하는 근거로 작동할 수 있다.

미국 역시 국가안보국가 체제 강화를 통한 AI 발전을 도모하지만 중국에 비해 보다 민첩하게 대응하지 못할 가능성이 존재한다.

위의 상황이 한국에 미치는 함의에 대해 간략하게 논의해보자. 첫째, 미국과 중국 양국은 인공지능 영역을 향후 양국의 경제와 안보를 좌우할 핵심 기술로 인지하고, 이에 대한 이념적 지향을 구체화하고 혁신 체제를 재구조화하려고 노력하고 있다. 미중 양국 간의 첨단기술 경쟁은 첨단기술 영역에서 새로운 2차 효과를 만들어내고 있다(Kim and Rho 2024). AI 기술의 발전은 인재 유통, 전략적 연합, 공동 연구 등을 통한 세계화 과정을 통해 추동되었다(Ding 2022). 그러나 미중 양국의 안보화된 AI 정책은 인재, 기업, 연구자 간의 자유로운 교류를 방해할 수밖에 없다. 한국의 AI 발전 경로 역시 첨단기술 영역에서 미중 경쟁이 만들어내는 2차 효과에서 자유로울 수 없으므로, 한국의 인공지능 영역에서의 이념적 지향을 검토하고 이념적 목표 달성을 위한 제도적 환경의 적합 여부에 대한 전면적인 검토가 필요하다.

둘째, 미중 양국으로 진영화된 인공지능 영역의 발전 가능성은 공급과 수요 측면에서 한국의 전략적 대응을 요구한다. 세계화 과정을 통해 추동된 인공지능 산업 발전은 공급과 수요 측면에서 복잡한 가치사슬을 형성했다. AI 혁신에 핵심적인 하드웨이인 고사양 메모리 반도체를 주로 수출하는 한국 기업 입장에서는 SenseTime, Megvii, iFlytek 등과 같은 중국의 주요 AI 기업들이 거래제한 명단에 등재되어 있기에 메모리 반도체 유통 과정에서 수출 통제 내용에 위반되지 않도록 주의가 필요하다. 수요 측면에서도 한국 기업들은 가성비 높은 중국 AI 제품을 구매하는 경우가 많았는데, 미중 간 AI가 진영화될 경우 이러한 옵션이 장기적으로 지속가능하지 않을 수도 있다. 이렇게 복잡하게 얽혀 있는 가치사슬로 구성되어 있는 산업 생태계에서 정부의 인공지능 영역에서의 구체적 이념적 지향은 기업들에게 향후 기업 전략 선택에 중요한 가이드라인이 될 것이다. 또한 제도적 환경에 대한 검토와 조정 은 국내 AI 기업들의 역량을 강화하고 중국 기업 이외의 제품에 대한 다변화 전략 추진에 매우 유용할 것으로 기대된다.

참고문헌

김상배. 2022. 『미중 디지털 패권경쟁: 기술·안보·권력의 복합지정학』. 파주: 한울아카데미.

김재현. 2022. "美가 中 견제하는 진짜 이유 ... 10년 안에 기술 따라잡힌다." 머니투데이 1월 2일. https://news.mt.co.kr/mtview.php?no=2021123010360487814

김준연·박강민. 2023. "인공지능의 혁신 특성과 글로벌 경쟁구조: 미중 AI 경쟁의 동향과 시사점." *SPRi Issue Report* (163).

김용신. 2020. "미·중 전략 경쟁과 세계화 - AI 및 5G 경쟁 사례를 중심으로 - ." 『중국지역연구』 7(1): 37-65.

김정진. 2020. "중국의 인공지능기술 현황과 미중 인공지능정책 비교." 『중국지역연구』 7(1): 67-97.

이승주. 2021. "중국 '우주 굴기'의 정치경제: 우주산업정책과 일대일로의 연계를 중심으로." 『사회과학연구』 28(1): 107-129.

_____. 2022. "기술과 국제정치: 기술 패권경쟁시대의 한국의 전략." 『한국과 국제정치』 38(1): 227-256.

이춘근. 2020. 『중국의 우주굴기: 러시아를 넘어 미국에 도전하는』. 서울: 지성사.

차정미. 2022. "미중 패권경쟁과 인공지능 군사력 경쟁." 『국가전략』. 2022.

高奇琦. 2017. "中国在人工智能时代的特殊使命." 『探索与争鸣』 2017(10): 49-55.

李峥. 2018. "总体国家安全观视角下的人工智能与国家安全." 『当代世界』 10: 18-21.

封帅. 2018. "人工智能时代的国际关系: 走向变革且不平等的世界." 『外交评论』 35(1): 128-156.

傅莹. 2019. "人工智能对国际关系的影响初析." 『国际政治科学』 4(01): 1-18.

吴雁飞. 2019. "人工智能时代的国际关系研究: 挑战与机遇." 『社会科学文摘』 (1): 39-41.

Allen, Gregory C. and Emily Benson. 2023. "Clues to the U.S.-Dutch-Japanese Semiconductor Export Controls Deal Are Hiding in Plain Sight." *CSIS*.

Allen, Gregory C. and Elsa B. Kania. 2017. "China Is Using America's Own Plan to Dominate the Future of Artificial Intelligence." *Foreign Policy*.

Allison, Graham, Kevin Klyman, Karina Barbesino, and Hugo Yen. 2021. "The great tech rivalry: China vs. the US." *Science Diplomacy* 73.

Allen, G. ed. 2023. "The Post-October 7 World: International Perspectives on Semiconductors and Geopolitics." September 28. https://www.csis.org/analysis/post-october-7-world (검색일: 2024.1.31.).

Brown, Michael and Pavneet Singh. 2018. "China's Technology Transfer Strategy: How Chinese Investments in Emerging Technology Enable A Strategic Competitor to Access the Crown Jewels of U.S. Innovation." January. https://nationalsecurity. gmu.edu/wp-content/uploads/2020/02/DIUX-China-Tech-Transfer-Study-

Selected-Readings.pdf (검색일: 2023.12.10.).

Bureau of Industry and Security. 2022. "Implementation of Additional Export Controls: Certain Advanced Computing and Semiconductor Manufacturing Items; Supercomputer and Semiconductor End Use; Entity List Modification." edited by Department of Commerce: US government. *Federal Register*.

Chen, Tain-Jy. 2016. "The development of China's solar photovoltaic industry: why industrial policy failed." *Cambridge Journal of Economics* 40(3): 755-774.

Cheung, Tai Ming. 2022. *Innovate to Dominate: The Rise of the Chinese Techno-Security State*. New York: Cornell University Press.

Ding, Jeffrey. 2018. "Deciphering China's AI dream." *Future of Humanity Institute Technical Report*.

_____. 2022. "Dueling Perspectives in AI and U.S.-China Relations: Technonationalism vs. Technoglobalism." in Justin Bllock, Yu-Che Chen, Johannes Himmelreich, Valerie Hudson, Anton Korinek, Matthe Young, and Baobao Zhang (eds.) *The Oxford Handbook of AI Governance*. Oxford: Oxford University Press.

Ernst, Dieter. 2021. "Supply Chain Regulation in the Service of Geopolitics: What's Happening in Semiconductors." in CIGI paper No. 256.

Kim, Y.ongshin. 2021. "Rapid Growth Outside of Policy Intention: Market Transition, Industrial Policy, and the Rise of China's Auto Industry." *Korean Political Science Review* 55(3): 5-32.

Kim, Y. and S. Rho. 2024. "The US-China Chip War, Economy-Security Nexus, and Asia." *Journal of Chinese Political Science*.

Lee, Kai-Fu. 2018. *AI superpowers: China, Silicon Valley, and the new world order*. Boston: Houghton Mifflin.

Lee, Kai-Fu, and Chen Qiufan. 2021. *AI 2041: Ten visions for our future*. New York: Crown Currency.

Ma, Xiao. 2022. *Localized bargaining: The political economy of China's high-Speed Railway program*. Oxford University Press.

Malkin, Anton and Tian He. 2023. "The Geoeconomics of Global Semiconductor Value Chains: Extraterritoriality and the US-China Technology Rivalry." *Review of International Political Economy*.

The National Security Commission on Artificial Intelligence. 2021. *The Final Report*.

Rho, Sungho, and Yongshin Kim. 2021. "Sectoral Divergence of Industrial Catch-Up in China's Loosely Coupled System: A Comparative Study of FPD and IC Manufacturing Industries." *Pacific Focus* 36(3): 512-543.

Sheehan, Matt. 2019, "Much Ado about Data: How America and China Stack Up." https://macropolo.org/ai-data-us-china/ (검색일: 2019.11.30.).

United States Department of Defense. 2018. "Summary of the 2018 National Defense Strategy of the United States of America," https://dod.defense.gov/Portals/1/

Documents/pubs/2018-National-Defense-Strategy-Summary.pdf (검색일: 2023.12.10.)

Webb, Amy. 2019. *The Big Nine: How the tech titans and their thinking machines could warp humanity.* New York: PublicAffairs.

Weiss, Linda. 2014. *America Inc.?: Innovation and Enterprise in the National Security State.* New York: Cornell University Press.

_____. 2021. "Re-emergence of Great Power Conflict and US Economic Statecraft." *World Trade Review* 20: 152-168.

Weiss, Linda and Elizabeth Thurbon. 2021. "Developmental State or Economic Statecraft? Where, Why and How the Difference Matters." *New Political Economy* 26(3): 472-489.

White House. 2017. "National Security Strategy of the United States of America." https://trumpwhitehouse.archives.gov/wp-content/uploads/2017/12/NSS-Final-12-18-2017-0905.pdf (검색일: 2024.1.31.).

_____. 2022. "National Security Strategy." https://www.whitehouse.gov/wp-content/uploads/2022/10/Biden-Harris-Administrations-National-Security-Strategy-10.2022.pdf (검색일: 2024.1.31.).

_____. 2023. "United States Government National Standards for Critical and Emerging Technology." May. https://www.whitehouse.gov/wp-content/uploads/2023/05/US-Gov-National-Standards-Strategy-2023.pdf (검색일: 2024.1.31.).

Xinhua. 2018. "China Focus: China Has 802 Million Internet Users, Xinhuanet." August 20. http://www.xinhuanet.com/english/2018-08/21/c_137405424.htm (검색일: 2019.11.27).

Zeng, Jinghan. 2021a. "China's Artificial Intelligence Innovation: A Top-down National Command Approach?" *Global Policy* 12(3): 399-409.

_____. 2021b. "Securitization of artificial intelligence in China." *The Chinese Journal of International Politics* 14(3): 417-445.

제3장 인공지능과 규제와 안보화: 미국, 중국, EU를 중심으로

홍건식(국가안보전략연구원)

I. 서론

인공지능이란 '인간이 정의한 목표에 대한 실제 및 가상의 환경을 예측, 권장 그리고 결정을 통해 정보 또는 행동에 대한 선택지를 사용자에게 제공하는 기계 기반 체계'를 의미한다(NAIIA 2020). 인공지능(Artifical Intelligence: AI)은 4차 산업혁명 중 가장 핵심적인 혁신 요소이며, 정치, 경제, 사회 그리고 인간의 삶 모두를 변화시킬 수 있는 잠재력을 가졌다. 주요 선진국은 AI 기술 발달과 활용이 점차 확대됨에 따라 AI를 경제발전과 국가안보에 필수적인 기술로 인식한다.

미·중 전략 경쟁이 심화하는 가운데 2019년 미국의 트럼프 행정부는 AI의 중요성을 인식하고 국가인공지능이니셔티브(National Artificial Intelligence Initiative Act of 2020, NAIIA)를 발표했다. 이 법안은 국가 차원의 최초 AI 전략이며, 인공지능 분야에서 미국의 리더십 강화를 목적에 두었다. 같은 해 일본은 인간 중심 AI의 사회적 원칙(Social Principles of Human-Centric AI), 2021년 유럽은 인공지능법(Artificial Intelligence Act), 2022년 캐나다는 인공지능 데이터 법(Artificial Intelligence and Data Act, AIDA)을 발의했다.

국가들이 AI 전략을 경쟁하듯 앞다투어 수립하는 원인은 AI가 가지는 혁신 기술의 잠재력과 이중 사용 기술에 있다. 무엇보다도 AI 기술이 가지는 잠재성이다. AI는 기술의 활용, 상호작용의 유형과 형태에 따라 국가와 인간에 긍정과 부정의 효과를 동시에 만들 수 있다. 미국은 정부와 민간 영역을 구분하면서도 AI 원천 기술 확보와 더불어 산업과의 균형 발전을 도모하고 있다. 중국은 AI가 만들어 내는 콘텐츠는 반드시 사회주의 핵심 가치관을 구현해야 한다고 강조한다. 결국 AI 기술은 누가, 어떻게 그리고 어떠한 조건과 목적으로 활용하는가에 따라 국가, 사회 그리고 개인에 직간접적인 영향을 준다. 둘째, AI의 이중 사용 기술(dual use technology)의 문제이다. AI는 과학과 산업 영역과 함께 이를 활용한 영역에서도 혁신을 만들어 낼 수 있다.

군사적 차원에서 AI는 전장에서 인간의 지휘·통제 체계에도 영향을 미친다. AI는 축적한 기존 정보와 감시 및 정찰로 새롭게 획득한 정보를 접목해 전장 상황에 맞는 신속한 결과를 도출해 냄으로써 지휘관이 신속한 결정을 내릴 수 있도록 도움을 줄 수 있다. AI의 능력은 유형의 반도체 기술과 무형의 소프트웨어 기술이 복합적으로 얼마나 효율적으로 이루어지는가에 따라 결정된다. 이를 인식한 기술 선진국은 AI 기술 주도권 확보를 위한 경쟁을 벌이고 있으며, 특히 미국과 중국은 AI 결정 기술 확보에서부터 지정학 차원의 자원 경쟁까지 다차원적이고 복합적인 경쟁을 벌이고 있다. 결국 미중 전략 경쟁은 기술 경쟁의 심화 그리고 이제는 기술의 집약체라 할 수 있는 AI로 이어지고 있다.

4차 산업혁명의 도래와 미중 전략 경쟁 이후 인공지능에 대한 연구는 다양한 영역에서 활발히 진행되었다. 본 연구는 AI를 둘러싼 미국, 중국 그리고 EU의 AI 안보 담론과 기술 경쟁을 확인하고 이들의 AI 글로벌 리더십 확보를 위한 전략, 규제 그리고 제재의 특성을 도출한다. 2절은 AI의 특징과 안보화 문제를, 3절에서는 미국, 중국, EU가 AI 패권 기술을 확보하기 위한 AI 공급망 구축 전략을 확인한다. 전술한 바와 같이 AI의 역량은 유무형 기술 조합으로 이루어진다. 때문에 각국의 AI 전략 및 규제를 확인해 이들의 AI 전략적 특성을 도출한다. 4절은 미국과 중국이 글로벌 AI 리더십 확보를 위해 AI 관련 규제와 제재를 통해 자국의 AI 전략을 어떻게 실현하고 있는가를 검토하고, 5절을 통해 한국에 주는 함의와 관련 정책 대안을 모색한다.

AI 기술에 대한 담론의 방향성, 그리고 AI 산업에서 AI 표준 구축을 통한 기술 패권의 확보는 AI 글로벌 리더십 확보에 필수적이다. 따라서 미국, 중국 그리고 EU의 AI 전략을 살펴보고 이를 둘러싼 글로벌 경쟁 가운데 한국의 AI 전략에 주는 함의를 도출한다. 이론적으로 기존의 복합지정학 논의가 신흥안보의 창발 과정을 단계적으로 설명하고 있다면, 본 연구는 창발의 단계가 담론 형성을 통해 창발 단계 없이 직접 발현할 수 있음을 보인다.

II. 신흥안보와 AI의 안보화

1. 신흥안보와 안보화

안보(security)란 국가 생존에 대한 위협 감소 그리고 동시에 국가가 추구해야 할 최우선의 목표로 정의된다(Williams 2008, 5). 그러나 안보 개념은 안보 문제가 가지는 맥락성에 기반해 사회적으로 구성되고 정의되었다. 국제정치이론 중 현실주의자들은 '전통안보'에 초점을 두고 안보를 국가 생존 문제와 직결해 군사력 사용과 통제 그리고 위협 연구를 진행했다. 그러나 물질적 안보를 핵심으로 하는 전통안보 개념은 미소 냉전의 해체에 대한 적절한 설명력을 가지지 못했으며, 탈영토 기반의 국제정치 이슈와 기후 변화, 정보화 등 새롭게 등장하는 안보 위협에 대한 적절한 해석과 설명에도 한계를 가졌다(김상배 2002, 312). 이후 국제정치 학자들은 전통적 관점의 군사 안보와 비군사적 요소를 함께 고려하는 '포괄적 안보'와 '신흥안보' 등의 개념을 개발하며 국제정치 문제에 대한 보다 적절한 설명력을 제공하려 했으며, 이는 더불어 안보 개념의 확장을 만들었다.

신흥안보(emrgincg security)는 비전통안보가 미시적 차원에서 거시적 차원으로 확대되며 안보화하는 현상을 의미한다(김상배 2016). 기존 비전통안보는 전통안보가 설명하지 못하는 영역을 설명하는 데 방점이 있었다. 그러나 신흥안보는 비전통안보가 가지는 안보 개념 이상으로 안보의 동태적 특성 추적에 초점을 두고 국가안보에 미치는 영향을 연구한다. 특히 신흥, 즉 창발(emergence)이란 개별적인 비전통안보 문제가 자기조작화 과정에서 새로운 구조나 패턴과 연계되어 복합적인 상호작용을 만들면서도 일정한 규칙성을 통해 새로운 안보문제로 구성되어지는 것을 의미한다. 신흥안보의 위험은 인간 이외의 물리적인 사물도 위험을 만들어 내는 능동적 주체가 될 수 있으며, 해당 안보 이슈가 창발하기까지 그 진위를 알 수 없는 비가시적 특징을 가진다. 신흥안보 위협은 발생 가능성은 낮지만 발생했을 경우 극단적 위협으로 나타날 수 있으며, 위협의 예측도 어렵다.

신흥안보 위험은 '임계성(criticality)의 사다리'를 따라 3단계 과정을 통해 창발한다(김상배 2015, 17). 이는 '양질전환 임계점'–'이슈 연계 임계점'–'지정학적 임계점'을 거치며 신흥안보 이슈가 단계를 통해 거시적 차원의 안보 문제가 된다. '지정학적 임계점'을 넘어서는 단계는 결국 신흥안보가 전통안보와 연계되어 국가 간 분쟁 요소로 작동하며, 국제적 차원에서는 문제 해결을 위해 국제 협력이 요구되는 단계이다. 요컨대 신흥안보는 시스템 내 미시적 상호작용이 양적·질적으로 변화하여 일정 수준을 넘어 거시적 차원에 이르게 되는 것을 의미하며, '임계성의 사다리'를 따라 창발 과정을 거친다.

신흥안보 이슈의 또 다른 특징은 위험이 행위자 사이의 간주간적 인식 과정을 통해 '구성'되어 위협으로 발현될 수 있다. 기존 연구는 신흥안보 위험이 단계적 창발을 통해 국가 차원의 거시적 안보 문제로 발현한다고 설명한다(김상배 2015). 그러나 안보 문제는 국가에 미치는 위협의 정도와 상황의 맥락성에 따라 위험의 단계적 현실화 없이 국가적 위협으로 직접 창발할 수 있다. 더불어 안보 당사자가 안보 문제를 담론화하고 안보 행위자들과 간주관적 인식을 공유할 때에도 국가적 안보 문제로 발현한다. 안보 행위자가 새로운 안보 문제를 담론화하면, 프레임 과정을 통해 기존 담론과 경합 관계를 벌이며 새로운 담론으로 확산될 수 있다. 여기서 안보 행위자는 국내 및 국가, 또는 국내와 국가의 상호작용이 될 수 있으며, 이들의 안보 담론화가 다른 행위자들과 공동의 인식을 갖게 되는 경우 비로소 안보 문제로 창발할 수 있으며, 이는 안보화(securitization) 과정을 거친다.

'안보화'란 안보 담론이 사회적으로 구성되는 과정을 지칭하는 개념이다(김상배 2014). 코펜하겐(Copenhagen) 학파의 안보화는 행위자들이 간주관적 인식을 기반으로 안보 위협을 무엇으로 할 것인가와 같은 사회적 합의를 만들어내는 정치 과정을 의미한다. 창발적 관점에서 일상적 상황에서는 비가시적 미래의 위험으로 직접적인 위협이 아니지만, 안보 행위자들이 간주관적 인식을 바탕으로 하는 정치적 안보 담론을 구성하게 되면 중대한 위협으로 전환할 수 있음을 의미한다. 그러나 특정 문제에 대한 안보 담론이 형성되었다고 안보 문제로 직결되는 것은 아니다. 안보화하는 행위자 그리고 이를 수용하는 행위자 사이의 간주관적 인식이 구성되어야 하기 때문에, 청중의 지지를 동원하기 위한 정치적·전략적 관계가 발생되며 더 나아가 권력 투쟁이라는 정치적 행위가 동원된다(조화순·김민제 2016). 이와 더불어 다른 안보 문제들은 안보화하는 핵심 안보 이슈 영역의 하부 영역이 되고 핵심 안보 논리를 중심으로 재구성 및 재해석되며 통합의 과정에 이른다(Huysmans 2002). 결국 안보화란 간주관적 담론 형성과정으로써 정치화(politicalization) 속성을 가지게 되며(Huysmans 2002), 위협의 순위 그리고 자원 배분 등의 문제로 정치 권력 투쟁을 만들어내기도 한다. 국제정치 영역에서 국가 간에 발생하는 안보화는 위협의 대상과 대응 문제와 함께, 이념, 가치관, 표준의 문제 등으로 국가 간 권력 관계에도 영향을 미친다.

　　AI의 안보화는 세계적이다. AI 선도국이라 할 수 있는 미국, 중국, 유럽 국가들은 AI 산업 주도권을 위해 각축 중이다. AI가 가지는 이중사용 기술(dual-use technology)과 알고리즘의 군사적 전용성은 국가의 군사전략과 군사력에도 영향을 미치며 국가 간에 위협 요소로 작용할 수 있다. 결국 국가의 AI 기술력 확보 경쟁은 복합지정학적 차원의 안보 문제로서 전략 경쟁을 벌이는 미국과 중국·러시아에는 잠재적 위협 요소가 되고 있다. 미국은 AI 관련 정책 담론을 만들어낼 때, 가장 위협적이고(Huysmans 2002), 가장 가까운 경쟁자(Hoadley & Sayler 2019)를 중국으로 고려한다. 미 의회의 국가안보보고서(Harris 2023)도 중국의 AI 개발 노력이 미국보다 더 월등함을 강조하며, 중국의 AI 개발에 대한 실체를 이해하기보다 이를 과장하거나 지정학적 위험을 강조하는 경향을 보인다.

　　결국 AI의 안보화 문제는 AI의 안보 담론 형성 과정이며, 이를 기반으로 잠재된 신흥안보 문제를 현실화하는 정치 과정이다. 국가들이 벌이는 AI 기술 주도권 확보 경쟁은 자국의 안보 보장 이상으로 포스트 AI 세계의 주도권 확보를 위한 권력 정치이다. 특히 미국, 중국, EU의 AI를 둘러싼 기술 표준 갈등 이면에는 AI의 산업, 안보 그리고 포스트-AI 질서를 선점하려는 패권 경쟁이다.

2. AI의 안보화

'인공지능'은 인간과 유사한 인식, 계획, 학습, 의사소통과 같이 인간처럼 사고하고 행동하는 것을 모방해 개발된 인공 시스템을 말한다(McCain 2018).[1] 인공지능에 대한 지적 호기심은 1940년대부터 시작되었고, 21세기에 들어 4차 산업혁명과 함께 빅데이터 사용 가능성, 기계적인 학습 접근 방식의 개선, 컴퓨터 처리 능력과 알고리즘 발전으로 관련 연구가 급격히 증가했다. 인공지능은 기계 학습을 기반으로 하는 약한(Weak) 또는 좁은(narrow) 인공지능 그리고 강한(strong) 혹은 일반(general) 인공지능으로 크게 구분할 수 있다. 약한 인공지능은 우리 사회의 대부분의 인공지능을 차지하는 것으로, 인간의 인지 작업 과정을 복제하여 데이터를 분석하고 관련 절차를 도출하는 통계 알고리즘이다. 이는 애플의 시리(SIRI), 알파고와 같이 특정 임무를 수행하는 인공지능을 말한다. AI는 특정 영역에서 인간 이상의 능력을 기반으로 보조 역할을 수행 중이며, AI의 기술 변화 속도를 고려했을 때 복합적인 포스트 딥러닝으로 진화중이다. 이와 더불어 인간 이상의 지능을 발휘하는 수준으로 점차 변화할 것으로 예측된다(안성원 2022, 4).

---

1   미국 정부 정의는 존재하지 않지만, FY2019 국방수권법(NDAA) 238조에 따르면 1. 다양하고 예측할 수 없는 상황에서 상당한 인력의 감독 없이 작업을 수행하거나, 데이터 세트에 노출되었을 때 경험을 통해 학습하고 성능을 향상시킬 수 있는 모든 인공 시스템, 2. 인간과 유사한 인식, 인식, 계획, 학습, 의사소통 또는 신체적 행동이 필요한 작업을 해결하는 컴퓨터 소프트웨어, 물리적 하드웨어 또는 기타 맥락에서 개발된 인공 시스템, 3. 인지 아키텍처 및 신경망을 포함하여 인간처럼 생각하거나 행동하도록 설계된 인공 시스템, 4. 인지 작업을 근사화하도록 설계된 기계 학습을 포함하는 일련의 기술, 5. 인지, 계획, 추론, 학습, 의사소통, 의사결정 및 행동을 이용하여 목표를 달성하는 지능형 소프트웨어 에이전트 또는 구현 로봇을 포함하여 합리적으로 작동하도록 설계된 인공 시스템을 의미한다(McCain 2018).

인공지능 기술이 국가안보 영역화되면서 AI 선진 기술 국가는 AI 의 기술적 이슈를 국가안보 문제로 '안보화'하는 경향을 보인다. 이는 AI가 가지는 플랫폼을 활용한 AI 생태계 구축 가능성, 이중 사용 기술 그리고 투명성과 신뢰성이라는 기술적 특성에 기인한다. 첫째, 인공지 능 플랫폼을 활용한 AI 생태계 구축 가능성이다. AI는 기술 발전 수준 에 따라 현존하는 '사물인터넷(Internet of Things)' 그리고 '사이버-물 리 시스템(cyber-physical system)' 등 다양한 응용 프로그램들과 연결 되며 보다 효과적인 시너지를 만들어낼 가능성이 있다. AI는 사용자와 환경 데이터를 스스로 분석 및 학습하여 사용자의 편의성을 개선하는 형태로 작동하거나 상황에 적절한 서비스를 제공할 수 있다. 또한 빅 데이터 환경에서 AI는 획득한 민간 데이터를 일정한 처리 과정을 통해 군사적 함의도 만들어낼 수 있다. 관련해 우리 군은 국방개혁 2.0 추진 을 통해 ICT 기술을 군에 적용하는 한편 '커넥티스 솔저' 개념을 개발 및 발전시키고 있다. 이와 더불어 사물인터넷 보급 확대에 따라 생성형 데이터를 처리하는 AI의 중요성은 더욱 강조되고 있다(김상배 2021, 164).

둘째, 이중 사용 기술이다. 이중 사용 기술은 민간에서 개발한 AI 응용 기술이 군사적 차원으로 활용될 가능성이 높다는 것을 의미한다. 예컨대 러시아-우크라이나 전쟁은 드론 기술의 개발을 가속화하는 한 편, AI를 활용한 '킬러 로봇'의 활용 가능성도 재확인했다. 중국의 이미 지 인식 알고리즘은 상공에서 무인 항공기를 통해 시리아 그리고 아프 가니스탄에서 테러의 활동을 확인하는 기술로 활용할 수 있다. 관련해 미 국방전략서는 지속적으로 AI 기술 개발에 대한 경계를 강조하고 있 다(Cronin 2020). 더 나아가 중국은 AI를 활용한 로봇 잠수함을 개발 중인 것으로 알려져 있다(조행만 2021). 따라서 AI의 이중 사용 기술은 미래전의 필수 기술이며, 생물테러 또는 대량살상무기(WMD)로 활용될 가능성에 대한 우려로 일부 국가는 AI 개발 및 확산에 대한 규제 및 통제를 촉구 중이다.

끝으로 투명성과 신뢰성으로, 이는 각국의 디지털 규제 정책과도 관련이 있다(Bradford 2023). 국가별 디지털 정책의 차이는 알고리즘 구축에도 영향을 미친다. 알고리즘은 문제를 해결하기 위한 방법, 순서 명령어들의 집합을 프로그램화하고 인간이 제시한 문제와 파생되는 기술적 문제를 해결하는 일련의 명령과 규칙이다(유기현 2023). 기존의 IT 기술과 새로운 지능형 기계의 상호작용으로 인류가 직면한 문제들을 해결하는 하나의 방식이 될 수 있다. 그러나 AI 알고리즘은 사용자 개인의 수요에 맞춰 서비스를 제공하지만, 관련 서비스를 제공하기 위해 데이터를 수집·처리·분석하는 과정에서 '편향적 권력'이 작동할 수 있다. 또한 AI 알고리즘의 방점을 어디에 두는가 그리고 누구의 통제에 두는가 따라 프라이버시의 침해와 감시, 개인정보의 유출 및 인권 침해의 문제가 발생할 수 있다.

인공지능 기술은 국가 간 기술 경쟁의 차원을 넘어 디지털 패권 경쟁 그리고 국가안보 영역으로 점차 발전 중이다. AI는 '기술 중의 기술(the field of the fields)'로서 첨단 네트워크의 발전을 견인하는 가장 핵심적인 범용 기술로 각국의 정치, 경제, 군사, 산업과 더불어 글로벌 권력 구조에도 영향을 미치고 있다. 무역으로 시작되었던 미중 전략 경쟁은 인공지능 분야에서 세계적 리더십 확보를 위한 경쟁으로 확대되고 있으며, AI의 기술적 우열이 이들의 세력 관계를 파악하는 하나의 기준점이 되고 있다.

III. 미·중·EU의 AI 안보화와 공급망 구축 전략

1. 미국의 시장 중심 원칙 기반 전략

미국의 AI 전략은 오바마(Barack Obama), 트럼프(Donald Trump) 그리고 바이든(Joe Biden) 행정부를 거치며 글로벌 AI 기술 경쟁력 확보와 중국 견제를 목적으로 점차 체계화되었다. AI 규제와 관련해 미국은 자유시장 중심의 원칙에 기반하여 시장 중심의 AI 발전 전략을 취해 왔다. 특히 2021년 민간 기업을 중심으로 '인공지능 국가 안보위원회(National Security Commission on Artificial Intelligence, NSCAI)'의 보고서가 발표되며 AI는 점차 안보화되었으며, 중국의 AI 산업 추격으로 미국의 AI 선도적 지위가 위협받는다고 인식하고 적극적인 AI 전략을 추진 중이다(Knia 2019; Mori 2019; Johnson 2019).

2016년 오바마 행정부 시기 국가과학기술위원회(NSTC)의 'AI 국가 R&D 전략 계획(The National Artificial Intelligence R&D Strategic Plan)', 'AI의 미래를 위한 준비(Preparing for the Future of Artificial Intelligence)', 'AI와 자동화가 경제에 미치는 영향(Artificial Intelligence, Automation, and the Economy)' 등 AI 산업의 방향성을 담은 보고서를 발간하며 AI가 국가 산업에 미치는 영향에 대한 지속적인 관심을 보였다. 2017년 「국가안보전략」(National Security Strategy)에서는 AI를 신흥 기술 관련 8개 주요 혁신 분야의 하나로서 고려했다. 안보적 차원에서는 개인 및 상업적 정보가 AI와 결합해 국가에 위험이 될 수 있다고 경고하는 수준이었다. 한편 미 국방부는 2014년 방위혁신계획(Defense Innovation Initiative, DII)을 통해 중국의 군사적 위협과 미국의 3차 상쇄 전략을 설명하며 인공지능이 미군 전략의 핵심 요소 중 하나임을 강조했다(Work 2014).

트럼프 행정부 이후 미국의 AI 전략은 시장 중심의 자유주의를 기반으로 하는 전략으로 점차 체계화되었다. 트럼프 행정부 초기에는 AI 혁신을 위해 관련 자원을 지원하는 수준이었지만 2018년 5월 AI 전략을 조율하기 위한 주무부서로 국가과학기술위원회(NSTC) 산하 기관으로 AI Select Committee(Interagency Select Committee on Artificial Intelligence)를 설립하며 AI 연구기관에 대한 지원을 추진했다. 2019년 2월에는 행정명령 13859(Executive Order 13859)를 발표해 연방정부 차원의 AI 전략 지침을 수립했다(White House 2019). 이는 AI 산업 분야에서 미국의 리더십 강화 및 국가 미래 경제와 안보에 대한 AI의 전략적 중요성을 강조했다. 특히 AI 연구 투자 증가, 연방 AI 컴퓨팅 활성화 및 데이터 리소스, AI 기술 표준 설정, 미국의 AI 인력 구축, 국제 동맹국과의 협력이라는 5대 전략 목표를 제시했으며, 이후 미국의 AI 전략을 이끄는 핵심 전략이 되었다(김상배 2021, 154).

군 차원에서는 2018년 공동인공지능센터(Joint Artificial Intelligence Center, JAIC)를 설립하고 2018년에는 국방부 차원의 인공지능전략(2018 Department of Defense Artificail Intelligence Strategy, AI Strategy)을 발표했다. 전략서는 중국과 러시아의 군사적 차원에 상당한 AI 투자를 하고 있어 미국의 전략적 지위에 대한 위협 가능성이 커지므로 AI 활용의 필요성을 강조했다. 또한 2018년 DARPA(Defense Advanced Research Projects Agency)은 20억 달러 이상을 'AI Next 캠페인'을 통해 AI 시스템의 견고성과 신뢰성 향상을 위해 다년간 투자할 것을 밝혔다(DARPA 2018).

트럼프 행정부의 AI 전략은 점차 체계화되어 2020년에는 '인공지능 적용 규제 가이드라인', 국방부의 'AI 5대 원칙' 채택, 국가정보국(Director of National Intelligence, DNI)의 '국가안보 인텔리전스 커뮤니티 AI 원칙(Artificial Intelligence Ethics for the Intelligence Community)', 'AI와 알고리즘 사용에 대한 지침(Using Artificial Intelligence and Algorithms)' 등을 수립하며, AI를 활용하는 행위자에 대한 책임성과 투명성을 강조하고, 국가안보 목적 활용에 있어서 개인 정보보호 및 법률에 어긋나지 않아야 함을 강조했다(김상배 2021, 171).

바이든 행정부의 AI 정책은 기존 AI 시장 그리고 기술적 차원의 접근에서 '전략적 차원'의 접근을 보이며, AI 생태계 구축에 박차를 가했다. 바이든 행정부는 트럼프 행정부 시기 국방수권법(National Defense Authorization Act, NDAA)에 의거 설립된 '인공지능 국가안보위원회(NSCAI)의 최종보고서를 기반으로 관련 정책을 이행 중이다.

NSCAI의 보고서는 AI를 국가안보 문제화함으로써, 과학기술과 산업 관점에서 바라보던 AI를 안보 문제로 인식하게 하는 분기점이 되었다. NSCAI위원회 회장은 구글(Google) CEO인 에릭 슈미트(Eric Schmidt)이며 마이크로소프트(Microsoft), 아마존(Amazon) 등 세계적 IT 기업 경영진과 국방부, 상무부, 미 상하원 등 15명의 전문가로 구성되어 있다. 이들은 보고서를 통해 인공지능 시대에 대한 미국의 준비가 부족하며, 중국이 미국을 대신해 세계의 AI 국가가 될 수 있음을 경고했다. 특히 AI 시스템이 국가 간의 권력 추구를 위해 사용될 수 있기 때문에 AI 경쟁에서 '반드시' 승리할 수 있도록 관련 공급망 복원력(resilience)과 보안의 의미를 재평가해야 함을 강조했다(Shead 2021). AI 분야의 미중 전략 경쟁에서 미국의 리더십을 구축하기 위해 미국의 이점을 지속할 수 있는 강력한 정부 자금 지원, 최첨단 하드웨어 확보, 불법적 기술 이전 위협 대응 등을 주장하면서도 광범위한 기술 디커플

링에 대해서는 주의를 해야 한다고 밝혔다(Klein 2021).

이후 바이든 행정부는 2022년 10월 AI의 책임 있는 사용과 AI
가 유발할 수 있는 위험의 완화를 목적으로 하는 'AI 권리장전 청사
진(Blueprint for an AI Bill of Rights)'을 발표했다. 미 행정부는 2019
년에 발표한 'Guidance for Regulation of Artificial Intelligence
Applications'을 통해 AI가 설계 의도에서 벗어나 개인 정보와 시민의
자유에 부정적인 영향을 미치는 결과를 낳을 수 있다고 경고했다. 이
를 보완하기 위해 알고리즘이나 사용하는 데이터와 같은 AI 구성 요
소에 대한 법적 보호와 시스템 개발 및 배포를 해야 할 것을 강조했다.
AI 권리 장전은 구속력 없는 지침이지만, 미국 정부 차원에서 인공지
능과 관련한 인권 보호 원칙을 밝힌것으로 향후 AI에 대한 미국 정부
의 규제지침으로 작용할 가능성이 크다. 또한 2023년 5월에 미국 과학
기술정책실(OSTP)은 업데이트된 '국가 인공지능(AI) R&D 전략(The
National Artificial Intelligence R&D Strategic Plan 2023)'을 발표하며,
미국의 AI 인력 양성을 위한 전략도 함께 발표했다.

2023년 10월 바이든 행정부는 인공지능에 대한 광범위한 행정명
령에 서명함으로써, 글로벌 기술 위험 대응을 위한 첫 규제를 공표했다
(White House 2023). 이번 행정명령은 미국이 인공지능 기술의 주도
권을 지속하기 위한 바이든 행정부의 노력이라 할 수 있다(Kang and
Sanger 2023). 관련해 행정명령은 미국 기업은 AI 역량에 대한 안전성
확보 그리고 안보적 차원의 우려를 해소하기 위해, 자사가 개발하는 인
공지능 모델이 국가안보나 경제 및 건강성 위험을 초래하는 경우 연방
정부에 이를 통지하도록 했다. 이와 더불어 AI 인증 표준 수립, AI와 안
보에 대한 추가 행동을 지시하는 국가안보 메모 작성, 개인정보 보호
기술의 사용과 개발 가속화에 우선적 연방 지원 실시, 의회에 데이터

개인정보 보호 법안 통과 촉구, 건강 및 기후변화 등과 같은 중요 분야
에 대한 AI 연구 보조금 확대, 소규모 개발자 및 기업가에 기술 지원 및
리소스 제공, 고숙련 이민자와 전문성을 가진 비이민자가 미국에서 공
부하고 일할 기회를 확대하기 위해 비자 기준 현대화·간소화 등의 조
치도 요구했다.

결국 미국의 AI 전략은 시장을 기반으로 하는 글로벌 AI 기술 경
쟁력 확보에 있다. 미국의 AI 전략은 오바마 행정부에서 구체화되었
고, 이후 행정부에서도 정책적 지속성을 바탕으로 점차 체계화되었다.
특히 2021년 NSCAI 보고서 발표 이후 AI 영역에서 미국의 리더십 확
보를 위해 적극적인 AI 전략을 보이고 있으며, 이는 미국의 대(對)중국
AI 견제로 나타나고 있다.

2. 중국의 국가 중심 원칙 기반 전략

중국은 AI를 미래 중국의 정치, 경제, 사회 그리고 안보의 핵심 사
안으로 고려한다. 중국의 시진핑(習近平) 주석은 2023년 4월 중국 공
산당 정치국 회의에서 중국의 산업 경쟁력 향상을 위해 범용 AI 발전
과 혁신 생태계 조성을 촉구했다(Xinhua 2023). 이는 미국이 중국과의
디커플링을 선언하고 첨단 반도체 분야 공급망에서 중국을 배제하려
는 움직임 속에서 나온 발언으로 중국에게 있어 AI 중요성을 다시 한
번 확인했다.

중국 정부는 인공지능을 중국의 경제구도 전환, 과학혁명과 산업
변혁 그리고 국제관계에 중대한 영향을 미치는 전략적 기술로 이해한
다. 중국은 AI를 중국의 지리적 불균형을 초래한 기존 모델의 한계를
극복하고 정부 기능의 디지털화를 통한 공공서비스 개선, AI를 활용

한 의료 서비스 제공과 같은 경제 및 복지 영역 등에 생산적으로 활용할 것이라 밝혀왔다(Webster et al. 2023; People's Republic of China 2021). 특히 중국은 AI 기술을 대내적 차원의 사회적 위험을 줄이며, AI 문제를 안보화하고 있으며, 산업 발전 전략 또한 정부 주도의 AI 산업 개발을 진행 중이다. 중국 공산당은 AI를 중국 내 사회 통제와 통치를 위해 인테넷 검열 시스템, 얼굴 및 기타 생체 인식 등 그 영역을 확대하며 중국 내 감시와 통제를 목적으로 AI를 적극 활용 중이다 (O'Neill 2019). 이와 더불어 범국가적인 '민군융합' 전략을 바탕으로 AI 기술 우위를 확보하기 위한 노력을 보이고 있으며, 2030년 AI 분야에서 글로벌 리더를 목표로 한다.

중국 국무원은 지난 2017년 '차세대 AI 발전규획(新一代人工智能发展规划)'을 통해 2030년까지 AI 글로벌 강국이 되겠다고 선언하며, AI를 지속적으로 강조해왔다(国务院 2017). 국무원은 국가 간 경쟁에서 AI가 핵심 요소이며, 중국의 미래 국력 경쟁에서 우위를 점할 수 있는 원동력으로 보았다. 목표로는 과학기술 선도, 체계적 배치, 시장 주도, 오픈소스 개방으로 했으며, 1. 개방·협동형 인공지능 과학기술 혁신 체계 구축, 2. 고효율 스마트 경제 육성, 3. 안전한 스마트사회 건설, 4. 인공지능 분야의 민군융합 강화, 5. 지능화 인프라 설비 체계 구축 그리고 6. 차세대 인공지능 중대 과기프로젝트 시행이라는 6대 중점 업무를 설정했다. 본 계획에서 중국은 군사 부문과 관련해 '지휘 결정, 군사 추론, 국방 장비를 포함한 군사 응용 분야에서 AI 사용을 강화할 것'을 요구하며 국방력 강화의 동인으로서 AI의 역할을 강조했다. 또한 민간 부문의 혁신을 군사 부문으로 확장시킬 수 있는 '민군융합'을 강조했다(Demchak 2019). 시진핑 중국 공산당 총서기도 2017년 10월 제19차 당대회 업무 보고에서 중국을 '과학기술 대국'으로 만들겠다는 의지를 거듭 표명하며, AI 개발 의지를 다시 한번 밝혔다.

중국 정부는 2017년 12월, 2018년 9월, 그리고 2019년 9월 세 차례에 걸쳐 차세대 AI 오픈 플랫폼 기업을 발표하며, 바이두, 알리바바, 텐센트 등 IT 대기업들이 AI 연구개발의 핵심 역할을 담당하게 했으며, 2019년 9월 3차 기업 발표 시에는 화웨이 등 10개사를 포함했다(전보희 2021). 이들 기업은 중국의 인터넷 주권에 기반해 1998년부터 실시한 인터넷 검열 체계에 힘입어 중국 내 독자적인 인터넷 생태계를 구축하며 중국의 핵심 인터넷 플래폼 기업으로 거듭날 수 있었다(김준연 2023).

2019년 중국 과학기술부 산하 '국가 차세대 인공지능 거버넌스 전문위원회(国家新一代人工智能 治理专业委员会)'는 "신세대 인공지능: 책임 있는 인공지능 개발(Governance Principles for New Generation AI: Develop Responsible Artificial Intelligence)"을 발표했다. 이는 조화와 친근함, 공정성과 정의, 포용성과 공유, 개인정보보호 및 보안, 제어 가능성, 책임 공유, 열린 협력, 민첩한 거버넌스라는 8개 원칙을 발표했다(国家新一代人工智能治理专业委员会 2019).

중국은 AI 기술을 명목적으로 사회적 위험을 줄이는 데 활용한다고 밝히며 관련 규제 정책을 발표했다. 그러나 실질적 차원에서는 중국의 핵심이익 보호를 목적으로 정치적 통제를 위한 수단으로 활용해 왔다. 중국 정부, 지방 정부 그리고 기업의 AI 산업 발전의 의지에 그리고 중국 내 개인의 인권 논의가 확대되면서 중국 정부의 AI 활용이 같은 목적으로 지속할 것인가는 아직 불분명하다.

3. EU의 인간 규범 기반 전략

EU의 인공지능법안은 인간성 보호에 초점을 두면서 신뢰 가능한 인공지능 이용 확산을 도모하는 것을 목표로 한다(European Union 2023). 유럽은 2017년 이후 역내 기술 선진국 중심으로 AI 국가 전략을 개별적으로 수립했고, 2018년 '인공지능 협력 선언(Declaration of cooperation on Artificial Intelligence)'으로 회원국 사이에 AI 전략과 정책을 조율하는 움직임을 보였다. 동 선언은 유럽 25개국이 서명했으며, 유럽의 AI 연구 및 배포에 있어 유럽의 경쟁력 확보 문제에 협력하기로 합의했다(European Union 2018).

유럽연합 집행위원회는 AI에 대한 공공 및 민간 투자를 늘리고, 사회 경제적 변화에 대비하고, 적절한 윤리적, 법적 틀을 보장하기 위한 세 가지 접근 방식을 제안했다. 2018년 12월에는 '인공지능에 대한 협력 계획(Coordinated Plan on Artificial Intelligence)'을 통해 EU 및 국가 차원에서 투자 확대와 협력을 통한 시너지 효과 극대화를 위해 AI 조정 계획에 대한 회원국과의 협력을 약속했다. 관련 회원국들은 2020년 말까지 AI 연구 및 혁신을 위해 공공 및 민간에 대한 최소 200억 유로 상당의 투자를 확대하기로 했다. 세부적 국가별 자체 AI 전략을 마련하되 AI를 중심으로 하는 네트워크 구축과 기술 개발을 위해 유럽 국가 사이에 공통의 유럽 데이터 공간을 구축할 것을 강조했다. 이와 함께 AI 전문가 양성, 윤리적 접근 방식의 AI 개발을 통해 EU 전체가 전 세계와 경쟁할 수 있도록 공동의 협력을 강조했다.

2019년에는 인공지능의 신뢰성 제고를 목표로 'AI 활용을 위한 윤리 지침(EU guidelines on ethics in artificial intelligence)'을 제시했다. 가이드라인에 따르면 EU의 AI 활용은 합법적(lawful), 윤리적

(ethnical), 그리고 사회적 환경과 기술적 관점에서 견고성(robust) 을 가져야 할 것을 강조했다. 특히 AI 시스템에 대한 인간의 권한과 인간의 기본 권리를 보장해야 하며, 개인 정보와 데이터 정보에 대한 완전한 보호와 존중을 강조했다. 이와 함께 투명성, 다양성·비차별성·공정성, 사회 및 환경 복지 그리고 AI 생산자에 대한 책임을 강조했다(European Union 2019). 이 같은 윤리 지침은 법률적 강제성을 갖지는 않았지만 AI 규범의 국제적 논의를 선도하는 효과를 목표로 했다(채은선 2023). 2020년에는 'AI백서(White Paper on Artificial Intelligence)'를 발표하고 AI 위험 대응을 위한 EU의 정책 방향을 제시하기도 했다.

EU 전역에 적용되는 최초의 규제 법안이 2021년 4월에 제안되었다(European Union 2021). EU 집행위원회는 EU 기술을 윤리적으로 사용하고, AI 신뢰성을 확보하는 한편 EU 차원의 AI 생태계 구축을 기반으로 EU의 세계적 경쟁 능력을 강화하는 것을 핵심으로 한다. 이 사안은 EU는 이 제안을 통해 AI 사용에 따른 위험을 '허용불가 위험(Unacceptable Risk)', '높은 위험(High Risk)', '제한적 위험(Limited Risk)', '최소 위험(Minimak Risk)' 네 가지 수준으로 분류해 각 단계별 적용 대상, 금지 여부, 등 기타 규제 내용을 세부적으로 제안했다. EU의 AI 대응은 EU의 AI법에 따라 광범위하게 이루어지고 있으며, 위험 사례의 1차 원칙에 주로 기반하고 있다. EU의 AI법은 AI 기술 위험으로부터 EU 시민을 보호하고 안전하고 신뢰할 수 있는 AI 기술과 편견 없는 알고리즘 구축으로 취약 계층을 차별하지 않는 것을 목적으로 한다. EU 집행위원회는 인공지능 법안을 마련하여 입법기관인 EU 이사회와 의회에 제출하였으며, 이사회와 '의회'는 본 법안에 대한 수정안을 각각 채택했다.

EU의 AI 전략은 EU 지역 차원의 규제 법안 마련 그리고 AI 위험을 인간 중심의 개인 권리 확보에 두었다는 점에서 긍정적이다. 유럽의 관점에서 AI 기술은 기업의 이익에 맡겨둘 수 없고 법치와 민주적 거버넌스에 기반을 두어야 한다고 보았다. 유럽의 권리 중심 접근 방식은 시민의 데이터 개인 정보를 보호하는 일반 데이터 보호 규정과 같은 획기적인 EU 규정에 이미 반영되었다. AI 위험을 완화하고 개인의 기본권을 보호하기 위한 포괄적인 법률 초안인 AI 법(AI Act)이 통과되었다. 특히 AI의 위험성을 네 단계를 통해 확인할 수 있도록 해 놓았다는 점에서 AI 규제의 표본이 된다고 할 수 있다. 그러나 이 같은 규제가 EU의 AI 산업 발전을 확대 및 증진시킬 것인가 그리고 AI 영역의 글로벌 표준으로 자리할 것인가에 대한 사안은 아직 미지수다.

IV. 미·중 AI 제재와 규제

1. 미국의 대(對)중국 AI 제재

미국의 AI 제재는 AI 산업 경쟁력 제고를 위한 안정적 공급망 확보와 함께 지속 가능한 리더십 확보를 위해 중국을 글로벌 공급망에서 배제하는 전략을 취하고 있다(민성기 2023). 미국의 중국에 대한 제재는 반도체 등을 중심으로 하는 하드 제재 그리고 알고리즘과 인적 제제를 초점으로 하는 소프트 제재로 크게 구분할 수 있다.

미국의 디지털 패권 경쟁은 트럼프 행정부 행정부 시기 2019년 '정보통신 기술 및 서비스 공급망 확보에 관한 행정명령'에 서명하며 가시화되었다. 이 행정명령으로 미국 상무부(DOC)는 화웨이

(Huawei)와 그 계열사를 거래 제한 기업 리스트에 등재했으며, 같은 해 6월 중국 슈퍼 컴퓨터 기업 및 연구소 5곳을 거래 제한 명단에 올렸다. 이와 더불어 국가안보를 목적으로 중국산 드론 기체와 관련된 앱과 350여 개가 넘는 중국 드론 업계에 대한 제재를 발표했다. 반도체의 경우 자국 내 반도체 공급망 복원을 위해 리쇼어링을 추진하는 한편, 중국에 반도체, 반도체 제조장비 및 소프트웨어를 판매하지 못하도록 막는 수출통제안을 지속적을 발표하며 중국에 대한 제재의 수위를 높였다(김준연 2023).

　미국 '인공지능 국가안보위원회(NSCAI)'의 최종 보고서는 미 행정부의 대중국 반도체 제재에도 일부 영향을 미쳤다. NSCAI는 '미국은 중국에 1-2년을 앞서고 있을 뿐'이며, '중국의 권위주의가 확산하고 있기 때문에 서구적 가치를 보존하기 위해 (인공지능) 기술을 발전시켜야 한다'고 주장하며, '탄력적인 국내 생산기지'를 만들어야 한다고 강조했다. 이후 바이든 행정부는 2021년 2월 반도체와 희토류, 자동차용 배터리, 의약품을 4대 핵심 품목으로 선정해 이들의 공급망에 대한 100일간 검토를 지시하는 행정명령을 내렸다. 미 의회도 2021회계연도 국방수권법을 통과시키면서 반도체 생산 촉진을 위해 연방정부가 지원에 나설 수 있는 조항(Chips for America Act)을 마련했다.

　2022년 8월 이전의 수출규제는 반도체 공정 단계의 핵심 품목들에 대한 규제에 집중하는 반면, AI 반도체에 대한 규제는 미흡했다(김혁중 2022). 바이든 행정부의 인공지능 반도체 기술에 대한 수출통제 정책은 2022년 9월에 처음으로 공개되었다(Nellis and Lee 2022). 반도체 설계 기업인 앤비디아(Nvidia Corp.)는 미국 관료들이 자사 제품이 '군사 최종 용도' 또는 '군사 최종 사용자'에게 사용되거나 전용될 가능이 있다고 밝히며, 인공지능 작업을 위한 컴퓨터 칩을 중국으로 수출하는 것을 중단하라고 명령했다고 밝혔다.

미국의 대중국 반도체 수출통제는 2022년 10월 7일 인공지능(AI)과 반도체 기술에 대한 새로운 중국 수출통제 정책을 발표하며 구체화 되었다(BIS 2022). 미 상무부는 고성능 AI 학습용 반도체와 슈퍼컴퓨터에 사용되는 특정 반도체 칩을 중국에 수출하는 경우 허가를 받도록 했다. 또한 '해외직접생산품규칙(FDRP)'을 적용해 미국이 아닌 한국 등 다른 나라에서 만든 반도체라도 미국산 소프트웨어나 장비, 기술 등을 사용했으면 수출을 금지한다는 내용을 포함했다. 이와 함께 조사 대상 기업이 소재한 외국 정부가 조사에 협조하지 않으면 해당 기업을 수출통제 명단에 올릴 수도 있다고 경고했다. 이미 수출통제 명단(entity list)에 포함된 28개 기업에 대해 통제 범위를 확대하고, 아직 수출통제 명단에 넣지는 않았지만 관심 대상을 의미하는 미검증명단(unverified list)에 31개 기업을 추가했다. 두 번째 조치로는 미국 기업이 ▲ 18nm(나노미터·10억분의 1m) 이하 D램 ▲ 128단 이상 낸드 플래시 ▲ 14nm 이하 로직칩을 생산하는 중국 기업에 반도체 장비를 수출하는 것을 사실상 금지했다. 특히 생산시설의 소유가 중국 기업일 경우엔 거부추정원칙을 적용해 사실상 수출을 전면 금지하도록 했다(김동현 2022a). 이에 중국 공산당 기관지 인민일보 계열 환구시보는 사설을 통해 '자유 무역에 대한 야만적인 공격'이라 비난하며 "미국이 내놓은 수출통제 조치는 비(非)미국 기업으로 제한범위를 대폭 확대해 중국과 정상적인 무역을 막으려고 하는 것"이라고 주장했다(한종구 2022).

한편 미국은 중국의 비난에도 아랑곳하지 않고, 2022년 12월에는 개정된 수출관리규정(EAR)을 기반해 36개 중국 기업을 수출통제 명단에 추가했다. 미 상무부는 이들 기업이 미국의 국가안보와 외교정책 이해에 반하는 행동을 했으며, 더 나아가 수출통제 대상인 중국의 통신 장비업체 화웨이와 하이크비전 그리고 중국군과 방위산업을 지원하는 중국 정부 기관과 긴밀히 관련됐다고 밝혔다. 관련해 반도체 관련 기업 중국 국영 반도체업체 양쯔메모리테크놀로지(YMTC)와 YMTC의 일본 법인, 허페이코어스토리지전자(Hefei Core Storage Electronics) 등 3개 업체, 고성능 인공지능(AI) 칩을 개발하는 캄브리콘(Cambricon)과 계열사, 중국전자과기집단공사(CETC) 계열사, 중국과학원 컴퓨터기술연구소 등 21개 그리고 신장의 위구르족을 탄압하고 감시하는 데 관여하고 이란혁명수비대에 금지 품목 조달을 지원한 업체(Tianjin Tiandi Weiye Technologies)와 북경 유니스트롱(UniStrong) 과학기술도 수출통제 대상에 포함시켰다(김동현 2022b).

바이든 미국 대통령은 2023년 8월 미국 자본이 중국 첨단 기술 분야에 투자하는 것을 규제하는 행정명령을 발표했다. 미 행정부는 사모펀드와 벤처 캐피탈 등 미국의 자본이 중국의 첨단 반도체와 양자 컴퓨팅, 인공지능(AI) 등 3개 분야에 대해 투자하는 것을 규제하며, 해당 분야에서 중국에 투자를 진행하려는 기업들은 사전에 투자 계획을 의무적으로 신고해야 하며, 투자 금지를 포함한 규제권은 재닛 옐런 미국 재무장관이 가지도록 했다(김경희·강병철 2023). 미국의 AI 관련 인적 통제는 EAR section 744.6에 따라 미국인을 대상으로 한다. EAR section 744.6는 핵폭발 장치, 미사일 및 화학 또는생물 무기의 개발, 생산 또는 사용을 지원하는 활동이 있는 경우, 소재지와 관계없이해당 미국인에게 통제 및 민형사상의 처벌을 가할 수 있다. 따라서 미국인이 AI 모델을 사용해 핵 또는 생물 무기의 개발 생산 또는 사용을 지원하면 미국의 수출통제 위반으로 결정한다. 2022년 10월 미국인이 중국에서 반도체 관련 품목의 개발 및 생산을 지원해 활동에 대한 통제를 부과한 바 있다(이주영 2022).

결국 미국의 대중국 수출규제는 중국의 반도체 굴기에 대한 지연과 함께 미국의 AI 산업의 리더십을 구축하기 위한 전략적 접근을 보이고 있다. 그 수단은 하드웨어 차원의 반도체에서부터 소프트한 차원의 재정과 인력과 관련된 전방위적인 대중국 제재의 모습을 보인다.

2. 중국의 AI 규제

중국은 기존 '사이버보안법', '데이터보안법' 그리고 '개인정보보호법'을 기반으로 하여 AI 관련 법령을 조합하는 형태로 제도를 발전시켰다. 2022년에 「인터넷 정보 서비스 알고리즘·레코멘데이션 관리 규정」, 「인터넷 정보 서비스 심도 합성 알고리즘 관리 규정」 그리고 2023년 7월에는 생성 AI용으로 「생성 인공지능 서비스 관리 잠행 변법」을 제정했다. 그럼에도 불구하고 이들 AI 관련 법률은 국가 보안 기관의 개인 정보에 무제한적으로 접근할 수 있으며, 사이버 공간 내에서 가짜뉴스 확산 방지와 생성형 AI 규제를 통해 중국 체제에 위협이 되는 콘텐츠 생성을 제한하고 있다.

중국 당국은 인터넷 안보 강화와 사용자 권익 보호를 목적으로 IT 기업에 대한 각종 규정을 발표하며 통제를 강화하고 있다. 중국의 국가인터넷정보판공실(CAC)은 2021년 8월 인터넷 정보 서비스 업계를 대상으로 알고리즘 관련 규제를 강화하기 위한 지침 초안을 발표했다. 이 초안에는 ▲ 사용자들을 인터넷 중독에 빠지게 하거나 결제를 유도하는 알고리즘 설정 금지, ▲ 알고리즘 추천 서비스를 사용자에게 명확히 명시, ▲ 알고리즘 추천 서비스를 배제할 수 있는 기능 제공, ▲ 알고리즘으로 상품 판매 및 서비스 제공 시 가격, 거래조건 등에서 비합리적인 조건 제시 금지 등이 있음을 명시하도록 했다. 이 같은 알고리즘 공개 방침은 표면적으로는 인터넷 플랫폼 사용자들이 빅테크 기업의 알고리즘 활용 방식을 이해하는 데 도움을 줄 수 있다. 그러나 한편으로는 중국 당국이 콘텐츠를 만들어내는 기업의 알고리즘 확보를 용이하게 함으로써 중국의 인터넷 통제 확대 가능성에 대한 우려를 더욱 높였다. 온라인 영상 플랫폼 중심으로 가짜 뉴스, 딥페이크, 여론 조작 등의 문제가 떠오르는 가운데 중국 당국이 인터넷 플랫폼을 통제하는 수단으로 악용될 가능성이 있다는 지적이다(조민음 2022).

중국은 세계 처음으로 딥페이크 포괄적 규제와 함께 중국 내 ChatGPT 서비스 중단 조치 및 관련 서비스 보안 검토 의무화 방침도 내놓았다. 중국 국가사이버정보판공실(CAC)과 공안국(PSB)은 2019년 중국의 인터넷 관련 기술 기업 11곳과 회의를 열고 이들 인터넷 관련 기업들이 딥페이크 기술의 사용에 위반 사항이 있는지에 대한 자체 점검을 지시했다(정재용 2021). 이는 AI 기술 확산에 따라 가짜 뉴스와 불법, 허위 정보 확산으로 정보 소비자와 중국 사회를 혼란하게 할 수 있다는 우려를 바탕으로 한다.

관련해 중국 당국은 '중국 인터넷 정보 서비스의 심층합성 관리 규정(互联网信息服务深度合成管理规定)'(2023.01.10. 시행)을 2023년 1월 10일부터 시행하며, 규제 당국의 강력한 규정 강화를 예고했다. 해당 규정에 따르면 딥페이크 서비스 제공자와 콘텐츠 제작자는 해당 기술을 사용해 콘텐츠를 만들 경우 디지털 표식(워터마크) 등으로 원본을 추적할 수 있도록 했다. 특히 해당 기술을 사용하려면 당사자의 동의를 구해야 하며, 해당 기술을 활용해 뉴스를 보도할 경우 원본은 정부가 승인한 매체에서 나온 것으로 제한했다. 실제 지난 2023년 5월 정교한 딥페이크 기술을 이용한 사기 사건이 발생한 것을 고려한다면

이는 중국 당국의 기우는 아니다(임대준 2023). 그러나 중국의 이러한 조치에 대해 중국 정부에 해석 권한을 광범위하게 주는 것이라는 지적과 함께, 새로운 매체에 대한 언론 통제로 확대하고 있다는 우려도 나온다(이도연 2023).

이와 더불어 '중국 내 ChatGPT 서비스 중단 조치 및 관련 서비스 보안 검토 의무화'를 통해 'ChatGPT'에 대한 접속을 중단했다(이영호 2023). 중국 국가인터넷정보관공실(CAC)은 2023년 4월 11일 '생성 AI 서비스 관리 방법(의견수렴안)[生成式人工智能服务管理办法(证券意见稿)]'을 발표했으며, 당국은 "생성형 AI가 만들어내는 콘텐츠는 핵심 사회주의 가치를 반영해야 하며 국가 통합을 저해해서는 안 된다"고 밝혔다(윤고운 2023). 그러나 같은 해 7월에 발표한 '생성형 AI 서비스 관리 잠정 방법(生成式人工智能服务管理暂行办法)'은 4월에 발표했던 초안보다 느슨한 규제를 선택했다. 이는 규제 당국이 강조했던 사회주의 이념 구현보다 자국 기업의 경쟁력 확보에 무게를 두고 생성 AI 서비스에 대해 개발 기업이 보안 검토를 수행하고 정부의 허가를 받도록 하는 라이선스제를 도입했다. 또한 이 제도는 중국에서 서비스를 하는 해외 기업에도 적용되지만, 자국 기업이 중국이 아닌 해외에서만 서비스를 하는 경우 적용하지 않기로 했다. 이는 AI 산업 발전을 위해 막대한 투자를 하고 있는 중국 정부 그리고 중국 내 주요 기술 기업들과의 상호 이익이 일치한 결과였다.

중국은 AI의 발전이 중국의 정치적 이익에 부합하도록 대내적 규제를 지속해 왔다. 특히 딥페이크 그리고 ChatGPT 등 AI 신기술을 활용한 인터넷 서비스가 사회주의 이념에 반한다면 이를 통제하거나 관련 규제를 제정하며 대응해 왔다. 그러나 중국 당국의 정치적 이익 및 통제와 중국의 AI 산업 발전의지와 관련 기업 그리고 AI 기술의 역동성 사이의 균형이 향후 중국의 AI 산업의 향배에 핵심이 될 수 있다.

V. 결론

AI에 규제에 대한 각국의 입장은 서로 다르다. 미국은 시장 중심, 중국은 국가 중심 그리고 EU는 권리 중심 접근 방식을 추구하며, 이들의 디지털 규제 정책은 각국 AI 기업의 알고리즘과 데이터 사용의 투명성에도 영향을 미치고 있다.

미국은 시장의 중요성을 강조하면서 정부의 역할을 최소화하는 입장으로, 인터넷 공간의 자유 그리고 언론의 자유를 보호하는 데 초점을 둔다. 중국은 디지털 규제에 대한 국가 중심 접근 방식을 취하고 있다. 특히 중국 공산당은 중국 체제의 안정과 중국 공산당의 정치 지배 강화를 목적으로 디지털 기술을 검열, 감시, 선전의 도구로 활용하고 있다. 특히 중국 당국은 거대 기술 기업이 중국 국가를 압도하지 못하도록 기술 부문에 대한 적극적인 단속을 실시하는 한편, 또한 사회 안정 유지를 명분으로 AI를 활용해 중국 시민들에 대한 대대적인 감시 체계를 구축하고 있다. 유럽연합은 AI 사용자와 시민의 권리에 초점을 맞춘 자체 규제 모델을 개척하고 있다.

AI 선도국들의 관련 기술과 규범을 둘러싼 경쟁이 심화하는 가운데 우리 정부도 AI 관련 역량을 증대 중이다. 윤석열 대통령은 당선과 함께 '디지털 경제 패권 국가로의 도약'을 발표하며 AI 산업 육성을 강조했다. 정부의 적극적인 AI 기술 도입, AI 산업 및 인재 육성, 그리고 '디지털플랫폼 정부' 구축을 위한 초거대 AI 탑재 등을 밝히며 디지털 지구 시대에 맞는 경제 패권 국가 목표를 밝힌 바 있다. 지난 2023년 9

월에는 「대한민국 초거대 AI 도약」 회의를 주재하며, 디지털 국제규범을 선도할 것을 밝혔다.

한국이 AI 선도국 그리고 '알고리즘 권력'의 부상은 국가 간 권력을 확보하기 위한 알고리즘 경쟁에 참여하는 것을 의미할 수 있으며, 이는 복합지정학 차원의 안보 문제로 창발할 수 있다(김상배 2021). 이러한 관점에서 AI 알고리즘에 대한 규제 그리고 정책, 제도, 규범에 대한 논의가 제기되는 것은 어찌 보면 당연하다(김상배 2021). 그러나 AI 기술 개발 속도를 고려했을 때 AI 선도국이 결국 향후 관련 산업 그리고 안보 영역을 지배할 것으로 예상되고 있다(Kerry 2020). 이 같은 AI의 특성과 안보 환경 속에서 국가들은 공급망 구축과 경쟁을 보이는 한편 AI 패권력 확보를 위해 타국의 공급망 구축을 견제하는 움직임을 보이는 중이다. 따라서 한국이 AI 선도국과 '알고리즘 권력' 국가로의 진입 그리고 AI의 안보화 대응을 위해서 기술 선진국들과의 유기적인 협력 관계 구축, AI 산업에 대한 적극적이고 체계적인 투자, 민관 협력 강화 그리고 관련 인력을 적극적으로 양성해야 한다.

참고문헌

김경희·강병철. 2023. "美 "투자가 위험 키워"…AI·반도체·양자컴퓨팅 對中투자 제한."
　『연합뉴스』. 8월 10일. https://www.yna.co.kr/view/AKR20230810005951071?
　input=1195m (검색일: 2023.10.20.).
김동현. 2022a. "美, 이번엔 '반도체굴기' 겨냥…中의 첨단기술 확보 총력 견제"『연합뉴스』.
　10월 8일. https://www.yna.co.kr/view/AKR20221008001900071?input=1195m
　(검색일: 2023.10.19.).
_____. 2022b. "美, 中기업 36개 수출통제 대상 추가…AI 등 첨단산업 육성 견제."
　『연합뉴스』. 12월 16일. https://www.yna.co.kr/view/AKR20221216001400071?
　input=1195m (검색일: 2023.11.19.).
김상배. 2002. "정보기술과 거버넌스: 탈집중 관리양식 등장의 이론적 설명." 김석준 외 편.
　『거버넌스의 정치학』. 서울: 법문사.
_____. 2014. "사이버 안보의 미중관계: 안보화 이론의 시각."『한국정치학회』49(1): 71-97.
_____. 2015. "신흥안보의 부상과 과학기술의 역할."『Issue Paper』2015-18.
　한국과학기술기획평가원.
_____. 2016. "신흥안보와 메타 거버넌스: 새로운 안보 패러다임의 이론적 이해."
　『한국정치학회보』50(1): 75-104.
_____. 2021. "AI알고리즘 패권경쟁의 세계정치: 기술-표준-규범의 3차원 경쟁."
　한국정치학회 편.『알고리즘의 정치학』. 서울: 인간사랑.
_____. 2023. "플랫폼 지정학 시대 중견국 전략:한국의 디지털 플랫폼 전략이 주는 함의."
　『국가전략』29(4): 33-64.
김준연. 2023. "AI 기술특성에서 바라본 미-중 기술경쟁의 전개과정."『경남대
　극동문제연구소 한반도 포커스』2. https://spri.kr/posts/view/23611?code=data_all&
　study_type=ai_brief (검색일: 2023.10.20.).
김혁중. 2022. "미국의 대중국 AI 반도체 수출 규제 영향과 시사점."『세계경제 포커스』5(31).
　대외경제정책연구원.
민성기. 2023. "미중 디커플링과 AI 산업 기술공급망 분리-AI 반도체와 AI 소프트웨어를
　중심으로."『중국과 중국학』48: 51-75.
송태은. 2021. "바이든 행정부의 인공지능 국가정책: 평가와 함의."『IFANS 주요국제문제
　분석』47.
안성원. 2022. "국가 안보를 위한 인공지능(AI)과 3대 전략기술." SPRI IS-140. https://spri.kr/
　posts/view/23427?code=data_all&study_type=issue_reports (검색일: 2023.8.20.).
유기현. 2023. "AI는 전쟁의 양상을 어떻게 바꿀 것인가?: 알고리즘 전쟁(Algorithmic
　Warfare)을 중심으로."『국방논단』제1938호.
윤고운. 2023. "중국 '생성형 AI 콘텐츠, 핵심 사회주의 가치 반영해야'." 4월 11일. https://
　www.yna.co.kr/view/AKR20230411114800074?input=1195m (검색일: 2023.10.19.).

이도연. 2023. "중국, 세계 첫 딥페이크 포괄적 규제 내일부터 시행."『연합뉴스』. 1월19일. https://www.yna.co.kr/view/AKR20230109058300009 (검색일: 2023.10.19.)

이영호. 2023. "중국 첫 AI 챗봇, 사흘만에 서비스 중단 이유."『한국경제TV』. 2월 12일. https://www.wowtv.co.kr/NewsCenter/News/Read?articleId=A202302120060&t= NN (검색일: 2023.9.19.).

이주영. 2022. "'미, 중국 반도체 관련 '미국인 종사자' 규제범위 축소할 듯."『연합뉴스』. 11월 2일. https://m.yna.co.kr/view/AKR20221101122100009 (검색일: 2023.10.19.).

임대준. 2023. "중국에서 발생한 피싱사기에 딥페이크 악용 사례."『AI 타임즈』. 5월 23일. https://www.aitimes.com/news/articleView.html?idxno=151265 (검색일: 2023.10.20.).

전보희. 2021. "중국 인공지능(AI) 산업 동향과 시사점: 중국의 AI 굴기(屈起)와 성공전략."『TRADE FOCUS』 2021-23호. https://www.kita.net/cmmrcInfo/ internationalTradeStudies/researchReport/focusBriefDetail.do?pageIndex=1&class ification=5&no=2219 (검색일: 2023.10.19.).

정재용. 2021. "'인터넷 기업 규제' 중국, 이번엔 '딥페이크' 단속에 초점."『연합뉴스』. 3월 19일. https://www.yna.co.kr/view/AKR20210319066900009?input=1195m (검색일: 2023.10.15.)

조민음. 2022. "빅테크 알고리즘 장악한 중국 정부… 다음 행보는?" 8월 17일. https://www. digitaltoday.co.kr/news/articleView.html?idxno=457694 (검색일: 2023.10.19.).

조행만. 2021. "중국의 인공지능(AI) 무기 개발, 이대로 괜찮은가?"『AI 타임즈』 8월 20일. https://www.aitimes.com/news/articleView.html?idxno=140197 (검색일: 2023.8.5.).

조화순·김민제. 2016. "사이버공간의 안보화와 글로벌 거버넌스의 한계."『정보사회와 미디어』 17(2): 77-98.

채은선. 2023. "EU 인공지능법 입법추진 현황과 시사점."『지능정보사회 법제도 이슈리포트』 03. https://www.nia.or.kr/site/nia_kor/ex/bbs/View.do?cbIdx=82618&bcIdx= 25682 (검색일: 2023.10.20.).

한종구. 2022. "中관영지, 美반도체 수출통제에 "자유무역에 대한 야만적 공격"."『연합뉴스』 10월 9일. https://www.yna.co.kr/view/AKR20221009013500083?input=1195m (검색일: 2023.10.19.).

国务院. 2017. "国务院关于印发 新一代人工智能发展规划的通知." 2017年7月8日, https:// www.gov.cn/zhengce/content/2017-07/20/content_5211996.htm (accessed 20 November 2023).

中华人民共和国科学技术部. 2019. "发展负责任的人工智能 : 新一代人工智能治理原则发布." 6月17日. https://www.most.gov.cn/kjbgz/201906/t20190617_147107.html (accessed 9 November 2023).

BUREAU OF INDUSTRY AND SECURITY(BIS). 2022. "Commerce Implements New Export Controls on Advanced Computing and Semiconductor Manufacturing Items to the People's Republic of China (PRC)." October 7, 2022. https://www.bis.doc. gov/index.php/documents/about-bis/newsroom/press-releases/3158-2022-10-07-bis-press-release-advanced-computing-and-semiconductor-manufacturing-controls-final/file (accessed 10 October 2023).

Bradford, Anu. 2023. "The Race to Regulation Artificial Intelligence." *Foreign Affairs.* June 27, https://www.foreignaffairs.com/united-states/race-regulate-artificial-intelligence (accessed 9 November 2023).

Bureau of Industry and Security. 2021. "PUBLIC INFORMATION ON EXPORT CONTROLS IMPOSED ON ADVANCED COMPUTING AND SEMICONDUCTOR MANUFACTURING ITEMS TO THE PEOPLE'S REPUBLIC OF CHINA." https://www.bis.doc.gov/index.php/policy-guidance/advanced-computing-and-semiconductor-manufacturing-items-controls-to-prc (accessed 9 September 2023).

Cronin, Audrey Kurth. 2020. *Power to the People: How Open Technological Innovation is Arming Tomorrow's Terrorists.* Oxford: Oxford University Press.

Defense Advanced Reserach Project Agency. 2018. "DARPA Announces $2 Billian Campaign to Develop Next Wave of AI Technologies." September 7. https://www.darpa.mil/news-events/2018-09-07 (accessed 9 November 2023).

Demchak, Chris C. 2019. "China: Determined to dominate cyberspace and AI." *Bulletin of the Atomic Scientists* 75(3), https://www.tandfonline.com/doi/abs/10.1080/00963402.2019.1604857 (accessed 10 November 2023).

European Union. 2018. "EU Member States sign up to cooperate on Artificial Intelligence." https://digital-strategy.ec.europa.eu/en/news/eu-member-states-sign-cooperate-artificial-intelligence (accessed 9 October 2023).

_____. 2019. "Ethics guidelines for trustworthy AI." https://digital-strategy.ec.europa.eu/en/library/ethics-guidelines-trustworthy-ai (accessed 11 October 2023).

_____. 2021. "Proposal for a Regulation laying down harmonised rules on artificial intelligence." April 21. https://digital-strategy.ec.europa.eu/en/library/proposal-regulation-laying-down-harmonised-rules-artificial-intelligence (accessed 9 November 2023).

_____. 2023. "A European approach to artificial intelligence." https://digital-strategy.ec.europa.eu/en/policies/european-approach-artificial-intelligence (accessed 9 November 2023).

Harris, Laurie A. 2023. "Artificial Intelligence: Overview, Recent Advances, and Considerations for the 118th Congress." *Congressional Research Service.* August 4. https://crsreports.congress.gov/product/pdf/R/R47644 (accessed 9 November 2023).

Huysmans, J. 2002. "Defining social constructivism in security studies: The normative dilemma of writing security." *Alternatives* 27: 41-62.

Johnson, James. 2019. "The end of military-techno Pax Americana? Washington's strategic responses to Chinese AI-enabled military technology." *The Pacific Review* 34(3): 351-378.

Kang, Cecilia and Sanger, David E.. 2023. "Biden Issues Executive Order to Create A.I. Safeguards." *The New York Times*. October 30, 2023.https://www.nytimes.com/2023/10/30/us/politics/biden-ai-regulation.html (accessed 9 November 2023).

Kania, Elsa B. 2019. "Chinese Military Innovation in the AI Revolution." *The RUSI Journal* 164(5-6): 26-34.

Kerry, Cameron F. 2020. "Protecting privacy in an AI-driven world." https://www.brookings.edu/articles/protecting-privacy-in-an-ai-driven-world/ (accessed 10 November 2023).

Klein, Jodi Xu. 2021. "US must face artificial intelligence competition from China, national security commission report says." *South China Morning Post*. 2 Mar. https://www.scmp.com/news/china/article/3123664/us-must-face-artificial-intelligence-competition-china-national-security (accessed 20 November 2023).

McCain, John S. 2018. NATIONAL DEFENSE AUTHORIZATION ACT FOR FISCAL YEAR 2019. https://www.congress.gov/115/plaws/publ232/PLAW-115publ232.pdf (accessed 9 October 2023).

Mori, Satoru. 2019. "US Technological Competition with China: The Military, Industrial and Digital Network Dimensions." *Asia-Pacific Review* 26: 77-120.

NAIIA. 2020. H.R.6216 – *National Artificial Intelligence Initiative Act of 2020*. https://www.congress.gov/116/bills/hr6216/BILLS-116hr6216ih.pdf (accessed 1 November 2023).

Nellis, Stephen and Jane Lee. 2022. "U.S. officials order Nvidia to halt sales of top AI chips to China." *REUTERS* September 1. https://www.reuters.com/technology/nvidia-says-us-has-imposed-new-license-requirement-future-exports-china-2022-08-31/ (accessed 10 November 2023).

O'Neill, Patrick Howell. 2019. "How WeChat censors private conversations, automatically in real time." *MIT Technology Review*, July 15, https://www.technologyreview.com/2019/07/15/134178/how-wechat-censors-private-conversations-automatically-in-real-time/ (accessed 11 November 2023).

People's Republic of China. 2021. *The 14th Five-Year Plan of the People's Republic of China—Fostering High-Quality Development*. https://en.ndrc.gov.cn/policies/202203/P020220315511326748336.pdf (accessed 15 November 2023).

Shead, Sam. 2021. "U.S. is 'not prepared to defend or compete in the A.I. era,' says expert group chaired by Eric Schmidt." *CNBC*, March 2, https://www.cnbc.com/2021/03/02/us-not-prepared-to-defend-or-compete-in-ai-era-says-eric-schmidt-group.html (accessed 10 November 2023).

Webster Graham et al. 2023. "Plan for the Overall Layout of Building a Digital China."

DIGICHINA. March 3. https://digichina.stanford.edu/work/translation-plan-for-the-overall-layout-of-building-a-digital-china/ (accessed 9 October 2023).

White House. 2019. "Executive Order on Maintaining American Leadership in Artificial Intelligence." February 11. https://trumpwhitehouse.archives.gov/presidential-actions/executive-order-maintaining-american-leadership-artificial-intelligence/ (accessed 1 November 2023).

_____. 2023. "FACT SHEET: President Biden Issues Executive Order on Safe, Secure, and Trustworthy Artificial Intelligence." October 30, 2023. https://www.whitehouse.gov/briefing-room/statements-releases/2023/10/30/fact-sheet-president-biden-issues-executive-order-on-safe-secure-and-trustworthy-artificial-intelligence/ (accessed 9 November 2023).

Williams, Paul D. 2008. *Security Studies-an Introduction*. London, New York: Routledge.

Work, Rober. 2014. d Keynote Address at the CSIS conference. Nov 12. https://www.csis.org/events/global-security-forum-2014-opening-session (accessed 15 Nov 2023).

Xinhua. 2023. "Xi presides over meeting on economic work." April 28. https://english.www.gov.cn/news/202304/28/content_WS644b7517c6d03ffcca6ecba3.html (accessed 9 November 2023).

제4장　　인공지능과 거버넌스, 민주주의

문용일(서울시립대학교)

I. AI와 거버넌스

신기술의 등장과 발전이 기존 정치체제와 권력지형에 미칠 영향에 대한 기대와 우려, 가능성과 한계에 대한 논의는 새로운 것은 아니다. '아랍의 봄' 당시에는 소셜미디어와 스마트폰 등 디지털 기술의 발전이 권위주의 또는 독재체제에 반대하는 민주화 시위에 새로운 활력과 가능성을 증진시켜줄 것이라는 기대를 담은 주장들과 연구들이 나왔다. 블록체인 등 디지털 기술의 발전이 시공간적 제약으로 인해 어쩔 수 없이 선택해야 했던 대의민주주의 체제의 한계를 벗어나 직접민주주의를 실현할 수 있는 가능성을 열어줄 것이라는 기대감도 있다. 반면, 홍콩 시위진압의 경우처럼 새로운 기술의 발전이 시위대보다는 경찰과 정부의 감시와 통제, 진압과 시위참여 인력에 대한 추적 능력을 비대칭적으로 향상시켜준다는 분석도 있다.

인공지능(Artificial Intelligence, 이하 AI) 역시 마찬가지이다. 많은 연구들이 AI 발전이 가져올 밝은 미래의 모습을 보여준다. 의료 발전 등 삶의 질의 향상, 환경보호, 경제발전뿐 아니라 거버넌스의 효율성 제고에도 기여할 것이라는 연구들이다(ITU 2021; He et al. 2019). 반면, AI의 발전이 권위주의 통치의 효율성을 제고하고, 시민의 권리 및 민주주의 체제의 정당성을 약화시키며, 나아가 민주주의 후퇴(democratic backsliding) 현상을 촉진할 가능성에 대한 우려도 많다. 예컨대, 아세모글루와 존슨(아세모글루·존슨 2023)은 만약 세계 각국이 AI가 가져올 위험성에 제대로 대처하지 못한다면, AI는 이미 세계가 겪고 있는 불균형의 문제를 더더욱 악화시킬 것이라고 지적한다.

AI의 발전은 사회의 안정과 거버넌스의 발전을 가져와 인류의 삶을 더 편리하고 윤택하게 해줄 것인가? 아니면 감시와 통제의 거버넌스 시스템을 발전시켜 시민들의 자유와 권리를 속박할 것인가? AI의 발전이 세계 각국의 거버넌스 체제 및 정당성에 미칠 심각한 영향에도 불구하고 AI의 발전이 거버넌스에 미칠 영향에 대한 연구는 AI를 어떻게 규제해야 하는가라는 AI 거버넌스에 대한 많은 관심과 논의에 비해 상대적으로 미흡한 편이다.

이러한 문제의식에 기반하여 이번 장에서는 AI의 발전이 거버넌스에 미치는 영향에 대해 살펴본다. 2절에서는 AI의 발전이 감시통제 거버넌스의 발전으로 이어질 위험성에 대해 살펴본다. 2절은 크게 세 부분으로 나뉜다. 첫째, AI의 발전이 기술혁신을 주도하는 빅테크 기업 등 비정부행위자들 및 다중이해당사자들의 역할과 기여에 기반한다는 점에서 권력의 분산, 국가중심성 탈피의 가속화 가능성과 한계에 대해 살펴본다. 둘째, AI의 발전이 예방적 억압이나 표적화된 억압, 사회신용체계(social credit system) 등 '보다 나은 사회'의 구축을 핑계로 시민들에 대한 체계적이고 일상적이며 혁신적인 감시와 통제 체제의 강화로 이어질 수 있는 위험성을 지적한다. 소위 '디지털 권위주의'의 발전이다. 그러나 AI 발전으로 인한 감시통제 거버넌스의 촉진은 민주주의 국가에서도 충분히 가능한 일이라는 점을 유념할 필요가 있다. 셋째, AI의 학습과 발전에 필요한 데이터의 확보, 특히 민감정보의 확보와 개인정보 및 인권의 중요성을 강조하는 민주주의 사회의 규범 간 상충성에 대해 살펴본다. AI 경쟁에서의 승리를 위한 기술적 발전만을 고려한다면 인권의 보호보다는 시민들의 권리를 침해하거나 감시통제 거버넌스를 발전시키는 것이 더 효과적일 수 있기 때문이다.

3절에서는 생성형 AI의 발전이 민주주의 거버넌스 간 관계에 대해 살펴본다. 3절은 두 부분으로 나뉜다. 첫째, AI의 발전이 대의민주주의의 제약을 완화하고 보완함으로써 민주주의의 발전에 기여할 수 있는 가능성과 한계에 대해 살펴본다. 특히, AI의 발전이 야기할 수 있는 알고크라시 또는 디지털 기술지배에 대해 논의한다. AI의 발전이 알고리즘을 설계하거나 AI 모델의 발전을 주도하는 소수에 의한 통제의 가능성을 높여줄 수 있음을 지적한다. 둘째, 생성형 AI의 발전이 민주주의 후퇴 현상의 핵심 원인으로 지적받고 있는 가짜뉴스의 폐해, 감정적·정치적 양극화에 미치는 영향 등 민주주의 후퇴 현상을 심화시킬 수 있는 위험성에 대해서 살펴본다.

마지막으로 4절에서는 AI의 발전이 감시통제 거버넌스의 강화와 민주주의 거버넌스의 정당성 잠식 등을 통해 시민들의 자유와 인권환경을 악화시킬 위험성을 강조하면서 이에 대한 대응 방안으로 인간중심 AI 거버넌스에 대한 규범적 합의의 필요성에 대해 살펴본다.

II. AI와 감시통제 거버넌스

1. AI 발전과 권력분산의 가능성

AI의 발전이 기술혁신을 주도하는 빅테크 기업 등 비정부행위자들 및 다중이해당사자들의 역할과 기여에 기반한다는 점에서 AI의 발전으로 인해 권력의 분산 및 국가중심성 탈피가 가속화될 가능성은 존재한다. 이러한 접근에서 AI 등 디지털 기술의 발전으로 인해 국가가 가지고 있던 권력, 특히 정책결정에 대한 강한 통제권한을 시장(market)과 시민(citizen) 등 다중이해당사자들과 공유하는 협력적 거버넌스, 나아가 국가권력과 시장, 시민 간 헤테라키(Heterarchy)가 발전할 것이라는 기대도 있다(엄석진 2021, 41).

AI에 대한 미국 정부의 시장친화적 접근 역시 이러한 AI 발전과 거버넌스에 있어서 탈국가중심성의 강화 또는 다중이해당사자주의의 강화에 대한 기대를 높이고 있다. 예컨대, 미국 백악관이 2022년 10월에 공개한 'AI 권리장전을 위한 청사진(Blueprint for AI Bill of Rights)'은 AI를 포함한 자동화 시스템이 야기할 수 있는 위험성 및 잠재적 영향에 대한 심도 깊은 이해를 위해서는 다양한 커뮤니티와 이해당사자들, 각 분야의 전문가들이 참여하여 AI 거버넌스에 대해 논의해야 한다고 강조하고 있다(White House 2022). 2021년에 발표된 미국 NSCAI의 최종보고서 역시 AI 기술이 미국의 취약성의 창(window of vulnerability)을 더욱 확대할 것이라는 우려를 표하면서도, 동시에 AI 기술이 미국의 국가이익 및 미국 민간기업의 막대한 힘의 원천이 될 것이라고 설명한다(NSCAI 2021).

그러나 AI 발전으로 인한 탈국가중심적 권력변환의 가능성에 대한 기대는 두 가지 측면에서 조심스럽게 접근할 필요가 있다. 첫째, AI가 국가중심적 구조에 미칠 영향이 체제의 특성에 따라 전혀 다른 모습으로 나타날 수 있다는 점이다. AI의 발전이 야기할 수 있는 권력분산의 모습은 민주주의 체제에서는 가능할 수 있으나 권위주의 체제에서는 오히려 권력의 집중화와 국가중심성 강화로 이어질 가능성이 클 것으로 보인다. 즉, 권위주의에서는 디지털 권위주의 체제의 발전 등 권력집중화의 경향이 강하게 나타나는 반면, 민주주의 체제에서는 권력의 분산 경향이 강하게 나타날 수 있다는 의미이다. 아래에서 살펴볼 디지털 권위주의의 발전이 대표적 사례라 할 수 있다. 이에 더하여, AI 발전으로 인해 권위주의 국가뿐 아니라 민주주의 국가에서도 하향식(top-down) 통제의 모습이 강화되고 있다는 분석도 있다(아세모글루·존슨 2023, 489). AI 등 디지털 기술의 발전이 '현대판 파놉티콘'의 구축과 발전으로 이어지고 있다는 지적이다(아세모글루·존슨 2023, 458).
둘째, AI 발전으로 인한 시장행위자, 특히 AI 기술혁신을 선도하는 빅
테크 기업들이 중심이 되는 탈국가중심적 권력변환이 기술을 통제하
는 소수에 의한 또 다른 형태의 지배를 야기할 수 있다는 점이다. AI 발
전에 있어서 정부뿐 아니라 빅테크 등 사익을 추구하는 기술기업들에
의한 시민의 권리 침해 위험성에 대한 경계와 예방적 수단이 필요하다
는 의미이기도 하다. 이러한 문제는 알고크라시에 대한 논의의 과정에
서 더 자세하게 살펴보고자 한다.

2. 디지털 권위주의[1]의 발전

최근 여러 연구들이 디지털 기술의 발전이 권위주의 통치를 약
화시키는 것이 아니라 오히려 인권탄압을 촉진하고 권위주의적 통치
를 강화할 것이라는 분석을 내놓고 있다(Dragu and Lupu 2021; Xu
2021; Frantz et al. 2020). 드라구와 루푸(Dragu and Lupu 2021)는 디
지털 기술의 발전으로 인해 권위주의 정부의 '예방적 억압(preventive
repression)' 역량 및 효과가 더욱 커질 것이라고 지적한다. 이들이 이
야기하는 '예방적 억압'이란 (시위 등) 공개적인 반대의견 표명을 조직
하고 동원하는 등 반정부 세력들이 정부의 권력을 위협할 수 있는 위
험성을 감소시키기 위한 일련의 행동들을 의미하는데, 여기에는 잠재
적 반체제 인사들이 정부에 실제로 위협을 행사하기 이전에 이들을 찾
아내고 감시하며 추적하기 위한 다양한 형태의 수단과 전술을 의미한
다(Dragu and Lupu 2021, 6). 즉, 디지털 기술의 발전으로 인해 권위주

---

1 디지털 권위주의란 "권위주의 정권이 국내외의 시민들을 감시하고 억압하기 위해 디지
털 정보통신 기술을 사용하는 현상"을 의미한다(류제홍 외 2023, 122).

의 국가 내에서 관측이 가능한 실제 인권탄압 행위는 줄어드는 것처럼 보일지 모르나, 이는 인권침해의 구조가 개선되었기 때문이 아니라 오히려 억압의 방식이 진화하면서 (마치 영화 마이너리티 리포트처럼) 시위 등 인권탄압 행위가 발생할 수 있는 사건의 발생 자체가 줄어들기 때문에 나타나는 착시현상에 불과하다는 지적이다. 즉, 디지털 기술의 발전이 권위주의 체제의 강화 및 인권환경 악화로 이어질 것이라는 분석이다(Dragu and Lupu 2021).

디지털 기술의 발전은 이미 중국 등 권위주의 통치체제의 감시 및 통제 역량을 대폭 강화시키고 이를 통한 정치적 억압과 인권탄압을 촉진하고 있다. 특히 중국은 사이버 공간에 대한 강한 통제와 디지털 신기술 및 AI에 대한 규제 및 발전의 주도를 통해 국가안보뿐 아니라 공산당 1당 체제의 안정성과 정당성을 확보하기 위해 노력하고 있다. 지난 2019년, 미국 정부는 센스타임, 메그비, 이투 등 중국의 주요 AI 선도기업들을 제재 대상으로 지목하였다. 신장위구르 지역에 대한 불법 감시 및 인권탄압을 자행한 중국 지방정부의 활동과의 밀접한 연관성 때문이었다. 이는 중국이 이미 AI 기술을 통해 신장위구르 지역 등 중국 내 자치구 및 반체제인사들에 대한 감시와 통제의 수단으로 활용하고 있음을 시사한다(김상배 2021, 173). 중국의 쑤저우시는 "시내의 모든 감시 데이터가 쑤저우 공안국 빅데이터센터에 집중되고, 이렇게 모인 정보, 특히 안면 식별 정보를 실시간으로 시 공안의 데이터베이스와 비교할 수 있으며, 이를 통해 특정인을 1초 만에 식별해낼 수 있고, 추적과 감시 역시 매우 용이"한 천망(Skynet) 시스템을 도입·활용하고 있다(김상배 2022, 61).

사이버 공간에 대한 감시와 통제, 나아가 선동 역시 정교해지고 있다. 중국은 이미 2000년대 초부터 인터넷 검열 시스템을 구축해오고 있다. 국민들이 정부에 비판적인 표현을 하는 것은 용인하기도 했으나, 집단행동의 가능성만은 강력하게 검열하고 예방해왔다(King et al. 2013). 이는 온라인상에서 나타나는 모든 정부 비판적 내용을 다 검열할 수 없었기 때문이었다. 그러나 AI의 발전으로 인해 중국 당국의 인터넷 검열의 역량이 크게 증가하였다(아세모글루·존슨 2023). 컴퓨터를 이용한 인터넷 활동뿐 아니라 모바일 접속을 통한 인터넷 활동이 급증하면서 중국은 휴대폰 사용을 위해서는 사용자의 얼굴 정보를 등록하는 것을 의무화하였다(김상배 2021, 173-174). 중국 정저우시에서는 2019년부터 지하철 전 노선에 안면인식 결제시스템이 도입되었고, 범죄자 색출에 이를 활용하고 있다(김상배 2022, 61).

중국은 이미 AI 기술 역시 정부의 감시와 통제의 역량, 그리고 '예측적 치안(predictive policing)' 및 '표적화된 억압(targeted repression)'의 진화에 활용하고 있다(류제홍 외 2023; 아세모글루·존슨 2023). 수없이 설치된 CCTV 등 감시체제의 구축과 안면인식 기술을 통한 얼굴정보 데이터의 확보, AI를 활용한 실시간 탐색과 식별, 추적을 통해 신장 지역에서 위구르족을 찾아내어 재교육캠프로 강제 입소시키고 있다. 표적화된 억압이 더욱 정교해지는 동시에 더욱 용이해진 것이다(Xu 2021; 류제홍 외 2023). 반체제적 집단의 등장 및 동원을 사전에 예방하고 탄압하는 것뿐 아니라 사회 전체에 대한 통제능력 역시 발전하고 있다. 사회신용체계(social credit system)가 대표적 사례이다. 중국 정부는 범죄 여부부터 인터넷 활동에 이르기까지 온오프라인에서 개인이 행하는 다양한 활동들에 대한 정보를 수집하고 AI를 통해 개인의 사회적 신용도를 평가한다(아세모글루·존슨 2023, 486-487). 만약 사회신용점수가 기준치를 충족하지 못하게 된다면 해당자는 비자발급부터 대출과 취업 등 일상생활의 상당 부분에서 유무형의 불이익을 받게 된다(모준영 2021, 338). '보다 나은 사회'의 구축을 핑계로 국민 개개인의 일상에 대한 감시와 통제 시스템을 운영하고 있는 것이다. 이는 동시에 인간에 대한 AI의 감시와 평가, 통제의 가능성을 강화하는 것이기도 하다.

러시아 역시 디지털 기술을 활용하여 국내외 시민들을 감시하고 억압하는 디지털 권위주의 체제를 발전시켜나가고 있다. 허위조작정보(disinformation)의 전파 등을 포함한 사이버 영향 공작을 통해 국내에서 정권에 부정적이고 비판적인 뉴스와 의견의 신뢰성을 떨어뜨리고 이에 대한 대중들의 관심을 분산시키는 등의 방법을 통해 국민들의 인식을 교묘하게 친정부적인 방향으로 이끌고 정권의 정당성과 안정성을 강화하고 있다(Frantz et al. 2020). AI의 발전은 러시아의 이러한 디지털 권위주의적 감시와 통제, 억압의 기제를 더욱 발전시켜 줄 것으로 예상된다.

중국과 러시아의 디지털 권위주의 체제의 발전은 두 강대국 내부의 권위주의적인 통치체제를 더욱 공고히 할 뿐 아니라 다른 비자유주의·권위주의 국가들로 급속히 확산될 수 있다는 점에서도 현재의 자유주의 국제질서에 대한 심각한 위협으로 부상할 가능성이 높다. AI를 포함한 디지털 기술을 이용하여 반체제 세력에 대한 감시와 통제, 억압의 효율성을 제고하고 정권의 정당성과 안정성을 강화할 수 있다면 상당수의 비자유주의 국가들에게는 민주주의 통치체제보다 오히려 더 매력적으로 보일 수 있다. 이미 몇몇 선행연구들은 자유와 권리보다는 치안유지 등 효율적이고 안정적인 거버넌스 능력을 강조하는 중국식 모델의 폭넓은 수용성에 대해 논의하고 있다(Bell 2016 등). 중국과 러시아 역시 디지털 기술을 활용하는 자신들의 거버넌스 모델의 수출과 전파를 위한 적극적인 행보를 보이고 있다. 중국 정부와 기업들은 안면

인식 기술이나 AI를 활용한 데이터 분석 프로그램 등 감시와 통제, 추적 및 검열에 필요한 시스템과 인프라를 말레이시아, 에티오피아, 우간다, 짐바브웨 등 세계 각지의 국가들에게 수출하였다(Polyakova and Meserole 2019). 러시아 역시 구소련 국가들을 중심으로 (중국에 비해) 저기술, 저비용의 디지털 권위주의 거버넌스 모델을 전파하고 있다(Kerr 2018). 중국과 러시아의 입장에서도 이러한 디지털 권위주의 거버넌스 시스템과 인프라의 수출은 많은 유용성을 가지고 있다. 특히, 더 많은 데이터의 확보가 AI 발전에 필수적이라는 점에서 더욱 그러하다. 다른 국가들의 입장에서도 중국 등 기술선도국가에 자국민들의 생체정보 등 민감정보를 제공하는 것을 통해 중국형 AI 모델을 받아들일 수 있게 되거나 나아가 중국식 AI 모델 개발에 참여할 수 있는 기회를 확보하는 것이 매력적이고 합리적인 선택지가 될 가능성이 높다.

결국, AI에 기반한 디지털 권위주의의 발전은 내부적으로는 권위주의 체제의 안정성과 지속성, 정당성을 강화하는 동시에 외부적으로는 디지털 권위주의의 확산 및 비자유주의 진영의 부상으로까지 이어질 가능성이 크다.

3. AI 기술경쟁과 인권

데이터는 생성형 AI의 핵심 중 하나이다. AI 머신러닝의 연료라고도 할 수 있다. 데이터에 대한 학습을 통해 AI는 요청받은 과업을 수행하는 데 필요한 해결방안을 도출해낼 수 있게 된다. 즉, AI로서 갖추어야 하는 모든 것을 결국 데이터를 통해 배우고 확보할 수 있다(Corn and Jensen 2023, 6). 따라서 생성형 AI의 발전에 있어서 더 많은 데이터의 확보는 필수적이라 할 수 있다. 데이터의 양은 많으면 많을수록 좋다. AI 시스템은 방대한 양의 데이터를 처리할 수 있는 능력을 가지고 있고, 이러한 AI 시스템의 정확도는 데이터의 양에 따라 증가하게 된다(Melendez 2018). 데이터 확보가 잘 될수록 AI의 발전 속도 또한 더욱 빨라질 것이다. 이렇게 발전한 AI 시스템이 방대한 데이터를 더 빠르게 처리할 수 있게 되면서 다시 더 많은 데이터의 유용성과 필요성을 더욱 증가시키게 된다. 데이터의 질 역시 중요하다. 생성형 AI의 정확도와 효율성은 훈련 과정 또는 초기 단계에서 AI가 학습을 한 데이터의 양과 질에 따라 좌우되기 때문이다. 따라서 생성형 AI의 발전만을 생각한다면, 학습을 시작한 AI가 방대한 양의 다양한 데이터에 대해 무제한적인 접근성을 가지는 것이 더 효과적이다. 문제는 이러한 데이터 중에는 보호되어야 하거나 접근이 제한적일 필요가 있는 데이터들, 예컨대 개인의 생체정보를 포함한 민감정보 등이 있다는 점이다.

개인의 관점 또는 인간안보의 관점에서 보았을 때, 사이버 공간에서 개인정보 보호의 문제는 단순히 가치와 규범 차원의 문제만은 아니다. 개인정보가 적극적으로 보호받지 못하게 된다면 개인정보를 큰 제재없이 획득하고 그 빅데이터를 활용하여 AI 기술 발전에 적극 활용할 수 있다. 중국이 대표적 사례라 할 수 있다.

중국 정부는 데이터 확보에 대한 강한 의지와 적극적이고 공격적인 데이터 취득 행위 둘 모두를 가지고 있다(Grossman 2020, 4-5). 풍부한 양의 데이터를 확보하기 위한 다양한 노력을 하고 있을 뿐 아니라 새로운 대규모 데이터에 대한 접근성 역시 지속적으로 키워나가고 있다. 이는 중국은 데이터 수집과 AI/ML 시스템의 개발과 발전은 AI뿐 아니라 미국과의 전반적인 국력 격차를 줄일 수 있는 기회이자 수단이라고 생각하기 때문이다. 즉, AI 우위를 확보하기 위한 방편으로 데이터 확보 및 데이터 분석 능력을 발전시키는 것은 중국 정부의 AI 정책의 우선순위 중 하나이다(Grossman 2020, 4-5).

중국의 데이터 확보 방식은 그 방대한 양 자체도 중요하지만, 어떠한 데이터를 어떻게 획득하느냐의 측면에서도 주목할 필요가 있다. 중국은 안면인식 등 대중의 통제에 필요한 비디오 이미지 인식, 만리방화벽(great firewall) 필터링 등 통제와 거버넌스에 유용한 데이터 수집에 집중하는 경향을 보인다. 사회의 통제, (반정부인사를 포함한) 범죄자의 추적, 인터넷과 언론 검열에 필요한 텍스트 분석 등에 특화되는 AI 시스템의 발전에 유리한 부분이 강하다. 자국에서 생성되는 데이터의 국유화를 위한 조치들을 차근차근 진행시켜나가는 동시에 다양한 방법을 통해 해외에서 생성되는 데이터 역시 획득하고 수집하고 있다(Freedberg 2020). 중국 정부는 2020년부터 정부기관과 계약을 체결하고자 하는 중국 기업들로 하여금 입찰보고서에 소프트웨어 등을 통해 해외 소셜미디어 및 주요 대상으로부터 데이터를 수집하는 방안을 포함하도록 요구하고 있다. 예를 들어, 중국 정부의 미디어 소프트웨어 프로그램은 해외 언론인 및 연구자들의 데이터베이스 생성을 위해 트위터 및 페이스북의 정보를 수집하도록 하였고, 신장 지역 사이버센터의 경우는 무슬림 소수민족(위구르) 단체의 해외에서의 언어내용의 목록을 만들도록 하였다(Cadell 2021).

AI 경쟁을 단순히 하나의 단면에서만 보거나 총체적 측면에서만 바라보는 것은 잘못된 접근이다. 기술별로, 이슈 영역별로, 또는 기능별로 경쟁의 구도와 우위가 다를 수 있다. 한 기술의 측면에서는 뒤떨어진 것으로 보이는 국가가 다른 기능의 측면에서는 더 우위에 있을 수 있다. 이러한 관점에서 본다면, 중국의 AI 모델은 전체적인 역량의 측면에서는 미국의 AI 모델보다 열세일 수 있으나 감시와 통제의 측면에서는 더 효과적으로 발전할 가능성이 높다. 위의 설명처럼, 중국은 휴대폰과 인터넷 등의 이용을 위한 얼굴정보 등록을 의무화하는 등 안면인식 시스템을 일상생활 속에서 강하게 요구하고 있다. "안면인식을 통한 사회질서 유지라는 정치적 목적과 빅데이터 구축 및 산업적 활용이라는 경제적 목적의 양면성을 노린 조치라 할 수 있다"(김상배 2022, 61). 안면인식 기술의 발전에 필요한 데이터(개인들의 얼굴정보)의 수집, 수집된 얼굴정보의 양과 질, 해당 데이터에 대한 정부 및 AI 기업들의 접근성 등에 있어서 다른 국가들에 비해 월등한 우위에 있고, 이러한 데이터에 기반하여 발전한 중국식 AI 모델 역시 감시와 통제라는 특화된 측면에서 강점을 보일 가능성이 높다. 실제로 감시통제 기술에 초점을 맞춘 중국 정부의 정책으로 인해 중국 기업들의 AI 연구개발의 방향 자체가 감시와 통제, 추적을 위한 기술 분야로 특화되고 있다는 지적도 있다(아세모글루·존슨 2023, 504-505).

이처럼 생성형 AI의 발전에 필수적인 데이터 확보의 문제는 개인 민감정보 등 시민들의 자유와 권리를 강조하는 규범과 충돌되는 부분이 존재한다. 기술적 발전만을 고려한다면 인권의 보호보다는 시민들의 권리를 침해하거나 감시통제 거버넌스를 발전시키는 것이 더 효과적일 수 있다는 의미이다. 권위주의 체제가 민주주의 국가들에 비해 유리한 부분이기도 하다. 민간부문의 데이터에 대한 중앙정부의 강한 접근성 및 통제능력, 국민들의 민감한 생체정보 제공에 대한 강제성, 다른 국가의 데이터에 대한 강압적 또는 공격적 획득에 대한 낮은 저항감 때문이다. 그러나 민주주의 국가 역시 개인 민감정보에 대한 규범적 보호보다는 민감정보 확보의 효용성을 선호할 가능성도 크다. 특히, AI 개발의 후발국가일수록, 그리고 안보위협이 크다고 인식할수록 인권 침해를 통해서라도 AI를 발전시키고자 하는 의지가 클 수 있음을 간과해서는 안 된다.

III. AI와 민주주의

1. 직접민주주의의 발전 vs 알고크라시

AI의 발전이 대의민주주의의 한계를 극복하고 직접민주주의의 발전에 기여할 것이라는 전망과 기대가 크다. 소위 디지털 기술의 발전이 다양한 직접민주주의적 의사결정방식을 가능하게 해준다는 '디지털크라시(digitalcracy)'의 발전이다(윤수정 2021, 15). 예컨대, 유권자들에 대한 마이크로 타겟팅(microtargeting)의 경우, 유권자와 정치인들 간 직접적인 의사소통을 가능하게 해줌으로써 유권자들의 정치적 효능감과 직접민주주의적 특성을 높여준다는 점에서 민주주의의 발전에 기여할 수 있을 것이다.

또한, AI의 발전으로 인해 일반 시민들의 정보접근성이 증가하여 디지털 자유주의가 실현되며, 정책의 잠재적 오류나 위험성에 대한 빠른 분석 및 선거비용이나 부정부패의 문제 등 정치적 과정에서 필연적이지만 불필요한 비용의 감소를 통해 정치의 공정성과 효율성을 제고할 수 있게 된다는 전망도 있다(윤수정 2021, 16 참조).

반면, AI의 발전이 직접민주주의의 발전보다는 알고크라시(Algocracy)를 야기할 위험성과 그 폐해에 대한 우려 역시 크다. 알고크라시란 알고리즘과 지배의 합성어이다. 알고크라시에 대한 두려움은 시민들의 삶에 큰 영향을 미치는 공공 영역의 의사결정이 시민들의 선호와 판단에 기반한 대의민주주의적 기제가 아니라 데이터 입력과 결과 도출 간 계산과 결정의 과정이 투명하지 않거나 소수에게만 이해가능한 기술적이고 기계적인 기제에 의해 결정된다는 점에 기인한 것이라 할 수 있다(김중권 2020, 183 등). AI의 알고리즘은 기술유출, 지적재산권 등의 이유로 공개와 정확한 이해가 어렵다. 이는 곧 알고리즘을 이해하고 설계하는, 혹은 그 과정을 주도하는 소수에 의한 통제의 가능성을 높여준다. 소위 '빅브라더'에 의한 데이터의 독점과 통제의 가능성도 존재한다.

AI의 알고리즘은 개인에게 '선택받은 노출(selected exposure)'을 강요하게 될 것이다(조소영 2020, 157). 예컨대, 위에서 직접민주주의의 발전 가능성의 하나로 언급하였던 유권자 마이크로 타겟팅이 반대로 유권자들이 접하게 되는 정보환경을 교묘하게 조작함으로써 허위정보의 전파와 정치적 양극화를 가속화시킬 수 있다. 시민이 자유의사에 따른 자발적 선택이라고 생각하는 행위 자체가 AI의 알고리즘에 의해 선택된 편향적이고 통제 가능한 정보에 의해 왜곡되거나 결정될 수 있음을 의미한다.

알고리즘에 의한 선택받은 노출의 부작용은 이미 심각한 문제가 되고 있다. 2018년 페이스북이 "사용자 관여(user engagement)"를 높이기 위해 알고리즘을 바꾼 후, 허위정보 및 정치적 양극화가 증가하였다(아세모글루·존슨 2023, 48). 정보 전파와 확산의 여파로 페이스북 사용자뿐 아니라 페이스북을 잘 사용하지 않는 미국 유권자들까지도 영향을 받았다. 이는 기업이윤을 추구한 빅테크에 의한 민주주의 잠식 현상이라고도 할 수 있다. 또한 시장행위자들의 혁신을 강조하는 민주주의 국가에서는 오히려 역설적으로 정부 당국에 의한 감시통제만을 경계하는 것만으로는 충분하지 않으며 AI 기술을 독점할 수 있는 빅테크에 의한 정보 조작 및 시민의 권리 침해에 대해서도 경계해야 한다는 점을 보여주는 사례이기도 하다.

시민의 지배가 아닌 '디지털의 지배' 구조가 등장할 수 있다는 의미이기도 하다(이기완 2021). 이는 곧 민주적 정당성의 문제로 이어진다(김중권 2020). 뿐만 아니라, 알고리즘에 의한 정책결정의 문제는 "민주적 귀속의 문제"이기도 하다(김중권 2020, 190). 도출된 결과, 즉 정책을 실행한 이후 발생할 수 있는 다양한 책임성(accountability)의 문제에 있어서 책임을 질 수 있는 행위자가 존재하지 않을 수 있음을 의미하기 때문이다.

2. AI와 민주주의 후퇴의 심화

AI의 발전은 민주주의의 후퇴 또는 침식의 현상을 가속화하고 촉진할 것이라는 우려 역시 크다. 트럼프 대통령의 당선 이후 미국 학계에서도 미국 헌법체제의 문제 및 민주주의 위기 또는 후퇴에 대한 연구들이 더욱 증가하였다. 이러한 연구들은 미국에서 나타나고 있는 민주주의의 후퇴 또는 침식(erosion)은 트럼프 대통령의 당선으로 인한 결과물이 아니라 미국 민주주의 체제의 구조적 문제이자 이미 이전부터 시작되었던 미국 민주주의 및 헌정체제에 대한 불만과 불신의 결과물이라고 설명한다(Ginsburg and Huq 2018; Graber et al. 2018). 그래버(Graber) 등은 미국 민주주의 헌정체제의 위기를 정부가 기능을 중단하게 되는 파괴로서의 위기(crisis-as-disruption)와 불만족으로서의 위기(crisis-as-dissatisfaction)로 구분한다(Graber et al. 2018). 전자가 남북전쟁 등 극히 예외적으로 발생하는 위기인 반면, 후자는 상당수의 국민들이 헌법적 질서에 대한 불만을 표출하거나 교착 상태에 빠진 정치세력으로 인해 필요한 정책의 시행이 불가능한 경우에 발생한다고 설명한다(Graber et al. 2018, 7장). 시대적 변화가 매우 컸음에도 불구하고 지금까지도 미국의 헌법 개정이 없기 때문에 현재의 미국 민주주의 체제에 대한 국민들의 불만과 불신이 꾸준히 커지고 있다. 현재의

상황과 괴리가 커진 헌법이기 때문에 이에 대한 해석의 여지와 필요성
이 높아졌고, 해석의 중요성이 커지다보니 정치적, 이념적 성향에 따라
불만족스러운 부분이 커지면서 현재의 헌법적 질서와 체제에 대한 불
만이 커지고 있다. 이러한 상황에서 허위조작정보의 빠른 전파와 확산
등으로 인해 미국 사회의 균열과 갈등의 지점이 더욱 가시화되고 악화
되면서 민주주의의 침식 가능성이 커지고 있다.

　민주주의 후퇴에 대한 선행연구들은 그 주요 원인으로 정치적 양
극화(Levitsky and Ziblatt 2018), 감정적 양극화(Arbatli and Rosenberg
2021)의 폐해를 강조한다. 특히, 인종이나 젠더 문제 등을 둘러싼 감
정적 양극화(affective polarization)는 자유와 다원주의의 중요성을 강
조하는 민주주의 사회에서 더욱 큰 문제가 되고 있다(류제홍 외 2023).
예컨대, 독일 등 유럽 국가에서는 이주민에 대한 차별금지가 하나의
규범으로 자리 잡게 되면서 오히려 이주민들이 자신들과 똑같은 권리
를 향유하게 된다는 사실에 강한 저항감을 느끼는 시민들의 반발과 분
노가 이들 국가 내 포퓰리즘 기반 극우정당들의 급성장으로 이어졌다
(Goodman and Pepinsky 2021).

　단순히 정파성이나 합리적 판단에 따른 정책선호로는 설명하기가
어려운 이러한 감정적 양극화의 문제는 개개인이 노출되는 정보환경,
즉 뉴스와 소셜미디어, 커뮤니티 등을 통해 접하게 되는 다양한 정보에
크게 좌우되는 경향을 보인다. 디지털 기술의 발전 및 다양한 정보채
널의 증가는 '필터버블' 현상[2]과 '에코 체임버 효과'[3] 등은 이러한 정치

2　"인터넷 정보 제공자가 이용자 맞춤형으로 필터링된 정보만 이용자에게 전달해 편향된
　정보에 갇히는 현상"을 의미하며, "필터로 걸러진 정보만 가득한 버블 속에서 개인들은
　폐쇄적 사고에 갇혀 반대의 의견과 취향에 대해 배타적인 태도를 보이게 된다"(윤종빈
　2021, 45).

3　"인공적으로 메아리를 만드는 방향실처럼 온라인 공간에서 자신과 같은 목소리만 메아

적·감정적 양극화를 더욱 심화시키고 있다.

불행히도 생성형 AI의 발전은 민주주의 후퇴의 주요 원인으로 지목되고 있는 가짜뉴스의 전파 및 정치적·이념적·감정적 양극화를 촉진할 가능성이 매우 높다. 특히, 양극화의 균열은 의제의 설정, 이슈의 프레이밍, 여론의 환기 및 쟁점화의 방향과 더불어 문서와 이미지, 데이터 등 다양한 형태로 전파될 수 있는 잘못된 정보 및 조작된 정보의 확산 양태에 따라 커질 수 있다는 점에서 민주주의 후퇴 현상을 가속화시킬 수 있다. AI를 통한 가짜뉴스의 전파, 선거 과정에의 개입 등은 표현과 언론의 자유, 다원주의 등 민주주의 사회의 핵심가치와 규범이 있기에 민주주의 사회의 틈새를 파고들어 더욱 빠르게 전파될 수 있다. 이는 시민들의 감정적 양극화를 심화함과 동시에 민주주의의 핵심가치에 대한 시민들의 지지와 신뢰를 해치고 잠식함으로써 민주주의 체제의 근본적 위기를 촉진한다는 점에서 심각한 위협이라 할 것이다.

또한, AI의 발전은 사회 분열을 촉진할 수 있는 적절한 틈새의 발견과 분석, 허위조작정보의 생성과 빠른 전파를 가능하게 해줌으로써 디지털 권위주의 레짐의 사이버영향공작을 더욱 정교하고 더욱 용이하게 해줄 가능성이 높다. 예컨대, 선거 직전 활자뿐 아니라 AI 기술을 통해 정교하게 허위조작된 영상이 선거 직전에 유출되고 빠르게 확산되어 진실 여부에 대한 확인 작업이 이루어지지 못한 상태에서 선거를 치르게 된다면 심각한 왜곡된 선거결과로 이어질 수 있다. 실제로 러시아는 영국과 독일 등 EU 회원국들의 선거국면이나 국민투표 등의 시기에 하이브리드 개입을 더욱 활발하고 적극적으로 추진하였다 (Henschke, Sussex, and O'Connor 2020). 이러한 시기가 민주국가의

리치고 증폭되는 현상"을 의미한다(윤종빈 2021, 46).

가장 중요한 시기인 동시에 사이버영향공작에 가장 취약한 시기이기도 하기 때문이다.

허위조작정보는 그 자체로도 문제이지만, 장기적 관점에서 대상 국가의 사회공동체 내부에서 서로에 대한 불신을 야기하고 정상적 언로를 통해 생성된 뉴스 전반에 대한 신뢰를 하락시킨다는 점에서 더 큰 문제라 할 수 있다. AI를 활용하여 국회의원이나 장관 등 핵심인물의 작문스타일과 특징을 면밀히 분석하고 이와 유사하게 허위의 내용을 작성하고 복잡한 경로를 거쳐 이를 유포한다면 해당 허위조작정보의 진실 여부를 밝히는 것은 더욱 어려워질 것임이 분명하다. 나아가서는 해당 정보의 진실 여부에 대한 공방 자체가 해당 인물 또는 해당 기관, 나아가서는 민주주의 사회에 대한 불신을 자아내고 키울 것이다. 실제로 대부분의 OECD 국가에서 지난 10여 년 동안 정부기관에 대한 신뢰성은 지속적으로 감소해왔고, 2020년을 기준으로 단지 절반 정도 (51%) 정도의 국민들만이 자신들의 정부를 신뢰하는 것으로 나타났다 (OECD 2021). 뿐만 아니라, AI를 이용한 허위정보조작의 생성과 전파는 민주주의 사회이기 때문에 가질 수밖에 없는 취약성의 문제를 해결하는 과정에서 민주주의 사회가 스스로의 가치와 규범을 포기하도록 만들 위험마저 존재한다. 즉, 민주주의 사회가 강조하고 지키고자 하는 자유와 개방성이라는 핵심가치의 존재는 아이러니하게도 가짜뉴스의 전파 등 국내외로부터의 다양한 사이버영향공작을 가능하게 해주고, 그 영향력과 파괴력을 증진시키는 배경이 된다. 만약 민주주의 사회가 허위조작정보가 통제되지 못하고 무방비하게 전파되고 확산된다면 궁극적으로 민주주의 사회 내 불협화음과 혼란이 심화될 것이고 사회와 주요 기관에 대한 불신이 커질 것이다.

사실 허위조작정보를 통해 권력지형의 강화 또는 변화를 꾀한다

거나 다른 국가의 국정에 개입하고 영향을 미치려는 시도가 새로운 것
은 아니다. 그러나 이전의 허위조작정보 캠페인이 반복적으로 조작되
고 날조된 뉴스를 전파하는 비교적 간단한 방식에 기반한 것이었다면,
AI의 발전은 이러한 허위조작정보의 생성과 전파의 과정을 더욱 교묘
하게 만들어 진실과 허위의 구분 자체가 (특히 단기간 내에서는) 어려
워지게 만든다. 이는 결국 사회의 갈등과 분열, 민주주의 체제에 대한
신뢰의 심각한 하락으로 이어지고 있으며, 나아가 민주주의의 후퇴 현
상을 심화 또는 악화시키는 요소로 작동할 위험성이 크다.

IV. AI 거버넌스에 대한 규범적 합의의 중요성

물론 AI 기술의 발전이 필연적으로 디지털 권위주의 등 감시통제
거버넌스의 발전, 알고크라시 및 민주주의 후퇴의 심화 등으로 귀결되
는 것은 아니다. "기술의 편향은 선택의 문제였고, 사회적으로 구성"되
기 때문이다(아세모글루·존슨 2023, 423). 따라서 AI의 발전이 가져올
디스토피아적 미래에 대하여 공포에 가까운 지나친 걱정에만 매몰되
어 있어서도 안 된다. AI의 발전이 가져올 수 있는 다양한 위험성에 대
해 이해하고 분석한 후, 이를 예방하기 위한 선제적 노력이 필요하다.
AI 등 새로운 디지털 기술의 중립성 또는 도구적 속성은 분명 존재한
다. 그러나 이러한 기술을 어떻게 바라보고 인식하며 어떠한 방식으로
쓰여지기를 원하는지에 대한 사회적 합의 및 이에 기반한 기술발전 방
향의 제어를 위한 작업과 노력이 필요하다.

AI의 발전이 거버넌스에 미칠 영향에 대한 논의는 결국 AI에 대한
글로벌 거버넌스의 방향에 대한 규범적 합의의 중요성을 다시금 확인

해준다. 결국 AI의 발전 방향을 어떠한 방향으로 정하고 어떻게 규율할 것인가라는 AI에 대한 글로벌 거버넌스의 문제는 결국 사회를 어떻게 통치할 것인가라는 거버넌스의 문제이기 때문이다.

미국 NSCAI 최종보고서는 AI가 야기할 변혁에 대처하기 위한 통합적 국가전략을 제시하고 있는데, 그 주요 내용으로 정부조직의 재구성 등 국내적 변화 노력과 더불어 동맹국과 파트너 국가들과의 협력 강화 등 국제적 공조의 중요성 역시 강조하고 있다. 또한, AI 시스템이 강건하고 믿을 수 있다는 점을 보여주어야 한다고 하면서, 국가안보를 위한 AI 사용에 있어서도 개인정보, 시민의 자유와 권리 침해 방지 등 민주적 거버넌스가 필요하다는 점을 강조하고 있다. 이러한 강조에도 불구하고, NSCAI를 포함한 미국 정부의 AI 관련 문서들은 미국이 소위 '올바른' AI 거버넌스에 대한 고민보다는 AI 경쟁에서의 승리에 더 초점을 맞추고 있음을 보여준다. 뿐만 아니라, 미국은 여전히 AI 관련 법안뿐 아니라 개인정보보호 등에 관하여 연방 차원에서 포괄적인 규제법안이 부족한 상황이다. 주요 부문별 또는 각 주(state)별 법안들에 의한 규제만이 이루어지고 있는 소위 '조각보(patchwork)'의 형태라 할 수 있다.

중국은 데이터에 대한 정부 당국의 주권적 통제권한에 대한 강조와 마찬가지로 AI에 대한 정부 당국의 강한 통제권한을 지향하고 있다. 중국의 사이버정보관공실(CAC)은 2023년 7월에 '생성형 AI 서비스에 대한 관리 잠정조치'를 발표하였다(生成式人工智能服務管理暫行办法). 해당 조치는 생성형 AI가 사회주의의 핵심가치를 지켜야 한다고 강조한다(4조 1항). 이를 위해 중국 규제 당국은 AI를 활용한 콘텐츠와 이를 만든 개인에 대해 검열하고 통제할 수 있다.

이러한 상황에서 EU가 추진중인 AI 법의 향후 논의 과정 및 발전

방향을 주시할 필요가 있다. AI 거버넌스에 있어서도 미국이 EU가 채택한 권리중심 접근을 상당 부분 받아들일 가능성도 클 것으로 보이기 때문이다.[4] EU는 2021년 4월 소위 AI 법안(Artificial Intelligence Act)을 발의하였고, 2023년 유럽의회가 AI 법안의 구체적 법제화 및 이행을 위해 각 회원국들과 협상을 시작할 것임을 밝혔다. EU의 AI 법안은 특히 AI가 유럽연합의 시민에게 끼칠 수 있는 위험성에 기반하여 생성형 AI의 규제 정도를 구분하고 있다. 특히, 허용이 불가한 위험성(unacceptable risk)으로 '잠재의식의 조작', '아동 및 장애인의 착취', '공적인 범용 사회적 평점 시스템', '실시간 원격 생체정보기반 식별'을 명시하면서 해당 영역에서 AI 시스템을 활용하는 것을 격엄히 금지하고 있다(고학수·임용·박상철 등 2021). 현재 중국 등이 시행 중이거나 발전시키고 있는 AI 등 디지털 기술을 활용한 감시통제 거버넌스에 대한 거부와 금지의 의지를 명확히 한 것이다. 뿐만 아니라, EU의 AI 법안은 선거를 포함한 사법과 민주적 절차의 집행 역시 높은 위험성(high risk)을 가지고 있는 범주로 분류하면서, 위험성의 관리, 데이터 안보 및 거버넌스, AI 시스템 활용의 투명성 등의 핵심요건들이 충족되지 않을 경우에는 AI 시스템을 활용할 수 없도록 규정하고 있다. 뿐만 아니라, 생성형 AI를 사용한 모든 자료들에 AI 사용 여부의 확인이 가능한 워터마크를 포함하도록 의무화하는 등 생성형 AI의 사용과 적용에 있어서 투명성의 확보를 강제하고 있다.

---

4 브래드포드(Bradford)는 미국 국내에서도 AI 기술에 대한 규제의 필요성에 대한 지지가 증가하고 있고, 미국 정부 역시 브뤼셀 효과로 인해 EU의 규제가 일방적으로 미국 기업과 시장에 미칠 영향력에서 선제적으로 벗어나 EU와 함께 AI 거버넌스의 방향을 정하고 싶어할 것이며, AI 분야에서 중국의 영향력이 지나치게 커지는 것에 대한 공통의 우려가 있기 때문에 미국이 점점 더 EU와의 협력을 강화할 가능성이 있다고 주장한다(Bradford 2023, 10).

EU의 권리중심 접근처럼 AI의 발전에 대한 글로벌 거버넌스 체제가 시민의 권리에 대한 존중과 보호의 규범에 부합하는 방향으로 나아갈 수 있도록 해야 한다. AI의 발전이 감시통제(surveillance) 거버넌스의 강화로 이어지는 편향성을 완화하기 위해 AI에 대한 인권 기반 감독(oversight)에 대한 규범적 합의 역시 필요하다. 이는 EU뿐 아니라 미국 역시 이미 상당 부분 공감하고 있는 내용이기도 하다. 예컨대, 미국의 'AI 권리장전을 위한 청사진'은 AI를 포함한 자동화 시스템에 대한 독립적 평가와 감독, 지속적인 모니터링의 중요성을 강조하고 있다. 안전하면서도 효과적인 시스템, 알고리즘에 의한 차별의 방지, 데이터 프라이버시의 보호 및 데이터 사용의 투명성 제고 등에 있어서 지속적인 평가와 감독, 모니터링을 강조하고 있는 것이다. 특히, 인권과 민주주의의 가치 보호를 위한 감시(surveillance)의 제한 역시 명확히 지적하고 있다. NSCAI 역시 AI를 통한 감시(surveillance) 통제가 아닌 AI에 대한 감독(oversight)이 필요하다는 점을 강조한다. 2021년 10월 미국 연방정부가 향후 연방기관이 도입할 AI의 기준과 방향에 대해 명시한 "연방기관의 책임성 프레임워크(Artificial Intelligence: An Accountability Framework for Federal Agencies and Other Entities)" 역시 독립성을 가진 제3자에 의한 평가와 감사(audit)의 역할을 강조하고 있다.

또한, AI 거버넌스는 급속도로 발전하는 AI 기술의 변화에 기민하게 대처할 수 있도록 유연한 변화가 가능한 형태의 법적 프레임워크를 갖출 필요가 있다.[5] 물론 AI 거버넌스의 구체적 조항까지 통일하기

---

5   현재 미국의 정보통신개인정보법(electronic communications privacy act)은 전화 및 인터넷 회사들이 고객의 정보기록을 정부기관에 제공하는 것만 금지하고 있을 뿐 이들로부터 고객의 정보기록을 구매한 디지털 데이터 브로커들이 정부기관에 제공하는 것에

는 어려울 것이고 바람직하다고 보기도 어렵다. 그러나 최소한 AI 거버넌스가 인권규범을 존중하는 인간중심 거버넌스로서 갖추어야 할 방향성과 최소한의 기준에 대한 논의와 규범적 합의가 있어야 한다(Bremmer and Suleyman 2023, 3). 미국, EU 등 주요 행위자들과의 지속적인 논의와 더불어 AI 글로벌 거버넌스를 위한 다양한 다자적 논의와 협력의 장에 더욱 적극적인 참여가 필요하다.

대한 금지조항은 없다. 해당 법안이 만들어지던 1986년에는 데이터 브로커가 거의 없었기 때문에 큰 문제가 없었으나, 해당 법안이 데이터 브로커의 출현이라는 현실의 변화에 빠르게 대처하지 못하면서 다양한 문제의 원인이 되고 있다(Goetein 2023).

참고문헌

고학수·임용·박상철. 2021. "유럽연합 인공지능법안의 개요 및 대응방안."『DAIG』2.

김상배. 2021. "AI알고리즘 패권경쟁의 세계정치: 기술-표준-규범의 3차원 경쟁." 한국정치학회 엮음.『알고리즘의 정치학』. 서울: 인간사랑.

_____. 2022.『미중 디지털 패권경쟁: 기술·안보·권력의 복합지정학』. 파주: 한울아카데미.

김중권. 2020. "인공지능시대 알고크러시(Algocracy)에서의 민주적 정당화의 문제."『법조』 69(5): 181-207.

대린 아세모글루·사이먼 존슨. 2023.『권력과 진보』. 김승진 역. 서울: 생각의 힘.

류제홍·문용일·조무형·홍미화. 2023. "자유주의 국제질서 위기의 원인과 디지털 권위주의의 등장."『21세기정치학회보』33(3): 109-135.

모준영. 2021. "시진핑 정부와 '디지털 권위주의'."『아세아연구』64(1): 321-348.

박주희. 2022. "데이터의 탈영토성과 사이버공간 주권."『국제법학회논총』67(2): 9-35.

엄석진. 2021. "인공지능 시대의 민주주의와 행정."『한국행정연구』30(2): 35-64.

우평균. 2019. "디지털 권위주의와 통제 메카니즘의 확산: 중국, 러시아 모델과 한국에 대한 함의."『중소연구』43권 3호: 191-234.

윤수정. 2021. "인공지능과 민주주의에 관한 소고."『헌법재판연구』8(2): 3-27.

윤종빈. 2021. "알고리즘 민주주의: 가능성과 한계." 한국정치학회 엮음.『알고리즘의 정치학』 서울: 인간사랑.

이기완. 2021. "인공지능과 미래의 불평등, 그리고 민주주의."『세계지역연구논총』39(4): 1-23.

조소영. 2020. "인공지능과 민주주의."『공법연구』49(2): 147-167.

한국정치학회 엮음. 2021.『알고리즘의 정치학』. 서울: 인간사랑.

Arbatli, Ekim, and Dina Rosenberg. 2021. "United We Stand, Divided We Rule: How Political Polarization Erodes Democracy." *Democratization* 28(2).

Barnes, Julian E. 2020. "White House Official Says Huawei Has Secret Back Door to Extract Data." *New York Times*. February 11.

Bell, Daniel A. 2016. *The China Model: Political Meritocracy and the Limits of Democracy*. Princeton: Princeton University Press.

Bloomberg News. 2021. "Xi's Next Target in Tech Crackdown Is China's Vast Reams of Data." *BLOOMBERG*. Apr. 22, 2021.

Blumenthal, Dan, and Fred Kagan. "China Has Three Roads to Taiwan: The US Must Block Them All." *The Hill*. March 13. 2023.

Buthe, Tim, Christian Djeffal, Christoph Lutge, Sabine Maasen, and Nora von Ingersleben-Seip. 2022. "Governing AI – attempting to herd cats? Introduction to the special issue on the Governance of Artificial Intelligence." *Journal of*

European Public Policy 29(11): 1721-1752.

Bremmer, Ian, and Mustafa Suleyman. 2023. "The AI Power Paradox: Can States Learn to Govern Artificial Intelligence Before Its Too Late?" *Foreign Affairs* September/ October.

Cadell, Cate. "China harvests masses of data on Western targets, documents show." *Washington Post*. December 31, 2021.

Corn, Gary, and Eric Jensen. "Attacking Big Data: Strategic Competition, the Race for AI, and the International Law of Cyber Sabotage." Brigham Young University Research Paper. No. 23-11. 2023.

Demos. 2018. "Russian influence operations on twitter." Demos. Accessed June 5, 2022. https://demos.co.uk/project/russian-influence-operations-on-twitter/

DFRLab. 2017. "#ElectionWatch: Scottish Vote, pro-Kremlin Trolls" DFRLab. Medium. December 13.

Dragu, Tiberiu, and Yonatan Lupu. 2021. "Digital Authoritarianism and the Future of Human Rights." *International Organization* 75(4): 991-1017.

Farrell, Henry and Abraham Newman. 2021. "The Janus Face of the Liberal International Information Order: When Global Institutions Are Self-Undermining." *International Organization* 75(2): 333-358.

Field, M., and M. Wright. 2018. "Russian trolls sent thousands of pro-Leave messages on day of brexit referendum, Twitter data reveals." *The Telegraph*, October 17.

Frantz, Erica, Andrea Kendall-Taylor, and Joseph Wright. 2020. "Digital Repression in Autocracies." V-Dem Working Paper.

Freedberg, Sydney. 2020. "China Is Not Ahead of US On AI: JAIC Chief & Gen. Hyten." *BREAKING DEF.* Sept. 10.

Ginsburg, Tom, and Aziz Huq. 2018. *How to Save Constitutional Democracy.* Chicago: University of Chicago Press.

Goitein, Elizabeth. 2023. "The Coming Fight Over American Surveillance: What's at Stake as Congress Considers FISA Reform." *Foreign Affairs* June 6.

Goodman, Sara Wallace and Thomas Pepinsky. 2021. "The Exclusionary Foundations of Embedded Liberalism." *International Organization* 75(2).

Gorodnichenko, Y., T. Pham, and O. Talavera. 2021. "Social media, sentiment, and public opinions: Evidence from #brexit and #uselection." *European Economic Review* 136.

Graber, Mark, Sanford Levinson, and Mark Tushnet. 2018. *Constitutional Democracy in Crisis?* Oxford: Oxford University Press.

Grossman, Derek, et al.2020. *Chinese Views of Big Data Analytics.* Rand Coprt.

He, J., Baxter, S. L., Xu, J., Xu, J., Zhou, X., and Zang, K. 2019. "The Practical Implementation of Articifial Intelligence Technologies in Medicine." *Nature Medicine* 25(1): 30-36.

Iyengar, Shanto, Yphtach Lelkes, Matthew Levendusky, Neil Malhotra, and Sean J. Westwood. 2019. "The Origins and Consequences of Affective Polarization in the United States." *Annual Review of Political Science* 22: 129-146.

International Telecommunication Union (ITU). 2021. *AI for Good – Accelerating the United Nations Sustainable Development Goals.*

Kendall-Taylor, Andrea, Erica Frantz, and Joseph Wright. 2020. "The Digital Dictators: How Technology Strengthens Autocracy." *Foreign Affairs* 99(2): 103-115.

Kerr, Jaclyn. 2018. "Information, Security, and Authoritarian Stability: Internet Policy Diffusion and Coordination in the Former Soviet Region." *International Journal of Communication* 12: 3814-3834.

King, Gary, Jennifer Pan, and Margaret Roberts. 2013. "How Censorship in China Allows Government Criticism but Silences Collective Expression." *American Political Science Review* 107(2).

Kondratov, Eugene, and Elisabeth Johansson-Nogues. 2023. "Russia's Hybrid Interference Campaigns in France, Germany, and the UK: A Challenge against Trust in Liberal Democracies?" *Geopolitics* 28-5.

Kurlantzick, Joshua. 2022. *Beijing's Global Media Offensive: China's Uneven Campaign to Influence Asia and the World.* New York: Oxford University Press.

Levitsky, Steven, and Daniel Ziblatt. 2018. *How Democracies Die.* New York: Crown.

Melendez, Carlos. 2018. "Data Is the Lifeblood of AI, But How Do You Collect It?" *InfoWorld.* August 9.

Mounk, Yascha, and Roberto Stefan Foa. 2018. "The End of the Democratic Century: Autocracy's Global Ascendance." *Foreign Affairs.* May/June.

National Intelligence Council. 2021. "Foreign Threats to the 2020 US Federal Elections." *Intelligence Community Assessment.* March 10.

National Security Commission on Artificial Intelligence. 2021. *The Final Report* 7. March 1.

OECD. 2021. "Government at a Glance 2021." *Government at a Glance.* Accessed December 6, 2021. https://www.oecd-ilibrary.org/docserver/1c258f55-en.pdf

Ostanin, I., and E. Rose. 2016. "Brexit: How Russian influence undermines public trust in referendums." *OCCRP.* Accessed February 4, 2021.

Pham, Elizabeth. 2023. "Uncovering the Social Cybersecurity Arsenal: Defending Against China's Weapons of Mass Persuasion." Naval War College.

Polyakova, Alina, and Chris Meserole. 2019. "Exporting Digital Authoritarianism: The Russian and Chinese Models." *Policy Brief, Democracy and Disorder Series*, Brookings Institute. 1-22.

Sanger, D. E., 2017. "Putin Ordered 'Influence Campaign' Aimed at U.S. Election, Report Says." *The New York Times.* January 6.

Shahbaz, A. 2018. "The Rise of Digital Authoritarianism." Freedom House.

Tourinho, Marcos. 2021. "The Co-Constitution of Order." *International Organization* 75(2): 258-281.

Wang, Maya. 2021. "China's Techno-authoritarianism Has Gone Global." *Foreign Affairs*. April 8.

Wigell, M. 2019. "Hybrid interference as a wedge strategy: A theory of external interference in liberal democracy." *International Affairs* 95 (2): 255 – 275.

Xu, Xu. 2021. "To Repress or to Co-opt? Authoritarian Control in the Age of Digital Surveillance." *American Journal of Political Science* 65(2): 309-325.

제2부　　인공지능과 국제정치(2): 안보·전쟁 차원

제5장   인공지능과 신흥기술안보:
사이버·데이터·포스트휴먼 안보

윤정현(국가안보전략연구원)

I. 서론

4차 산업혁명을 상징하는 인공지능(AI)은 디지털 기반의 자동화·사물인터넷(IoT) 시대의 대표기술이라 할 수 있다. 다양한 산업과 시너지를 창출하며 전기, 인터넷과 같이 산업 전반에 걸쳐 영향을 주는 핵심적인 '범용목적기술(general purpose technology, GPT)'인 것이다. 특히, 더 빠르고 정확하게 인간이 직접 수행하기 어렵거나 위험한 일들을 대신함으로써 적용 범위 또한 확산되는 중이다. 인공지능 기술이 필요한 산업 영역들은 상호 융합되어 유·무형의 다양한 기술 서비스 시장을 창출할 것이다. 실제로 2020년대에 들어서며 자율주행자동차, 지능형 로봇, 스마트 팩토리 등 제조업 융합 분야와 의료용 AI, 지능형교육, 핀테크 등 서비스업 융합 분야에서 산업 간의 치열한 주도권 경쟁이 벌어지는 중이다(조영임 2021).

특히, 인공지능은 침투성, 향상성, 혁신창출성을 특징으로 하며, 경제·사회 분야뿐 아니라 민군양용기술, 무기체계·전력지원체계, 살상·비살상 분야에 적용되어 미래전의 양상을 바꾸는 군사혁신의 기반을 형성하고 있다. 또한, 'Chat GPT'와 같이 어떤 개인도 접근할 수 있는 혁신적 인터페이스의 등장으로 인해 AI가 고도화된 정보심리전의 공격과 방어를 위한 핵심 수단으로 활용될 가능성이 높아져 안보위협이 우려되는 상황이다. 미국과 중국은 AI 기술혁신과 안보적 활용을 위해 국내법뿐 아니라 동맹세력과 국제기구, 비정부 행위자, 기업 및 이해관계자 단체의 영향력을 활용하여 상호 견제하고 경쟁의 진영화를 추진하고 있다. 무엇보다도, 국가안보 관점에서 급속히 진화하는 AI 기술혁신은 신흥안보 이슈 발생 및 공간초월적 파급력을 가지고 있으나, 기술지정학 측면에서 제약을 동반하고 있다. 또한, 생성형 AI를 비

롯해 AI의 기술혁신의 급속한 진화는 양적·질적 위험의 변화와 초국
가적 안보화 리스크를 수반하며 정치·경제·사회 이슈와도 연계되어
있다. 하이브리드전 시대에 AI의 진화된 공격은 사이버 위협뿐 아니라
물리적 타격(kinetic)과 연계되어 치명성을 부가하고, 정밀한 허위정보
를 산출하는 선동의 수단으로서 인지전·심리전 고도화에 일조한다.

　이처럼 인공지능의 부상은 충분히 논의되지 못했던 비인간 행위
자의 통제에 대한 거버넌스의 문제를 제기하고 있다. 고도화된 네트워
크 서비스 운용으로 인프라 환경이 복잡해질수록 다양한 내·외부적
충격 요인에는 취약해질 수밖에 없다. 교통·물류, 금융 투자, 의료 등
일상의 생활 서비스가 지능화되고, 발전소, 에너지 공급시스템 등 대규
모 인프라 시설 운영이 AI를 통해 무인화, 원격화 됨으로써 사회 전체
의 자동화가 빨라지고 있다. 반면, 각 시스템 부문에 접목된 인공지능
은 스스로 학습하고, 분석역량을 고도화함으로써 인간의 통제 범위와
점점 멀어지고 있는 것이다. 실제로 러시아·우크라이나 전쟁에서의 정
보심리전 양상은 인공지능의 잠재력을 활용한 세력들이 신·변종 악성
코드 자체를 생성하고, 거짓정보를 광범위하게 확산시켜 사회 전체를
혼란에 빠뜨리는 문제들과 연결되기도 하였다. 따라서, AI의 인식·인
지·증강 역량 활용을 극대화하기 위한 각국의 노력이 이어지는 가운
데, 미중 전략경쟁 시대의 기술지정학(techno-geopolitics) 제약과 통
제의 불확실성 완화라는 복합적 문제의 해결에 있어서 한국의 위치 진
단과 실천적 대응방안을 모색해야 하는 상황이다.

　따라서 본 연구는 인공지능의 진화가 초래하는 위협의 양적·질적
변화 양상과 그것이 초래하는 국제정치적 의미를 탐색하고자 한다. 이
를 위해, 신기술, 사이버, 데이터, 포스트휴먼이라는 각각의 핵심적 융
합 요소와의 연계 메커니즘에 주목하고, 신흥안보 관점에서의 파급력

을 검토할 것이다. 이를 위해 AI의 부정적 사건에 대한 발생 가능한 미래 시나리오를 수립하고, 이에 대한 전략적 방향 수립, 기술생태계 강화, 범정부 차원의 추진 전략과 법제도적 개선 방안을 모색해볼 것이다. 이 같은 목적을 달성하기 위해 국가안보와 직결된 문제로 진화하고 있는 AI의 부정적 효과와 미래 위협 분석에 초점을 맞추기로 한다. 먼저, 진화된 AI의 트렌드 및 생성형 AI로 명명되는 기술적·안보적 특징들이 기존 AI와 어떠한 차이를 보여주는지 살펴보기로 한다. 특히, 'Chat GPT' 등 누구나 접근 가능한 혁신적 인터페이스의 등장으로 AI 기반 진화된 허위·조작정보 등이 초래할 안보위협이 보다 우려되는 상황에서 생성형 AI가 악의적 목적에 따라 남용될 경우에 대비한 범정부적 대비와 국제규범이 필요한 상황이기도 하다. 나아가, 이 과정에서 차세대 인공지능의 진화를 가늠할 수 있는 기술성숙도, 범용성, 정치안보적 무기화, 보안 패러다임 전환 과정들을 면밀히 살펴볼 필요가 있다. 즉, 본 연구는 신흥안보 도전 요인으로서 AI의 급속한 발전이 초래하는 중단기적 불확실성과 파급력을 전망하고, 신기술, 사이버, 데이터, 포스트 휴먼 등 복합적 측면에서의 도전적 의미와 이에 필요한 대응방안을 제언하고자 한다.

II. 신기술 안보의 중심에 있는 인공지능

1. 군사적 신무기에 적용되는 인공지능

인공지능은 침투성, 향상성, 혁신창출성을 특징으로 하며, 이러한 특성을 통해 범용적 파급력을 행사하고 있다. 또한 4차 산업혁명과 디지털 전환을 주도하고 주목받고 있는 실정이다. 이러한 AI는 경제·사회 분야뿐 아니라 민군양용기술, 무기체계/전력지원체계, 살상/비살상 분야에 적용되어 미래전의 양상을 바꾸는 군사혁신의 기반을 형성하고 있다. 실제로 미국과 중국은 AI 기술혁신과 안보적 활용을 위해 국내법뿐 아니라 동맹세력과 국제기구, 비정부 행위자, 기업 및 이해관계자 단체의 영향력을 활용하여 상호 견제하고 경쟁의 진영화를 추진하고 있다. 무엇보다 국가안보 관점에서 급속히 진화하는 AI 기술혁신은 신흥안보 이슈 발생 및 공간초월적 파급력을 가지고 있으나, 기술지정학 측면에서 제약을 동반하고 있다. 실제로 미국과 중국이 AI에 기반한 신무기들을 경쟁적으로 개발하고 이를 적극적으로 활용하려 함으로써, 지정학 갈등 구도를 심화시키고 있다는 점도 고려해야 한다. 미국 국방부는 디지털·AI 최고사무국(OCDAO) 산하의 '생성형 AI 활용 TF'를 통해 국방 전반에 AI 기술 도입을 가속화하고 있으며, 중국의 '전략지원군'은 미국의 주요 인프라에 대한 공격을 준비하고 있는 것으로 보인다. 비행 중 임시 임무수행이 가능한 AI 순항미사일, 쿠바 내 감청기지 등 전략자산 분야에 적용하고 있는 사례가 대표적이다. 신흥·파괴적 기술로서 AI의 군사전략적 파급력을 평가했던 NATO는 향후 AI가 가짜 미디어 탐지 생성, 가상의 지휘관, 전장 병력 간 자동화 통신, 집단행동 예측, 정밀교전, 자동타겟팅 등에 활용될 것으로 전망한 바 있다(NATO Science & Technology Organization 2020, 58).

또한, AI 기술혁신의 급속한 진화는 양적·질적 위험의 변화와 초국가적 안보화 리스크를 수반하며 정치·경제·사회 이슈와도 연계되어 있다. 하이브리드전 시대에 AI의 진화된 공격은 사이버 위협뿐 아니라 물리적 타격(kinetic)과 연계되어 치명성을 부가하고, 정밀한 허위정보를 산출하는 선동의 수단으로서 인지전·심리전 고도화에 일조

표 5.1 군사 용도로 활용되는 인공지능의 주요 기능

가짜 미디어 탐지/생성	가상 지휘관	자동화 통신

실황에 반응하거나 대상화된 개인 또는 집단과 실시간으로 소통하면서 가짜 미디어 보고서, 비디오, 오디오 및 소셜 미디어 게시물을 자동으로 탐지하거나 형성.	종합적인 운영 인식을 활용하여 인간과 같은 추론과 이전 작업을 기반으로 한 조언으로 운영 지휘관을 실시간으로 지원하고 조언.	개별 병사가 언제 어디서나 언어, 신체 언어 및 인간의 감정을 자동으로 즉시 식별하고 정확하게 번역할 수 있도록 함.
집단행동 예측	정밀 교전	자동 타겟팅

배경 데이터(예: 소셜 미디어, 감시, 생체 인식 장치)로부터 인간 또는 집단의 행동을 정확하게 예측.	고도로 국소화된 효과(운동적 또는 에너지 기반)와 선택적인 치명성을 지닌 혼잡하고 어수선하거나 역동적인 환경에서 표적을 포착하고 교전.	원하는 운영/전략적 효과를 달성하기 위해 군사, 경제, 정보 및 외교 스펙트럼 전반에 걸쳐 정확한 맞춤 조언을 제공.

출처: NATO Science & Technology Organization(2020, 58).

한다. 뿐만 아니라 AI의 인식·인지·증강 역량 활용을 극대화하기 위한 각국의 노력과 통제의 딜레마라는 글로벌 차원의 쟁점들을 낳고 있다. 최근 국제적 화두가 되고 있는 '군사 분야에서의 인공지능의 책임 있는 활용을 위한 고위급 회담(Responsible Artificial Intelligence in the Military Domain Summit, REAIM)'과 관련된 주요 논의들은 바로 이러한 우려를 안고 출범한 바 있다.[1] 그리고 일정 부분 AI활용 책무성에 대한 국제사회의 광범위한 이해관계자들의 참여와 소통을 공론화하기

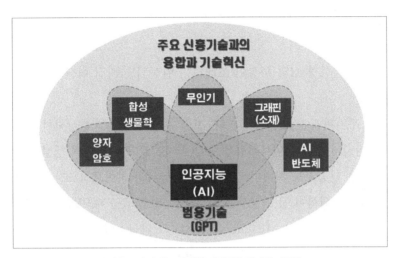

그림 5.1 인공지능과 신기술 융합이 낳는 잠재된 광범위한 군사적 파급력
출처: 저자 작성.

도 하였으나 도출된 행동원칙에 따른 구체적 실천과제와 로드맵에 대
한 논의는 아직 충분하지 못한 상황이다. 또한, 현 수준에서는 AI의 활
용은 미디어 매체에서 상징적인 '자율시스템' 측면에만 국한하여 초점
이 맞춰졌다는 한계가 있다. 이러한 시각으로 접근할 경우, 범용기술체
계로서 AI가 갖는 광범위한 응용/활용 영역을 도외시한 채, '자율무기
체계', '자율주행차', '자동연산시스템' 등 표면적으로 무인화가 뚜렷이
드러나는 품목에만 한정하게 되는 결과를 초래할 것이다. 다시 말해 실
제 AI가 광범위하게 적용되는 부문에서 책임을 은폐하거나 축소할 수
있는 위험성이 있으며, 이는 책무성의 회피와 거버넌스의 실패를 불러

1　1차 REAIM 고위급 회의는 2023년 2월 15-16일 네덜란드 헤이그에서 개최되었다. 당시
　　공동주최국인 한국과 네덜란드를 비롯, 미국·일본·영국 등 80여 개국 정부 대표와 유엔
　　군축 고위대표, 주요 기업, 학계 전문가 등이 참석하였으며, ① 인공지능의 특성 이해, ②
　　인공지능의 군사적 개발·배치·이용의 혜택과 문제점, ③ 다양한 이해관계자 간 거버넌
　　스 수립 방안을 심층 논의한 바 있다(외교부 보도자료 2023).

올 수 있기 때문이다.

2. 생성형 AI의 부상이 초래하는 일상의 파괴적 혁신

무기체계에 도입되어 전략·전술 자산의 성능을 향상시키는 AI
가 전시의 신기술 안보위협을 증강시키고 있다면, 최근의 생성형 AI
부상은 인공지능 자체의 진화에 따른 평시와 하이브리드전 국면에
서의 안보위협이 될 가능성을 시사하고 있다. 최근 디지털 산업 전반
의 화두는 '생성형 AI(Generative AI)'의 파급력이다. '생성 가능한
(generative)', '사전 학습된(pre-trained)' '거대, 혹은 대형 언어 모
델(Large Language Model)'을 의미하는 생성형 AI는 Open AI사의
챗GPT로 대중에 널리 사용되고 있다(Goled 2021). 챗GPT 이 외에
도 구글의 바드(Bard), 아마존의 베드록(Bedrock), 네이버의 클로바
X(ClovaX) 등이 대표적이다. 생성형 AI는 기존 콘텐츠 정보를 토대로
텍스트, 이미지, 음악, 영상 등 사용자가 요구하는 형태의 새로운 콘텐
츠를 창작하는 AI 모델로 정의된다(Newsom and Weber 2023). 특히,
사용자가 입력한 질문이나 설명에 기초하여 분석 결과를 요약·평가할
수 있을 뿐만 아니라 새로운 창조물을 만들 수 있는 진화된 AI라 할 수
있다(GAO 2023).

생성형 AI 시스템은 방대한 양의 데이터에서 패턴과 관계를 학습
하여 기본 학습 데이터와 유사하지만 동일하지는 않은 새로운 콘텐츠
를 생성한다. 이 시스템은 정교한 머신러닝 알고리즘과 통계 모델을 사
용하여 콘텐츠를 처리하고 생성한다. 향상된 기능과 사용자들의 관심
으로 2023년 초에 챗GPT, Bard 등과 같은 생성형 AI의 사용자가 1억
명 이상으로 폭발적으로 증가하였다. 이 기술은 생산성을 획기적으로

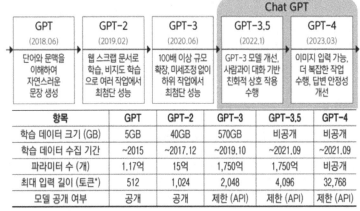

항목	GPT	GPT-2	GPT-3	GPT-3.5	GPT-4
학습 데이터 크기 (GB)	5GB	40GB	570GB	비공개	비공개
학습 데이터 수집 기간	~2015	~2017.12	~2019.10	~2021.09	~2021.09
파라미터 수 (개)	1.17억	15억	1,750억	1,750억	비공개
최대 입력 길이 (토큰*)	512	1,024	2,048	4,096	32,768
모델 공개 여부	공개	공개	제한 (API)	제한 (API)	제한 (API)

* 1,000개 토큰은 약 750단어에 해당

그림 5.2 GPT 모델군의 세대별 발전 흐름
출처: 국가정보원·국가보안기술연구소(2023, 3).

높이고 사회 전반의 일상 업무를 변화시키고 있다. 생성형 인공지능은 국방과 안보는 물론 국가와 사회의 다양한 분야에서 혁신을 일으키는 핵심 기술로 부상하고 있다. 특히 방대한 데이터를 사용하여 알고리즘을 훈련하고 정보를 효율적으로 생성할 수 있는 생성형 AI는 경영, 보건, 재난대비, 정책 집행 등에서 효율성과 정확성 및 적시성을 담보할 수 있다. 대표적인 생성형 AI 모델인 챗GPT는 언어처리 인공지능 모델을 기반으로 한다. GPT-3/ GPT-3.5 이후 AI 알고리즘 성능과 활용 범위가 비약적으로 증가하고 있다.

기존의 분석형 AI(Analytical AI)에 비해 생성형 AI(Generative AI)는 많은 차이점을 가진다. 또한 각각의 특징에 따라 강점과 단점이 명확히 존재한다. 작동방식을 보면, 분석형 AI가 사전 입력된 알고리즘 규칙에 명확히 따르는 데 주안점을 둔 반면, 생성형 AI는 사전·사후 데이터 학습에 따라 알고리즘을 진화시켜 나가는 특징을 보인다. 이에 따

표 5.2 분석형 AI와 생성형 AI의 특징 비교

구분	Analytical AI	Generative AI
작동 방식	사전 입력된 알고리즘 규칙 이행	데이터 학습 후 생성
활용 분야	단순·한정 부문 연산에 적합	다차원·복합 문제해결에 적합
산출 형태	입력한 데이터에 따라 결과 산출	이종 데이터 간 새로운 결과물 생성
장점	명확한 규칙에 따른 신뢰성	결과의 다양성, 활용 용이성
단점	데이터의 편향 가능성	데이터 편향 가능성 및 예상 결과물의 높은 불확실성
사례	체스게임, 제한적 과업 분석 툴 등	이미지·음성 생성, 자연어 처리 등

출처: 황정재(2023)을 수정 보완.

라 분석형 AI가 단순한 특정 분야에 대한 연산에 적합한 반면, 생성형 AI는 인간과 같이 다차원적, 복합적 문제해결에 상대적으로 적합하다. 즉, 전자는 명확한 규칙에 따른 신뢰성이 강점이라면 후자는 결과의 다양성, 종합적 해석의 용이성이 강점인 것이다. 반면, 데이터의 편향성 문제는 두 AI체계의 공통된 단점이기도 하다. 다만, 생성형 AI가 텍스트, 이미지, 음성, 영상 등 입력 소스와 상관없이 다종의 결과물을 산출할 수 있기 때문에 상대적으로 높은 불확실성을 갖게 된다. 이 같은 특징으로 인해 분석형 AI는 주로 바둑, 체스게임 등 제한적 과업분석 도구로 활용되는 반면, 생성형 AI는 이미지·음성 생성이나 자연어 처리 도구로 활용된다.

주목할 점은 생성형 AI가 기능적 측면과 활용적 측면에서 의미 있는 진화를 보인다는 점이다. 먼저, 기능적 측면에서는 주어진 알고리즘에 따라 데이터와 패턴의 추론값을 도출하는 데 그치지 않고, 학습 알고리즘을 통해 인간과 유사한 방식으로 문맥과 의미를 비교·분석하는 작업을 끊임없이 수행함으로써 더욱 정밀한 결과물을 내놓는다는 점이다. 이 모델을 통해 생성형 AI는 인터넷에 공개된 대규모 데이터를 크롤링 방식으로 수집하거나 데이터셋으로 구축하여 스스로 지속적인 학습을 수행하고 있다. 또한, 콘텐츠를 생성하는 기능뿐 아니라 생성된 콘텐츠를 평가하는 판별 기능을 내재한 두 개의 적대적 신경망이 끊임없이 경쟁하여 향상된 콘텐츠를 생성하고 있다. 즉, 기존 AI가 알고리즘에 따라 데이터와 패턴을 학습하는 방식이라면, 생성형 AI는 스스로 기존 데이터와 비교 학습을 통해 새로운 창작물을 산출할 수 있는 것이다.

무엇보다 생성형 AI는 손쉬운 입력을 통해 원하는 그 이상의 창조적 결과물을 얻을 수 있는 '인터페이스의 혁신'을 앞당겼으며, 알고리즘 작성 프로그램의 진입장벽을 획기적으로 낮추었다. 그 결과 복잡한 코딩 없이도 텍스트를 이미지나 비디오로 손쉽게 변환시킬 수 있게 됨으로써, 누구나 정교한 가짜정보를 생성할 수 있는 위험성도 내포하게 된 것이다. 이 같은 변화는 사이버 공격행위에 필요한 지식 습득과 훈련 기간을 대폭적으로 단축, 공격 주체의 확장을 초래할 수 있으며, 이들이 조작·생성한 허위정보 역시 중대한 위협으로 작용할 것으로 우려된다.

3. 생성형 AI 시대의 국가안보 리스크

생성형 AI는 신뢰할 수 있는 것처럼 보이는 가짜뉴스나 허위조작정보를 생성하고 유포할 수 있다. 가짜뉴스나 허위조작정보는 사용자가 학습 데이터에 없는 정보를 요청할 때 생성될 가능성이 크다. 또한 사용자가 AI를 사용하여 부정확하거나 오해의 소지가 있는 텍스트를 의도적으로 빠르게 생성함으로써 가짜뉴스나 허위조작정보를 신속하게 확산시킬 수도 있다. 생성형 AI는 피싱 이메일을 생성할 수 있으며 소셜미디어에 사실과 매우 유사한 가짜뉴스나 허위조작정보를 게시하거나 포함되도록 할 수 있다. 또한 학습 데이터의 편향성으로 인하여 생성적 AI가 확증편향된 정보와 데이터를 생성하도록 함으로써 가짜뉴스나 허위조작정보로 인한 피해를 증폭시킬 수 있다.

생성 콘텐츠에 대해 사용자가 인지하지 못하는 가운데 저작권에 등록된 콘텐츠나 개인정보 등 민감한 데이터를 AI가 학습하도록 함으로써 사용자가 해당 권리를 침해할 수 있는 가능성, 비합리적 연산, 불완전한 기술발전 문제 등도 생성형 AI가 초래할 수 있는 주요 한계점이라 할 수 있다. 그러나 보다 중요한 점은 민감한 정치적 국면이나 비상 상황에서 AI에 의한 가짜뉴스와 허위조작정보가 미치는 안보적 파급효과이다. 예를 들어 선거 시 거짓 정보의 유통은 민주적 정당성을 침해할 수 있다. 시카고대학교 피어슨 연구소/AP-NORC 여론조사에 따르면 정치적 성향에 관계없이 성인의 91%가 잘못된 정보가 문제라고 생각하며, 절반 가까이가 잘못된 정보를 퍼뜨렸다고 우려하는 것으로 나타난 바 있다.[2] 정치적 영향력 행사를 위하여 생성형 AI를 이용해 가짜뉴스나 허위조작정보를 유포하면 저렴하고 신속하게 원하는 방향으로 정치적 여론을 유도할 수 있기 때문이다. 실제로 생성형 AI와 같이 대규모 언어 모델을 기반으로 하는 현재의 AI/ML 시스템은 본질적으로 지식에 한계가 있으며, 대답을 찾지 못하는 경우 그에 상응하는 무언가를 생성해낸다. 이러한 현상을 흔히 '환각(hallucinating)'이라고 하는데, 이는 이 새로운 기술의 의도치 않은 결과인데 이 환각이 조작

---

2   https://news.uchicago.edu/story/nearly-all-adults-think-misinformation-increas
ing-extreme-political-views-and-behaviors

되어 급속하게 유포될 가능성이 존재하는 것이다. 호주의 한 시장은 자신이 실제로는 사건의 내부 고발자였는데도 챗GPT가 자신을 뇌물수수 혐의로 수감되었다고 결과를 생성함으로써 심각한 명예훼손을 일으킨 사건이 이와 관련된 실제 사례라 할 수 있다(Kaye 2023).

특히, 악의적 시도에 따른 거짓·유해 정보 제공과 사이버 공격의 고도화 수단으로 악용될 가능성 또한 상존한다. 생성형 AI는 유해하고 악의적인 지시에도 이를 충실히 반영한 결과물을 제공하기 때문에 선동의 도구로 활용되기 쉽고, 여론의 압박을 조장함으로써 비합리적 의사결정이나 사회적 혼란을 야기하는 것이 가능하기 때문이다. 특히, 텍스트, 이미지, 음성, 영상을 결합한 사회적 '영향공작(influence operation)'의 유용한 도구로 활용되어 피싱 공격력을 극대화할 수 있다. 러시아-우크라이나 전쟁 초기 조작되어 유출된 거짓 항복 선언 영상 및 2022년 5월 '펜타곤 폭발 사건' 가짜 뉴스로 인해 S&P 지수가 30포인트 폭락한 사례가 존재한다(동아일보 2023). 이 같은 안보적 위험성을 인지한 미 국가정보장실(ODNI)은 산하에 영향력공작대응센터(FMIC)를 설치하고, 생성형 AI를 비롯한 주요 알고리즘 모델의 위험성 탐지와 더 나아가 이들을 주요 대응수단으로 활용하기 위한 시도를 진행 중이다. 미 정보고등연구계획국(IARPA)의 정보요원 신원보호를 위한 생성형 AI 기반 음성변환 프로그램 개발이 대표적인 사례이다(IARPA 2023). 중국 또한 진화된 AI를 적극 활용하고 있는데, 공안부를 중심으로 한 치안, 국가안전부의 외국인 대상 방첩활동, 수배자 색출 및 테러 의심 인물 감시를 위한 실시간 안면인식기 도입 등이 이를 말해준다.[3]

---

3   https://www.scmp.com/tech/tech-trends/article/3227308/beijing-now-home-half-china-developed -ai-models-more-tech-talent-and-investments-head-nations (검색

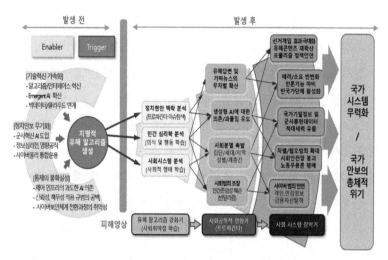

그림 5.3 생성형 AI기반 치명적 유해 알고리즘의 예상 전개 시나리오
출처: 저자 작성.

문제는 최근의 디지털 기술혁신의 가속화, AI 등을 활용한 정치 안보 무기화, 알고리즘의 통제 불확실성 등으로 인해 생성형 AI와 관련된 구조적 환경은 더욱 불확실해지고 있다는 점이다. 그리고 이 같은 배경으로 인해 관련 기술의 부정적 영향이 발생할 수 있는 위험성도 커지고 있다. 기술혁신 가속화는 알고리즘/인터페이스 혁신, Emergent AI의 확산, 빅데이터/클라우드 연계를 심화시키며, 정치안보 무기화 역시 군사혁신 AI 도입, 정보심리전, 영향공작 수단으로서의 활용 가능성이 높아지고 있는 상황이다. 또한, 사이버물리 통합 운용 체계 등은 생성형 AI의 유해적 알고리즘 악용 유인을 제기한다. 마지막으로 통제의 불확실성은 제어 인프라의 과도한 AI 의존과 신뢰성, 책무성 적용 규범 공백, 사이버보안체계 전환 과정의 취약성 문제를 유

일: 2023.10.6.).

발한다. 종합적으로 볼 때, 이 같은 구조적 환경은 '치명적인 유해 알고리즘'의 발생 가능성을 높이고 있으며, 현실화될 경우, 생성형 AI가 초래할 수 있는 국가안보 위협의 대표적인 촉발 기제가 될 것이다.

만약, 생성형 AI 기반 치명적 유해 알고리즘이 생성되고, 이것이 사회에 무차별적으로 확산된다면 어떠한 경로를 예상할 수 있는가? 생성형 AI가 학습하는 형태와, 영향공작으로서의 잠재력 등을 고려할 때, 이른바 ① 유해 알고리즘 강화기, ② 사회공학적 영향기, ③ 사회 시스템 장악기라는 단계별 확산 국면에 따라 전개될 것으로 예상된다. 이는 각 국면에서 어떻게, 누가, 어느 정도의 수준으로 대처해야 하는가에 대한 난제를 제공할 것이다.

III. 사이버물리 경계의 초월과 연계 심화 기제로서의 인공지능

1. 인공지능의 진화가 초래하는 사이버 위협

인공지능의 도입이 본격화될 경우, 디지털 공격과 방어 측면 모두에서 현재와는 또 다른 양상이 펼쳐질 가능성이 높다는 것을 의미한다.[4] 옥스퍼드대, 인류미래연구소(FHI), 실존적 위험 연구센터(CSER) 등 6개 기관의 인공지능 전문가들은 공동 워크숍을 통해 인공지능 발전에 비해 과소평가된 위험들, 특히 인공지능이 악용될 수 있는 보안 부문의 위협을 경고한 바 있다.

---

4   최근 블랙햇(black hat) 컨퍼런스 참석자를 대상으로 실시한 설문조사에 따르면 응답자의 62%가 1년 내 AI가 사이버 공격에 사용될 것이라고 응답한 사실이 이를 말해준다.

사이버 공간에는 더욱 다양하고 복잡한 범죄의 기회가 열리고 있으며, 고도로 자동화된 시스템을 사이버 공격에 활용하려는 시도가 증가하고 있다. 만약 사이버 공격을 자동화하기 위해 인공지능을 사용하는 경우, 스피어 피싱과 같이 노동집약적 형태로만 이루어졌던 공격이 비약적으로 증가할 수 있다. 멀웨어를 통한 디도스 공격과 피싱, 랜섬웨어 형태의 사이버 공격 역시 수작업의 한계에서 벗어나 자동화된 컴퓨터 네트워크를 통해 활발히 전개될 것이다. 지금까지 인공지능은 사이버 보안의 취약성을 발견하고 해결책을 마련하기 위한 연구에 주로 활용되어왔다. 그러나 최근 급격히 증가하고 있는 인공지능의 확산 속도는 향후 언제든지 사이버 공격의 무기로도 전환될 수 있음을 보여준다.[5] 나아가 음성 합성과 같은 인간의 취약점이나 데이터의 오염과 같은 인공지능 시스템의 취약성을 결합한 새로운 사이버 공격 형태도 가능함을 시사한다.

특히, 인간이 수동으로 제어할 수 없는 로봇이나 악성 프로그램의 오작동을 유발하기 위해 인공지능을 이용할 수 있다. 사람은 인지할 수 없으나 인공지능 알고리즘은 인식할 수 있는 데이터를 인위적으로 조작하여 주입할 경우, 그것에 의해 제어되는 시스템에 상당한 혼란을 야기시킬 수 있게 된다. 예를 들어, 몇 개의 픽셀을 이용해 정지 신호의 이미지를 특수한 방식으로 변경하는 경우, 인간이라면 여전히 정지 신호로 쉽게 인식할 수 있지만, 인공지능 시스템의 경우 전혀 다른 것으로 인식할 수 있다. 여러 대의 로봇이 중앙 집중 서버에서 실행되는 단일 인공지능 시스템에 의해 제어되거나 여러 로봇이 동일한 인공

---

5 Black Hat conference의 사이버 보안 전문가를 대상으로한 최근의 설문 조사에서 인공지능이 향후 12개월 이내에 공격에 사용될 것으로 믿는 응답자가 전체 응답자의 62%인 것으로 나타났다.

지능 시스템에 의해 제어되고 동일한 자극에 노출되는 경우도 마찬가지이다. 공격자는 자체적으로 취약점을 가진 새로운 인공지능 알고리즘을 배포함으로써 대규모의 오작동을 동시에 유발할 수 있다. 인공지능이 사이버 공간의 주요 행위자로 부상하면서 반대로 인공지능이 적용된 제어 시스템은 단순한 해킹을 넘어, 심각한 물리적 타격을 가하기 위한 전략 표적이 되어버렸다. 인공지능이 적용된 사회 인프라의 취약점을 역으로 공격하는 것 또한 사이버 전쟁의 승리를 위한 중요한 요소로 변모하는 중이다.

2. 인공지능 기반의 사이버 공격 능력 고도화

사용자가 프롬프트에 민감한 정보를 입력하는 경우 해당 정보가 저장되어 오용되거나 향후 다른 정보와 통합되어 국가안보 위험을 초래할 수도 있다. AI 생성 시스템이 입력한 정보를 언제 어떻게 보관하고 사용하는지에 대한 정보가 거의 없거나 제공되지 않기 때문에 다른 정보와 통합되거나 오용될 수 있을 것이다. 또한 생성형 AI 시스템이 공개적으로 그리고 국제적으로 접근 가능한 경우 사이버 공격자들에게 이용당할 수 있다. 사이버 공격자들은 생성적 AI 코드를 재작성하여 사이버 공격에 대한 추적을 곤란하게 할 수 있다. 또한 컴퓨터 프로그래밍 기술이 부족한 공격자라 하더라도 생성형 AI 시스템을 활용하여 보다 효과적인 사이버 공격을 위한 코드를 생성할 수 있다 (Gernment Accounting Office 2023).

생성형 AI를 이용한 공격자는 방어자보다 비대칭적으로 우위의 입장에서 공격을 진행할 수 있다. 공격자들이 AI/ML을 기반으로 한 정교한 공격을 저렴한 비용으로 막대한 규모로 실행할 수 있기 때문이다. 합성 텍스트, 음성, 이미지 등을 이용하여 소셜 엔지니어링 기법을 활용한 피싱 공격도 극대화할 수 있다. 국세청이나 부동산 중개인을 사칭해 피해자에게 송금을 유도하는 피싱 공격 등을 자동화하여 감행할 수 있기 때문이다. 공격자는 이러한 기술을 사용하여 보다 더 강화된 악성 코드를 만들어낸 다음 새롭고 효과적인 공격을 대규모로 실행할 수도 있다(Shah 2023).

향후 10년 동안 AI/ML 시스템을 이용하거나 이들을 대상으로 한 새로운 유형의 사이버 공격이 발생할 것으로 보인다. 공격자들은 생성형 AI를 이용하여 실제 모델과 구별할 수 없는 악성 모델을 만들어 실제 피해를 유발할 수 있기 때문이다. 공격자들은 다양한 방법으로 AI 시스템을 기망함은 물론, 사용하는 데이터를 오염시키거나 모델에서 민감한 데이터를 추출하는 적대적인 ML 도구를 사용하는 등 새로운 유형의 공격 역량을 강화할 것으로 보인다. 또한 AI 시스템에서 생성되는 소프트웨어 코드가 증가함에 따라 공격자는 이러한 시스템에 내재된 취약점을 악용하여 애플리케이션을 대규모로 파괴할 수도 있다.

이 같은 인공지능의 기술적 특징은 세 가지 측면에서 사이버 안보 환경의 변화를 초래하게 된다. 첫째, 기존 보안 환경의 위협 범위를 대폭적으로 증가시킬 수 있다. 효율적인 인공지능 시스템의 확산으로 공격을 수행하는 것이 더욱 용이해지면서 공격자의 숫자 및 공격 속도가 급증한다. 또한 우선순위, 비용편익 관점에서 공격할 가치가 없었던 대상들도 포함됨으로써 공격 대상 역시 확대되는 효과가 나타난다. 특히, 공격자가 익명의 공간에 숨을 기회가 늘어나면서, 공격에 대한 주저함이나 거부감이 감소하는 동시에 위협의 정도 역시 증대될 수 있다(윤정현 2019, 23).

표 5.2 진화된 AI가 초래하는 보안이슈 및 국가안보 위협 발생 요소

취약점	촉발 경로	예상 피해
AI 모델 악용	• 적대적 시스템 메시지	• 유해한 답변과 오인식 만연 • 가짜뉴스로 인한 비이성적 여론 형성과 사회적 혼란, 잘못된 의사결정 유도
유사AI 모델 서비스 빙자	• 유자 악성 서비스 접근 유도	• 신뢰할 수 있는 AI이름을 도용한 스쿼팅 URL, 가짜 앱 등을 통해 개인정보 대량 유출 가능
데이터 유출	• 데이터 합성 과정의 문제 • 과도한 훈련 데이터 암기문제 • 대화 속 개인정보 등 민감정보 작성	• 민감한 훈련 데이터나 기밀 유출 • 데이터베이스 해킹시, 과거 이요자 중 주요 대상에 대한 표적 추론공격도 가능
플로그인 취약점	• AI 모델의 적용 범위 확장 • 안정성 확인 미흡 • 해커 공격 법위 확정 • 취약점이 있는 서비스와 연결	• 에이전트화된 AI를 악용한 악성코드 전파 • 새로운 도메인에서의 모델 오작동 유도 • 취약점 서비스와의 연결을 통한 해커의 공격 범위 확장
확장 프로그램 취약점	• 확장 프로그매 내 악성서비스 설치 • 서비스 제공업체의 보안조치 미흡	• 사용자 권한을 남용한 사용자 시스템 공격 • 대량 좀비PC 생성 및 DDos 피해 발생 • 호스팅 서버 및 스토리지 시스템 위협
API 취약점	• 미흡한 API 관리 • 제어불가한 악의적 프롬프트 주입	• 인증수단 약화로 데이터 및 시스템 보안 피해 • 위해 알고리즘, 불법적 무기제조 설계 등

출처: 국가정보원·국가보안기술연구소(2023)을 기반으로 재구성.

IV. 인공지능의 활용 가치와 신뢰성의 결정변수인 데이터

1. 고도화된 AI 구현을 위한 데이터 확보 이슈의 안보화

디지털 사회에서의 혁신과 생산성 향상을 위한 핵심은 바로 풍부한 데이터 확보에 있다. 데이터가 '21세기의 석유'로 비유되는 이유도 여기에 있으며, 실제로 데이터는 AI시대의 광범위한 디지털 사회를 원활히 기능하도록 전제 조건으로서의 위상을 가지게 되었다. 인공지능이 기계에게 인간과 같은 지능적 능력을 구현하는 것이라면, 데이터는

이를 학습시키고 그 결과를 바탕으로 정보의 의미 있는 가치 패턴을 도출하여 의사결정을 내리게 하는 필수 자원이기 때문이다. 무엇보다도 고도화된 AI의 구현을 위해서는 양질의 데이터 확보와 체계적 관리가 전제되어야 한다는 점에서 인공지능 활용 역량 증대와 데이터에 대한 접근성 문제는 상호 결합된 문제이기도 하다. 대규모 데이터를 활용해 정보를 분석하는 시도는 이전에도 있었지만, 실제로 오늘날 국가 차원에서 빅데이터는 디지털 전환 시대 미래경쟁력을 위한 원천적이고 핵심적인 자원으로 활용될 수 있는 것이다(Manyika et al. 2011).

이처럼 인공지능이 데이터를 기반으로 함에 따라 국가들은 데이터 정책을 산업 경쟁력 강화와 국가안보 문제로 고려하게 되었다. 나아가 국가들은 점차 데이터를 생산, 저장, 유통 그리고 활용하는 것을 국가의 배타적 권리로서 인식하게 되었다(유준구 2020). 특히 데이터의 사용과 이동 그리고 공개와 비공개 문제에 대한 권리를 국가의 이익 차원에서 고려할 필요성이 확산되는 중이다(윤정현·홍건식 2022, 28). 디지털 사회의 방대한 데이터 흐름은 인공지능의 진화에 따라 더욱 가속화될 수 있기 때문이다. 그러나 데이터는 AI의 성능, 신뢰성과도 직결되기 때문에 국가, 나아가 국제사회의 엄격한 관여와 규칙을 요구하고 있다. 정부, 군 등 국가의 핵심 정보를 담고 있는 데이터에 대한 사이버 공격과 유출, 왜곡된 데이터 확산과 개인정보 접근 및 활용의 문제 등, 데이터는 다양한 형태로 국가안보에 위협이 될 수 있다. 또한, 디지털 전환 시대의 첨단기술 영역을 둘러싼 경쟁이 치열하게 벌어지면서, 국가의 데이터 관리는 안보를 목적으로 한 국가 주권 행위로 나타나기도 한다.

이 같은 AI의 고도화와 데이터 확보 간의 상호 필수불가결성은 미중뿐만 아니라 미-EU 간에도 불협화음으로도 나타나기도 한다. 현실적으로 일반 데이터의 거의 상당수는 EU가 아닌 미국, 중국 등에 집중되고 있기 때문이다. 지난 2015년에도 유럽사법재판소(ECJ)가 'Safe Harbor(어떤 행위가 주어진 규칙에 위배되지 않는 것으로 간주될 것을 명시하는 법령이나 규정의 조항)'를 무력화함으로써, 미국-EU 간 데이터 교류의 폭이 위축된 바 있다.[6]

이 같은 긴장 속에서 2022년 3월 25일, 미국과 EU는 유럽인들의 개인정보를 미국에 저장하는 것을 골자로 하는 예비협약에 합의, 양측의 데이터 전송 환경은 새로운 국면을 맞게 되었다. 해당 협약에 근거하여 구글, 메타(구 페이스북) 등은 미국 내 데이터 센터에서 유럽을 대상으로 한 온라인 광고 판매, 트래픽 측정 등이 가능하게 되었기 때문이다. 동 협약은 '대서양 횡단 데이터 프라이버시 프레임워크'로 명명되면서 ECJ가 제기했던 위험 요인들을 일정 부분 제거하였다(지디넷코리아 2022). 다만, EU는 '가이아 익스(GAIA-X)'라는 데이터 생태계 플랫폼을 만들 것을 규정함으로써, 데이터 산업이나 클라우드 플랫폼에서 미국 기업에 지나치게 의존하는 위험을 피하도록 하였다. 이와 함께 EU에 거주하는 개인정보 분쟁을 담당할 '개인정보 처리법원'의 별도 설립 방안도 마련하였다. 여기서 강조한 명분은 역시 '디지털 주권'과 '데이터 주권'이었다. 여기에 대응하여 중국은 경량화, 데이터 자원화 등 미국형 혁신모델을 벗어나 독창적인 혁신생태계 구축을 목표로 하고 있다. 이러한 독자 모델이 글로벌 확산까지 연결되느냐는 향후 미중 간의 AI 경쟁의 승패를 결정짓는 핵심이 될 것으로 예상된다.

6 당시 ECJ는 세이프 하버가 주로 미국의 국가안보, 공공이익 등을 우선시하고 있어, 제3국으로 정보가 이전되는 개인의 기본권을 침해하는 것을 묵인할 우려가 있다면서 제동을 걸었고, 아일랜드 데이터보호위원회(DPC) 역시 2020년 8월 메타(구 페이스북)에 EU에서 미국으로 이용자 데이터를 전송하는 것을 중단하라는 예비명령을 내리기도 하였다(연합뉴스 2021).

2. 데이터 주권을 바라보는 주요국의 인식과 입장 차

그렇다면, 이제는 각기 다른 환경적 맥락에서 AI 주권 문제를 둘러싼 데이터의 유통·활용에 대한 주요국의 입장 차를 살펴볼 필요가 있다. 우선, 미국은 자유로운 시장 환경을 강조하며, 데이터의 초국가적 유통과 개방성을 강조하고 있다. 반면, 중국은 데이터를 주권의 차원에서 다뤄 단순 기술 보호 차원을 넘어 국가안보를 결정하고 국제데이터 규범을 새롭게 설정하는 이슈를 중시하고 있다. 반면, 미·중에 비해 인공지능 기술 전반에 상당 부분 열세에 놓여 있는 EU는 국제규제와 규범 논의 과정에서 주도권을 잃지 않도록 많은 노력을 기울이고 있다. 실제로 EU 유럽연합집행위원회(European Commission)는 2021년 4월, '인공지능법안(Artificial Intelligence Act, AIA)'을 제안, 인공지능 산업의 육성과 적용 확대를 위한 가이드라인을 가장 먼저 제시한 바 있다. AIA의 주요 논의 사항으로는 인공지능의 범위와 정의, 금지된 인공지능 실행, 고위험 인공지능 시스템 분류, 일반 목적의 인공지능 시스템, 리스트 업데이트의 필요성 등이 보고된 것으로 나타나기도 하였다.

이 때문에 데이터의 안보화 문제는 국가 차원에서 데이터의 권리를 강조하는 '데이터 주권(data sovereignty)'의 개념으로 구체화되는 중이다(윤정현·홍건식 2022, 34). 여기서 데이터 주권은, 데이터에 대한 암호화 및 액세스 제어를 유지하는 것을 의미한다. 즉, 민감한 데이터가 공식적인 허가 없이 외국으로 넘어가는 상황을 막고자 특정 공급업체 운영에 대한 가시성과 통제권을 조직에 부여하는 행위임을 의미한다고 볼 수 있다. 이를 통해 권한 있는 사용자의 액세스나 랜섬웨어 공격과 같이 악의적 행위자의 공격들이 중요한 데이터에 접근하는 것도 막을 수 있게 된다.

반면, 운영 주권은 공급업체 운영에 대한 가시성과 통제권을 조직에 부여하는 것을 의미한다. 무엇보다도 데이터 유통의 문제가 쟁점화되면서 데이터의 생성, 활용, 가공 등을 둘러싼 국가 간 입장은 첨예하게 엇갈리고 있다. 정부의 데이터 관여·통제 권한과 개인정보의 보호 수준 사이에도 우선성을 달리하는 유사입장국과 블록 간의 진영화가 대표적인 현상이다. 나아가 다양한 AI의 적용 및 활용 메커니즘에서 데이터의 처리 속도뿐만 아니라 다른 데이터와의 관계성을 분석하고 검증하는 과정 역시 중요해지고 있다. 이는 향후 좀더 복합적이고 정교한 과업에서 AI의 의사결정 과정에 시사하는 바가 크기 때문이다.

향후 중국은 '디지털 일대일로' 참여국과 같은 파트너들과의 국제협력 확대를 통해 디지털 통상규범 및 디지털 표준에 대한 영향력 확대를 추진할 수 있으나, 데이터 이전 자유화 등에 대해서는 여전히 제한을 둘 것으로 보인다(오종혁 2023, 11). 이와 같은 견지에서 중국은 데이터 현지화를 의무화하고 데이터 해외이전과 관련하여 2022년 9월부터 '데이터 역외이전 보안평가 방법'을 시행 중에 있다. 이는 중국의 데이터 흐름이 사회 질서체제에 영향을 준다는 인식하에 통제 가능한 수준의 데이터 장벽을 구축하겠다는 것으로도 해석되기 때문이다.

V. 트랜스휴먼으로 진화와 포스트휴먼의 창발

인공지능의 국가안보 위협을 전망하기 위해서는 우선 AI 기술성숙도 측면에서 단기·중장기 위협 가능성을 고려해야 한다. 오늘날 신기술의 성숙 단계를 직관적으로 이해하는 데 가장 많이 활용되는 분

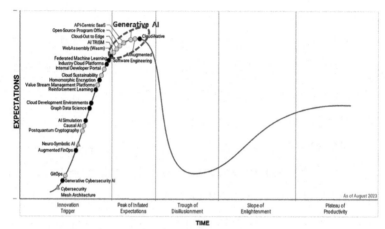

그림 5.4 Gartner Hype Cycle로 본 생성형 AI의 기술 성숙도
출처: Gartner(2023, 8).

석 도구는 Gartner의 '하이프사이클(Hype Cycle)'이라 볼 수 있다. 하이프사이클은 혁신촉발(Innovation Trigger), 기대정점(The peak of Inflated Expectation), 환멸의 계곡(Trough of Disillusionment), 깨우침의 단계(Slope of Enlightenment), 생산성의 안정기(Plateau of Productivity) 등 5단계로 구성된다(정보통신기획평가원 2019). AI의 기술성숙도를 볼 때, 현재 생성형 AI는 활용이 폭발적으로 증가하고 있는 기대의 정점 국면에 있으며, 2-3년 이내 각 상용화될 가능성이 높은 기술인 것으로 나타난다.

반면, 'Emergent AI'(신흥 AI: 생성형 AI 외에도 디지털 고객 경험을 개선하고, 더 나은 비즈니스 의사결정을 내리고, 지속 가능한 경쟁 차별화를 구축하는 데 엄청난 잠재력을 제공하는 AI) 등이 상용화되는 것은 5년~10년 이상의 중장기적 시간이 필요하며 이러한 기술에는 AI 시뮬레이션, 인과적 AI, 연합 머신러닝, 그래프 데이터 과학, 신경 기호 AI

및 강화 학습이 포함된다.

고도화된 정보통신기술 인프라를 통해 우리 삶은 디지털화되어 데이터를 끊임없이 생산하게 된다. 축적된 데이터는 인공지능과 결합하게 되면 경제, 사회 등 삶의 모든 분야에서 마치 인간이 운용하는 것처럼 자연스러운 자동화 시스템을 구현할 수 있게 된다. 특히, 인공지능의 진화는 인공지능의 궁극적인 지향점으로서 '트랜스휴먼(trans human)'인가, '포스트 휴먼(post human)'인가에 대한 논의의 필요성을 제기하고 있다.[7] 실제로 최근 AI 개발의 초점은 사람의 지적 활동 대부분을 모사할 수 있을 뿐만 아니라 사람과 구분 불가능한 지적 산물을 창조하는 '강인공지능(Strong AI)' 단계에 맞춰져 있다(윤정현·이수연 2022, 138). 물론, 일반적인 약인공지능이 연구되어 온 과정을 돌이켜보면 강인공지능의 미래가 현재 우리가 예상한 대로 흘러가리라고 보장하기는 어려운 것이 사실이다. 그러나 진화의 큰 흐름 속에서 인공지능이 비(非)인간의 영역과 인간의 영역 간의 경계를 허물고, 새로운 존재가 가진 불연속적 창발 현상으로 이어질 가능성은 분명히 존재한다. 이러한 포스트 휴먼 시대로의 전환은 디지털 사회의 핵심 행위자 중 하나가 된 기계와 AI의 알고리즘이 시스템을 제어하는 작동방식의 신뢰성에 대한 비판적 접근의 필요성을 제기한다(백종현 외 2017).

트랜스휴머니즘은 구글이 지원하는 싱귤래리티 대학(Singularity University)의 총장인 레이 커즈와일(R. Kurzweil), 나노물리학의 개척자 에릭 드렉슬러(Kim Eric Drexler), 옥스퍼드 철학자 닉 보스트롬

---

7   사실 포스트 휴먼은 근대의 인간 중심 사상인 휴머니즘(Humanism)에 대한 비판적 입장을 견지한다. 기계를 통해 인간의 외연이 확장된 시대가 아니라 인간과 기계, 동물과 식물이 하나의 평면에서 만나고 섞이며 서로를 통해 변형되는 거대한 '공존의 시대'로서 포스트 휴먼을 바라보는 것이다(이원태 외 2014).

(N. Bostrom) 등에 의해 선도되며 미래연구의 비전으로 제시되었던 바 있다. 트랜스휴머니즘은 기술들의 발전이 미래의 어느 때 특이점에 도달하여 성공적으로 융합하면, 인간을 이러한 융합기술로 개조하여 인간의 생물학적 한계를 극복할 수 있다는 철학적 접근이다(Bostrom 2005).[8] 이에 이르면 인간의 생물학적 육체는 도태되고, 첨단기술에 의해 완전히 능력이 상향된 인간 이후의 존재자가 출현한다는 것을 핵심으로 한다. 결국 이 시점에 오면 진화의 방향은 기술에 의해 조정되는데 이는 자연적 진화와는 전혀 다른 차원의 새로운 진화의 국면으로서 기존의 과학 혹은 철학의 틀로는 이해할 수 없는 새로운 세계가 도래한다는 관점이다.[9] 과거 인간과 기계는 서로 이질적 존재로 경계가 명확했다. 그러나 앞으로 인간과 기계의 경계는 약해진다. 유전자 조작, 줄기세포나 인공장기 같은 생명 기술, 로봇 팔다리나 외골격(엑스스켈레톤)과 같은 인공보철(프로스테시스), 두뇌-컴퓨터 인터페이스(Brain-Computer Interface, BCI)를 통한 인간 신경계와 기계 연결 등의 기술로 인간은 점점 기계와 결합한 사이보그적 존재로 진화하고 있다. 더나아가 그 역할을 전장에까지 확대해가고 있다. 이는 개인 차원에서뿐만 아니라 사회적, 국가적 차원에서의 인간의 존재론적 이유에 대한 질문을 제기한다.

이 같은 변화는 다른 한편에서 인간 역량의 극대화, 지나친 인간 중심주의의 명제를 타파하고 오히려 기계와 같은 비인간 요소를 포함

---

8   트랜스휴먼(Transhuman)은 인간과 포스트휴먼(posthuman) 사이의 존재로 인간과 닮았지만 개조에 의해 인간보다 훨씬 뛰어난 능력을 획득한 인류를 의미한다(Bostrom 2005).

9   대표적으로 미국 NSF의 최초 융합기술 보고서의 두 명의 공동저자 중 한 사람인 윌리엄 베인브리지(William Sims Bainbridge)가 트랜스휴머니스트(Transhumanist)라고 볼 수 있다.

해야 한다는 포스트휴먼의 미래적 시각을 낳고 있다.[10] 자연뿐만 아니라 인공지능과 같은 비인간적 존재와의 공존을 통해 보다 가치의 의미를 찾을 수 있을 것이라는 포스트휴먼의 접근이 그리는 인간과 생태계, 기술적 존재들이 공존하고 진화하는 기술·생태적 공간은 어떠한 불확실성을 갖고 있는가? 포스트휴먼이 그리는 진화 방향의 구체적인 형태와 특성이 어떠한 양상일지가 모호한 상황에서 비인간·인간 간 관계의 조화가 우선될 경우, 직면하게될 또 다른 도전은 무엇인가?

이미 메타버스 세계의 가상인간과 현실과 결합한 메타휴먼의 등장으로 다차원적 정체성을 가진 아바타와 공존하기 시작한 오늘날 포스트휴먼의 존재에 대한 고민은 보다 현안적인 문제가 되었다. 물리적 현실에서의 활동 비중의 변화, '자아'를 표상하는 수단에서 주체로 변화하고 있는 아바타의 위상 등은 개인 수준을 넘어, 사회와 국가적 차원에서의 고민을 던져주고 있다. 이 같은 포스트휴먼의 창발은 단순히 사회문화적 이슈에만 국한되는가? 안보적 차원에서 어떠한 시사점을 갖는지에 대한 선제적인 고찰이 필요함을 시사한다.

VI. 맺음말

지금까지 살펴본 바와 같이 인공지능은 다른 핵심 기술과 접목되

---

10 포스트휴머니즘은 휴머니즘이 이해하는 인간의 본질에 도전해 인간과 인간이 아닌 존재들의 경계를 탐색하고 둘 사이의 관계를 재설정함으로써 '인간', '기계', '생명'을 재고한다. 이를 통해 '인간' 개념에 내재된 다양한 위계를 해체하고, 인간과 인간의 관계뿐만 아니라 인간과 인간이 아닌 존재 사이에서도 조화로운 공생을 주장하고 있다. 즉, 더 이상 인간만이 세상에서 단일하고 유일무이한 주체라는 시각을 버려야 할 필요성을 제기하는 것이다.

면서 군사적 수단으로 활용될 뿐만 아니라 자체 진화를 통해 새로운 불확실성을 배가시킨다. 또한, 사이버 공간에서의 활용성 확대는 피해 범위의 질적·양적 확산이라는 문제를 야기하고 있다. AI의 활용가치를 결정하는 변수이자 신뢰성을 가늠할 수 있는 핵심인 데이터 역시 AI의 파급력과 빼놓을 수 없는 요소이다 마지막으로 급속도로 진화하는 AI의 발전은 어느 특이점에 인간의 통제가 극도로 불확실한 단계에 도달할 수도 있으며, 이때는 과연 AI를 어떠한 존재로 바라보고 인간과의 관계 정립을 해나갈 것인가에 대한 근본적인 질문을 던질 시기가 도래할지도 모른다. 이른바 '포스트휴먼' 시대의 딜레마인 것이다. 이 같은 도전들은 AI의 경제적 파급력을 넘어 사회적 불확실성과 대비의 필요성을 시사하며, 특히, AI의 정치안보 무기화에 따른 비대칭적 위협 경감 수단이 필요한 상황임을 주지시키고 있다.

먼저, 향후 진화된 AI가 가속화하는 신기술 안보위협에 대응하기 위해서는 물리적 인프라의 확충뿐만 아니라 데이터의 투명성과 신뢰성 확보, 공급자를 넘어 사용자의 윤리성 강화 등 사회의 전일적 (holistic) 차원에서의 경각심과 대응의지가 요구된다. 이를 위해 첫 번째로 실천해야 할 접근 방향은 이른바 '능동적 대응 인프라 및 기반 마련'이라 할 수 있다. 지능형 영향력 공작대응센터를 운용하거나, 자체 생성형 AI 플랫폼을 통한 잠재 허위정보 위협 감시/모니터링 체계를 구축하고, 고위험 영향 공작 집단에 대응하는 전담팀을 양성하고 개발하는 활동들을 포괄하는 것이다.

더불어, 신뢰 가능한 생성형 AI 알고리즘 검증 테스트 베드 표준을 구축하고, 사이버 공간에서 벌어지는 주요 AI 입력 데이터의 이상 신호를 모니터링하는 체계도 마련해야 한다. AI의 편향성과 환각 등 구조적 한계점을 보완하기 위해서는 유해 알고리즘 발원 분석과 정상적

학습 데이터의 복원을 포함한 데이터 활용 기준을 개선해야 할 것이다. 또한, 그러한 위협이 사회공학적 영향력을 최소화하는 국가 차원의 '윤리 방화벽'이 필요하다. 이를 위해서는 사회 구성원의 AI 문해력을 강화하고 올바른 생산 및 활용을 준수하는 가이드라인 제공 역시 요구될 것이다. 또한, 허위조작정보, 유해 알고리즘, 보안성 문제 등을 식별하기 위한 의무교육 프로그램도 마련되어야 한다.

마지막으로 AI의 범용성과 통제의 불확실성에 따라, 경계가 어려운 데이터 주권의 관점에서 벌어지는 갈등을 해결하기 위한 글로벌 거버넌스 및 규범 논의가 세분화되어야 함을 시사한다. 동시에, 이를 위해서는 규범 적용을 위한 쟁점 분야의 주체 범위와 기술 수준에 대한 면밀한 검토가 요구된다. 또한, 인간/기계 협업 구조를 보장하는 제도적 원칙과 환류체계를 마련해야 한다. 이러한 논의는 최근 REAIM 회의 등 국제사회의 군사적 AI 활용 책무성에 대한 광범위한 규범 논의의 시작이지만, 이해관계자들의 참여 범위와 기술규제 범위, AI 기술성숙도와 발전단계에 따른 합의 및 갈등에 대한 논의가 필요하다. 또한, 인간 중심, 책임성, 투명성, 공정성, 공공선 등의 원칙을 수립하여 AI의 신뢰성을 높이고 데이터 프라이버시, 지적재산 보호, 윤리적 AI 관행을 확립할 수 있도록 노력해야 한다.

참고문헌

국가정보원·국가보안기술연구소. 2023. "챗GPT 등 생성형 AI 활용 보안 가이드라인."

동아일보. 2023. ""펜타곤 대형 폭발" AI가 만든 딥페이크 사진 퍼지자…美증시 출렁." 5월 10일.

백종현·박은정·김정하·고인석·정원섭·김경환. 2017. "제4차 산업혁명과 포스트휴먼 사회." 『철학과 현실』 112: 20-128.

연합뉴스. 2021. "메타 '페북·인스타, 데이터전송 못하면 유럽서 철수할지도'." 2월 8일.

오종혁. 2023. "'디지털 중국' 추진전략의 주요 내용과 평가." 『세계경제 포커스』 6(8). https://www.kiep.go.kr/gallery.es?mid=a10102030000&bid=0004&list_no=10700& act=view

외교부 보도자료. 2023. "박진 외교장관, 「인공지능의 책임 있는 군사적 이용에 관한 고위급회의(REAIM 2023)」 참석." 『대한민국 정책브리핑』. 2. 17.

유준구. 2020. "국제안보 차원의 데이터 주권 논의 동향과 시사점" 『주요국제문제분석』. 외교안보연구소.

윤정현. 2019. "인공지능과 블록체인의 도입이 사이버 안보의 공·수 비대칭 구도에 갖는 의미." 『국제정치논총』 59(4): 45-82.

윤정현 외. 2021. "예기치 못한 대형·복합 위기(X이벤트)에 대한 과학기술적 대응방안 연구." 과학기술정보통신부.

윤정현·이수연. 2022. "디지털 안전사회의 의미: 안전과 안보의 복합 공간으로서 전환적 특징과 시사점." 『정치정보연구』 25(3): 123-150.

윤정현·홍건식. 2022. 『디지털 전환기의 국가전략기술과 기술주권 강화방안: D.N.A를 중심으로』. 서울: 국가안보전략연구원.

이원태·손상영·조성은·유선실·김사혁·이시직·강장묵·이재현·이종관. 2014. 『포스트 휴먼(Post-Human)시대 기술과 인간의 상호작용에 대한 인문사회 학제간 연구』. 정보통신정책연구원.

정보통신기획평가원. 2019. "가트너 Hype Cycle의 단계별 특징."

조영임. 2021. "인공지능(Artificial Intelligence) 이슈와 국제 표준화 동향." 『월간 SW중심사회』 4월호.

지디넷코리아. 2022. "막혔던 EU→美 데이터전송 길 뚫렸다." 3월 26일.

황정재. 2023. "알파고에서 챗GPT까지 AI 기술의 발전과 미래." 『Future Horizon』 55.

AI rules: what the European Parliament wants. https://www.europarl.europa.eu/news/ en/headlines/society/20201015STO89417/ai-rules-what-the-european-parliament- wants

Benizri, Itsiq, Arianna Evers, Shannon Togawa Mercer, and Ali A. Jessani. 2023. "A Comparative Perspective on AI Regulation." *LAWFARE* (July 17). https://www.

lawfaremedia.org/article/a-comparative-perspective-on-ai-regulation (accessed: August 20, 2023).

Bostrom, Nick. 2005. "A history of transhumanist thought." *Journal of Evolution and Technology* 14 (1): 1-25.

Bruneau, M. et al. 2003. "A framework to quantitatively assess and enhance the seisemic resilience of communities." *Earthquake spectra* 19(4).

China State Council. 2017. "A Next Generation Artificial Intelligence Development Plan." July 20. New America. https://www.newamerica.org/documents/1959/ translation-fulltext-8.1.17.pdf

Commission proposal for an AI act, Explanatory Memorandum and Recitals 1 and 5. https://digital-strategy.ec.europa.eu/en/library/proposal-regulation -laying-down-harmonised-rules-artificial-intelligence

Council of Europe. Feasibility Study. *Ad hoc Committee on Artificial Intelligence, CAHAI(2020)23* .

Courtney, Catherine A. et al. 2007. *How Resilient is Your Coastal Community? A Guide for Evaluating Coastal Community Resilience to Tsunamis and Other Coastal Hazard.* Bangkok: Thailand. U.S. Indian Ocean Tsunami Warning System Program.

DOD. 2018. *Summary of the 2018 Department of Defense: Artificial Intelligence Strategy.* https://media.defense.gov/2019/Feb/12/2002088963/-1/-1/1/SUMMARY-OF-DOD-AI-STRATEGY.PDF

Equal Employment Opportunity Commission

Ethics framework for AI, Liability for AI causing damage, Intellectual property rights.

Federal Trade Commission.

Financial Officer, Defense Budget Overview: United States Department of Defense Fiscal Year 2023 Budget Request, April 2022, p. 4-7, https://comptroller.defense. gov/Portals/45/Documents/defbudget/FY2023/FY2023_Budget_Request_Overvie w_Book.pdf;

GAO, Artificial Intelligence: Status of Developing and Acquiring Capabilities for Weapon Systems, GAO-22-104965, February 2022, https://www.gao.gov/assets/ gao-22-104765.pdf.

Gartner. 2023. "Hype Cycle for Emerging Technologies, 2023." Aug.

Goled, Shraddha. 2021. "Self-Supervised Learning Vs Semi-Supervised Learning: How They Differ." *Analytics India Magazine.* May 7.

Government Accounting Office. 2023. "GENERATIVE AI, GAO-23-106782." https:// www.gao.gov/assets/830/826491.pdf (Accssed: August 20, 2023).

Harris, Laurie A. 2023. Artificial Intelligence: Overview, Recent Advances, and Considerations for the 118th Congress, CRS Report R47644 (August 4),

IARPA. 2023. "Creatively Using Arts to Modify Speech and Protect Privacy." June 20.

https://www.iarpa.gov/newsroom/article/creatively-using-arts-to-modify-speech-and-protect-privacy

Joint Statement on Enforcement Efforts Against Discrimination and Bias in Automated Systems.https://www.ftc.gov/system/files/ftc_gov/pdf/EEOC-CRT-FTC-CFPB-AI-Joint-Statement%28final%29.pdf

Kaye, Byron. 2023. "Australian mayor readies world's first defamation lawsuit over ChatGPT content." *REUTERS.* April 6. https://www.reuters.com/technology/australian-mayor-readies-worlds-first-defamation-lawsuit-over-chatgpt-content-2023-04-05/ (Accssed: August 20, 2023).

Linkove, Igor and Benjamin D. Trump. 2019. *The Science and Practice of Resilience.* Springer.

Manyika, James. et al. 2011. "Big data: The next frontier for innovation, competition, and productivity." McKinsey Global Institute.

Matheny, Jason. 2023. "Challenges to U.S. National Security and Competitiveness Posed by AI." Santa Monica, CA: RAND Corporation. https://www.rand.org/pubs/testimonies/CTA2654-1.html(accessed: August 20, 2023). Testimony presented before the U.S. Senate Committee on Homeland Security and Governmental Affairs (March 8, 2023).

The National AI Research Resource Task Force released its final report, Strengthening and Democratizing the U.S. Artificial Intelligence Innovation Ecosystem: An Implementation Plan for a National Artificial Intelligence Research Resource, in January 2023 at https://www.ai.gov/wp-content/ uploads/2023/01/NAIRR-TF-Final-Report-2023.pdf.

The National Artificial Intelligence Research and Development Strategic Plan. https://www.nitrd.gov/pubs/national_ai_rd_strategic_plan.pdf

NATO Science & Technology Organization. 2020. "Science & Technology Trends 2020-2040: Exploring the S&T Edge." March, 2020.

Newsom, Gavin and Shirley N. Weber. 2023. "Executive Order N-12-23." Executive Department, State of California. September 6.

NIST. 2023. Artificial Intelligence Risk Management Framework (AI RMF 1.0). January. https://nvlpubs.nist.gov/nistpubs/ai/NIST.AI.100-1.pdf

_____. 2023. Biden-Harris Administration Announces New NIST Public Working Group on AI. June 22. https://www.nist.gov/news-events/news/2023/06/biden-harris-administration-announces-new-nist-public-working-group-ai

ODNI, Principles of Artificial Intelligence Ethics for the Intelligence Community. https://www.intelligence.gov/principles-of-artificial-intelligence-ethics-for-the-intelligence-community

_____. 2019. The AIM Initiative: a Strategy for Augmenting Intelligence Using Machines. January 16. https://www.dni.gov/files/ODNI/documents/AIM-Strategy.pdf

_____. 2020. Artificial Intelligence Ethics Framework for the Intelligence Community. June 2020. https://www.intelligence.gov/artificial-intelligence-ethics-framework-for-the-intelligence-community

OECD. 2019. *Recommendation of the Council on Artificial Intelligence.*

_____. 2020. "A systemic resilience approach to dealing with Covid-19 and future shocks."

Office of the Under Secretary of Defense (Comptroller)/Chief

Pouget, Hadrien and Matt O'shaughnessy. 2023. "Reconciling the U.S. Approach to AI." CARNEGIE (May 3), https://carnegieendowment.org/2023/05/03/ reconciling-u. s.-approach-to-ai-pub-89674

Preparing for the Future of Artificial Intelligence. https://obamawhitehouse. archives.gov/sites/default/files/whitehouse_files/microsites/ostp/NSTC/ preparing_for_the_future_of_ai.pdf

Sayler, Kelley M. 2020. Artificial Intelligence and National Security, CRS Report R45178 (November 10).

_____. 2024. Emerging Military Technologies: Background and Issues for Congress, CRS Report R46458 (February 22).

Shah, Aakash. 2023. "How generative AI is creating new classes of security threats." VentureBeat, https://venturebeat.com/ai/how-generative-ai-is-creating-new-classes-of-security-threats/

Sheng, Jenny (Jia), Jack Ko, Ph.D., Jenny Y. Liu, Steven Farmer, Chunbin Xu, Wenjun Cai, and Fred Ji. 2023. "China Finalizes Its First Administrative Measures Governing Generative AI." *PILLSBURY* (July 25). https://www.pillsburylaw.com/en/news-and-insights/china-generative-ai-measures.html

Simonite, Tom. 2017. "For Superpowers, Artificial Intelligence Fuels New Global Arms Race." Wired, August 8. https://www.wired.com/story/for-superpowers-artificial-intelligence-fuels-new-global-arms-race

Strengthening and Democratizing the U.S. Artificial Intelligence Innovation Ecosystem: An Implementation Plan for a National Artificial Intelligence Research Resource. https://www.ai.gov/wp-content/uploads/2023/01/NAIRR-TF-Final-Report-2023. pdf

U.S. DEPARTMENT OF DEFENSE RESPONSIBLE ARTIFICIAL INTELLIGENCE STRATEGY AND IMPLEMENTATION PATHWAY. https://media.defense.gov/2022/ Jun/22/2003022604/-1/-1/0/Department-of-Defense-Responsible-Artificial-Intelligence-Strategy-and-Implementation-Pathway.PDF

U.S. Department of Defense. 2023. "DOD Announces Establishment of Generative AI Task Force." August 10. https://www.defense.gov/News/Releases/Release/ Article/3489803/dod-announces-establishment-of-generative-ai-task-force/ (Accssed: August 20, 2023).

The White House Office of Science and Technology Policy

The White House. 2023. "FACT SHEET: Biden-Harris Administration Announces New Actions to Promote Responsible AI Innovation that Protects Americans' Rights and Safety." May 04. https://www.whitehouse.gov/briefing-room/statements-releases/2023/05/04/fact-sheet-biden-harris-administration-announces-new-actions-to-promote-responsible-ai-innovation-that-protects-americans-rights-and-safety/

WHITE PAPER On Artificial Intelligence - A European approach to excellence and trust, European Commission. https://commission.europa.eu/system/files/2020-02/commission-white-paper-artificial-intelligence-feb2020_en.pdf

Written testimony of Jason Matheny, President and CEO, RAND Corporation, in Senate Committee on Homeland Security and Governmental Affairs, Artificial Intelligence: Risks and Opportunities, hearing, March 8, 2023, https://www.hsgac.senate.gov/hearings/artificial- intelligence-risks-and-opportunities/testimony-matheny-2023-03-08/

제6장 인공지능과 군사안보: 인공지능의 무기화 경쟁과 군사혁신

윤대엽(대전대학교)

* 이 글은 "인공지능의 무기화 경쟁과 인공지능 군사혁신"을 제목으로 『국제정치논총』 제64집 제1호(2024)에 게재된 논문을 수정, 보완한 것이다.

I. 인공지능 군비경쟁

생성형 인공지능(ChatGPT)이 공개된 이후 '인공지능 리스크(AI Risk)' 논쟁이 본격화되었다. 1차, 2차 산업혁명이 에너지 기반을 근육에서 동력, 다시 전기로 변화시켰다면, 제3차 산업혁명은 정보의 디지털화와 컴퓨터를 도구로 연산능력을 변화시켰다. 그런데 센서기술, 네트워크, 빅데이터와 상호 결합된 인공지능혁명(AI Revolution)이 인간의 인지 능력을 대체하게 될 것으로 전망되고 있다. 인간을 대체, 또는 인간보다 우월한 '호모 데우스(Home Deus)'의 탄생(유발 하라리 2017)에 대해서는 기술적, 윤리적 비관론과 낙관론이 공존한다. 일부에서는 인공지능이 모든 위협에 효과적으로 대응하는 전지전능한 군대(omnipotent force)의 기반이 될 것이라고 전망한다. 반면 2023년 5월 인공지능 과학자, 빅테크 CEO, 언론인, 정책가 등[1]은 'AI로 인한 멸종 위험을 완화하는 것이 감염병, 핵전쟁과 같은 다른 사회적 규모의 위험과 함께 세계적인 우선순위가 되어야 한다'는 성명을 발표했다.[2] 전문가들은 개인, 집단의 지적 능력을 뛰어넘는 인공지능이 선전, 검열, 감시 등 악의적 수단으로 사용될 수 있다고 우려한다. 광범위한 정보의 수집, 활용, 통제, 감독 능력은 기업 경쟁력은 물론 정치권력을 재편하는 수단으로 악용되거나, 인공지능 기반의 사회체계에 대한 통제력을 상실하는 경우 거대한 위험에 직면할 수도 있다.[3]

---

1   비영리단체인 AI안전센터를 통해 발표된 성명에는 Google DeepMind 데미스 하사비스(Demis Hassabis), OpenAI 샘 알트만(Sam Altman), AI 연구로 2018년 컴퓨터 분야 노벨상으로 불리는 튜링상을 수상한 지프리 힌튼(Geoffrey Hinton), 요슈아 벤지오(Yoshua Bengio) 등 350여 명이 참여했음.
2   Center for AI Safety, "Statement on AI Risk" https://www.safe.ai/statement-on-ai-risk (검색일: 2023.07.05.).

인공지능혁명이 핵무기, 감염병과 같이 인류 멸종의 위협으로 지목된 것은 화약, 핵무기에 이어 세 번째 군사혁명(the Third Military Revolution)을 촉발시키고 있기 때문이다(Lee 2021). 인공지능의 무기화를 위한 세계 각국의 군비경쟁이 본격화되었다. 2021년까지 한국은 물론 전 세계 44개 국가가 인공지능을 기술적, 경제적, 군사적으로 활용하는 인공지능 국가책략(AI statecraft)을 추진하고 있다(Fatima et al. 2021). 특히, 미중러, EU 등 주요국은 인공지능을 무기화하고 군사적으로 활용하기 위한 군비경쟁을 주도하고 있다. 2018년 미 국방부는 인공지능 기반의 작전적 효과성과 전략적 우위를 목표로 하는 인공지능전략을 발표하고 합동인공지능센터(JAIC)를 신설했다.[4] 2049년까지 기계화, 정보화를 기반으로 지능화된 세계 일류 강군건설을 국방개혁을 추진하고 있는 중국은 2019년 국방백서에서 인공지능이 '중국특색의 군사혁신의 핵심요소'임을 명시했다(The State Council Information Office of the PRC 2019). 인공지능을 활용하는 지능화 전쟁은 산업혁명 이후 기계화 전쟁, 정보혁명 이후 정보화 전쟁을 획기적으로 변화시킬 것이다. 기계화 전쟁은 화력과 기동의 양적, 질적 우위 경쟁이었다. 제1차 걸프전쟁에서 현실화된 정보화 전쟁은 정보·감시·정찰(ISR) 등 정보우위를 정밀타격체계와 결합한 정찰-타격 복합체계(reconnaissance-strike complex) 군비경쟁을 촉발시켰다. 그런데 정보적, 심리적, 인지적 측면에서 인간보다 우월한 인공지능이 정

---

3 인공지능 리스크에 대한 개괄은 Center for AI Safety, "An Overview of Catastrophic AI Risk" https://www.safe.ai/ai-risk (검색일: 2023.07.05.).

4 DoD. *Summary of the 2018 DoD Artificial Intelligence Strategy: Harnessing AI to Advance Our Security and Prosperity.* https://media.defense.gov/2019/Feb/12/2002088963/-1/-1/1/SUMMARY-OF-DOD-AI-STRATEGY.PDF (검색일: 2023.08.01.).

보·감시·정찰은 물론 지휘통제(C5I), 화력, 기동과 군수지원의 전 영역을 지휘통제(박창희 2021, 121-124)하게 된다면 '전지전능한 군대(omnipotent force)'(Hamilton 2020)가 만들어질 수도 있다. 인간의 개입 없이 대상표적과 교전(F2T2EA)하는 자율무기체계는 지능화 전쟁의 최종상태가 될 것이다.

그러나, 인공지능 기술을 군사화, 무기화하는 군비경쟁의 결과는 정해진 미래가 아니다. 기술-전략이 상호작용하며 변화되어 온 군사혁신의 교훈은 두 가지다. 우선 군사기술혁명(MTR)은 전략적, 작전적, 전술적 수준에서 전쟁 양상에 거대한 변화를 수반하지만 기술변화가 전쟁을 지배하는 유일한 요인은 아니다. 군사기술이 적대국의 위협을 상쇄 또는 억지하는 힘으로 발휘되기 위해서는 (1) 군사전략과 작전, (2) 군사체계(military system)와 무기, (3) 부대조직과 문화 등 기술, 무기, 작전, 조직도 혁명적인 변화가 수반되어야 한다(Krepinevich 2002). 인공지능무기를 구성하는 (1) 알고리즘, (2) 빅데이터, (3) 연산능력(computing)이 무기체계에 통합되고 작전적, 전술적 차원에서 활용되는 것은 과거 군사혁신보다 더 많은 '기술성단(constellation of technologies)', 비용과 시간이 소요된다. 둘째, 군사혁신은 목표가 정해진 내적 혁신이 아니라 유동적 외적 경쟁 과정이다. 인공지능 군비경쟁도 기술우위가 결정하는 정태적 절대우위가 아니라 억지경쟁의 과정에서 구축되는 동태적 상대우위다. 인공지능 군비경쟁의 목표는 완벽한 군대건설이 아니다. 제한된 자원, 점진적 기술이 무기화되어 전력화되는 것은 적대국의 위협을 억지하고 상쇄하는 경쟁(Polyakova 2018), 그리고 자율무기체계(AWS)에 대한 국제사회의 윤리적 규범도 군비경쟁 과정에 영향을 미친다.

인공지능 군사혁신은 어떤 과정을 통해 전쟁 양상에 영향을 미치게 될 것인가? 인공지능기술이 전략, 체계, 조직, 문화에 수용되어 전력으로 활용되는 인공지능 통합체계의 과제는 무엇인가? 본 연구는 인공지능 군사혁신의 과정을 (1) 전략, 무기, 조직, 문화에 적용되어 활용되는 체제적 측면과, (2) 억지경쟁, 비대칭 전력과 혁신기반 구축 등의 경쟁적 측면으로 구분하여 분석하고, 군사혁신 과제를 검토한다.

II. 인공지능 군사혁신: 이론, 쟁점과 접근시각

군사혁신(RMA)에 대한 정책적, 학문적 관심은 미소냉전의 종식 이후 군비경쟁 전략에서 시작되었다. 냉전경쟁이 완화되던 1990년대 초반 미 국방부는 군사적 균형(military balance)과 억지중심의 미소 군비경쟁을 어떻게 재정의할 것인지 검토하기 시작했다(Krepinevich 2002, 4-7). 1990년대 본격화된 군사혁신 연구는 정보화 기술이 미래의 전쟁과 안보환경에 미치는 영향에 대한 연구의 출발점이 되었다. 군사혁신 연구[5]의 프레임인 '군사-기술 혁명(military-technology revolution)'은 1980년대 소련에서 주목했던 개념이다(Cohen 1996, 39-41). 소련에서 기술혁신에 관심을 가진 것은 재래식 군비경쟁의 비용을 관리하고 특히 1970년대 미국의 2차 상쇄전략이 '정찰-타격 콤플렉스(reconnaissance-strike complex)'의 변화에 대한 관심 때문이었다. 적대국 또는 경쟁국의 군사전략과 의지에 영향을 미치는 전략 차원에서 기술주도 군사혁신의 과제는 네 가지다(Krepinevich 2002,

---

5   주지하는 바와 같이 군사혁신 관련 연구를 주도한 것은 미 국방부 총괄평가국(ONA)으로, 미소 냉전 시기 양국 군사력의 추세, 경쟁, 균형에 집중했던 ONA의 전략은 냉전체제 붕괴 이후 군사기술이 주도한 전략, 획득, 혁신으로 전환되었음.

i-ii). 첫째, 적절한(appropriate) 군사혁신 목표를 식별하는 것이다. 적절한 혁신이란 군사적 위협을 억지하고 압도하는 군사적 효과성 (military effectiveness)을 유지하는 것이다. 둘째, 식별된 목표에 따라 기술주도 혁신을 촉진하는 것이다. 셋째, 혁신적 작전지원을 위해서는 연구개발 및 국방획득의 혁신이 수반되어야 한다. 마지막으로, 미국이 주도하는 군사혁신에 동맹국을 어떻게 포함시키고 역할을 분담하는 것이다.

정보전, 우주전이 현실화된 걸프전 이후 군사기술이 주도하는 군사혁신은 모든 국가에게 주어진 공통과제다. 그러나, 군사혁신 연구를 선도한 마샬(Andrew W. Marshall)이 지적한 바와 같이 군사기술이 군사혁신과 필연적, 인과적으로 귀결되는 것은 아니다. '기술은 군사혁신의 조건일 뿐, 군사혁신은 혁신적인 기술이 전략, 조직, 운영, 산업 등의 변화를 수반할 때 가능하다'(Marshall 1993). 군사기술의 변화가 군사전략은 물론 지휘, 전략, 부대, 문화 등 군사체계(military system) 전반에 수용되어 전쟁수행 능력을 변화시키는 군사혁신은 기술, 전략뿐만 아니라 인식, 자원, 시간이 소요되는 복합적인 과정이다(Hundley 1999). 인공지능 군사혁신(AI RMA) 역시 공유된 기술이 군대에 수용되고 활용되었지만, 전쟁의 결과를 달리했던 군사혁신의 과정에서 분석할 필요가 있다. 군사-기술 혁명 프레임은 인공지능 군사혁신의 기회와 과제를 검토하는 데 함의를 제공한다.

첫째, '혁명'이라는 정의에도 불구하고 군사기술이 수용, 변형되어 군사적으로 활용되는 '과정'은 점진적이고 진화적(evolutionary)이다(Cohen 1996; Horowitz and Rosen 2007; Hundley 1996, 16-17). 소련 연구자와 초기 군사혁신 연구자가 주목한 것처럼 군사기술은 전쟁 양상과 그 결과를 혁명적으로 변화시켰다. 국가안보를 위한 '혁명'적인 개혁의 필요성이 강조되면서 군사혁신은 과정보다 전쟁 결과에 주목해왔다. 그러나, 군사기술이 '군사적으로 고용(force employment)'되어 전쟁 양상을 지배하는 것은 오랜 시간이 필요하다.

미 해군은 1910년부터 항공기를 활용한 해상전력에 관심을 가졌지만, 항공모함 군사혁신이 전장을 지배한 것은 30년이 지난 태평양전쟁이었다. 전차 군사혁신(Tank RMA)도 전차가 등장한 지 20년이 지난 1940년에 현실화되었다. 독일은 영국, 프랑스보다 늦은 1920년대에 전차를 보유한 후발주자였지만 전격전(Blitzkrieg)을 통해 혁신을 주도했다. 현대 군사기술의 군사적 활용도 마찬가지다. 기술중심 군사변혁이 본격화된 이후 군사혁신의 속도 역시 혁명적이기보다 진화적이었다. 1990년대 디지털 네트워크 기반의 급격한 확장과 초연결은 사이버전쟁(cyber warfare)을 안보화했다. 탈취, 마비, 유출뿐만 아니라 디지털 기반을 수단, 목적으로 하는 사이버 무기화가 자칫 '사이버 진주만'의 치욕을 재현하는 위협으로 인식되기도 했다(Gartzke 2013). 사이버공간의 확장에 비례하여 복합적인 위험(risk)이 증가한 것은 명백한 사실이지만, 사이버 무기, 그리고 사이버 전쟁이 실제 전쟁과 같은 실존적 위협으로 현실화되지 않았다. 러-우전쟁은 첨단기술이 전쟁 양상을 혁명적으로 변화시킬 것이라는 단정이 여전히 미래적인 과제임을 대변한다. '드론 혁명(drone revolution)'에 대한 신화가 대표적인 예다. 드론 혁명은 값싼 비용과 양적 우위, 진입장벽이 낮은 기술적 비대칭, 무엇보다 정찰-타격 콤플렉스를 혁신적으로 변화시키면서 소모전, 진지전, 전면전, 총력전 등 지상전의 양상을 완전히 변화시킬 것으로 인식되었다(Calcara et al. 2022). 그러나, 드론뿐만 아니라 초정밀·초음속 타격무기 등 양적, 질적 우위에 있던 러시아는 여전히 소모적인 근접전투를 수행하고 있다.

예상보다 느린 진화적 군사혁신의 근본적인 원인은 군사기술혁신의 속도에 있다. 1990년대 정보, 센서, 유도, 인지 등의 기술혁신에 따라 전통적인 전장(battle field)은 물론 우주, 사이버 등을 포함한 전구(battle space)통합을 위한 군비경쟁이 가속화되었다. 마이클 오핸런(Michael O'Hanlon)의 회고적 평가에 따르면 2000년대 기술주도 군사혁신을 주도할 것으로 지목되었던 기술혁신의 결과는 전망과 달랐다(O'Hanlon 2000). 센서, 컴퓨터 및 프로그래밍, 발사체, 추진력, 체계무기(platform) 등 29개의 군사기술 가운데 20년간 혁명[6]적인 변화로 군사 부문에 영향을 미친 기술은 로봇기술 하나다. 레이더 및 무선센서, 미사일 기술이 높은 수준(high level)의 변화가 있었지만, 생화학센서, 무선 및 레이저통신, 무선주파수 무기(RF Weapon) 기술에는 온건한(moderate) 수준, 기타 기술 분야의 경우 큰 진전이 없었다. 20년간 기술변화는 지속되었지만 정도의 변화였을 뿐, 본질적인 변화는 아니었다(O'Hanlon 2000, 5).

둘째, 혁신적인 기술이 군대의 전략, 체계, 조직에 수용되고 연구개발 및 방위산업의 기반으로 구축되는 것은 병렬관계에 있지 않다. 기술결정론은 군사기술과 군사혁신의 필연적, 인과적 관계를 강조하지만 현실은 이와 다르다. 첨단기술과 무기를 보유하는 것은 군사혁신의 필요조건일 뿐, 작전적, 전술적 활용을 위한 전략과 조직체계와 일체화하는 것은 또 다른 과제다. 대등한 군사력을 보유했던 전쟁의 결과가 이를 대변한다. 독일은 전통적인 관념과 전략에 구속되었던 프랑스와 달리 전차를 중심기동전략의 수단으로 활용했다. 전간기(inter-war

---

6   오핸런은 혁명적인 변화를 과거 전장과 다른 조건, 우세를 만드는 수준, 높은(High) 변화는 과거에 비해 50-100%의 작전적, 전술적 변화를 수반하는 것으로 정의했음 (O'Hanlon 2000, 5).

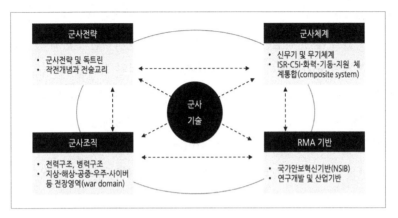

그림 6.1 RMA의 영역과 체제적 상호작용

period) 미국과 일본의 해양군사혁신도 마찬가지다(박성용 2011). 영
국은 20세기 초반 해양력과 항공력을 결합한 항공모함 전략을 선도했
지만 2차 세계대전 직전 미국, 일본과 경쟁할 수 없을 정도로 뒤처졌
다. 영국은 영국 본토, 유럽, 식민지를 연결하는 해양안보의 수요에도
불구하고 항공모함에 대한 투자가 제한되었다. 반면 미국과 일본은 상
대국을 잠재적 위협인식하고 해양군사혁신(Maritime RMA)을 추진했
다(박성용 2011, 186). 미일의 항공모함 군사혁신 경쟁은 전통적인 전
함 중심 사상과의 경쟁에서 발전했다. 항공기술의 발전과 함께 미국과
일본의 장성은 항공모함이 정찰, 초계 및 함포 관계와 같은 전투지원
이 아니라 해상작전을 지원하는 이동식 비행장(mobile airfields)이라
는 전략적 인식이 형성되었다. 1921년 해군 산하에 예산, 연구개발, 인
력, 항공모함 획득을 담당하는 항공국(BuAer, Bureau of Aeronautics)
이 설치되면서 항공모함 군사혁신이 본격화될 수 있었다(박성용 2011,
182-190; Daniels 2022, 26-32).

  셋째, 군사혁신과 전쟁에서의 혁신(revolution in warfare)은 완전히 다르다. 군사혁신과 전쟁의 결과 역시 상호 필요충분조건으로 연계되어 있지 않다. 전쟁은 교전국과 세계 각국이 군사혁신의 한계를 인식하고 개혁을 가속화하는 계기다. 유사한 기술적인 동기로부터 군사혁신 경쟁을 했던 국가 간의 전략과 실제 전쟁 결과는 상이하다. 이는 기술변화가 촉발시킨 전략, 조직, 무기의 변화를 전장에서 실제 활용하는 것이 전혀 다른 차원의 문제임을 의미한다. 앞서 논의한 항공모함 군사혁신은 군사기술의 잠재력을 군사적으로 활용하는 전략적 인식의 차이 때문이다. 미국과 일본은 제2차 세계대전 직전까지 해전에서 전함을 대체하는 항공모함의 역할을 정확히 인지하지 못했다. 전투함에 비해 무장능력이나 방어능력이 빈약한 항공모함의 특성상 함재기의 역할이 중요했을 뿐이다. 그런데, 태평양전쟁을 통해 함재기의 장거리 비행과 타격, 기동성, 다목적성이 재발견되면서 호위, 대지, 대잠, 대공 등 해군항공력의 작전적, 전술적 변용과 해양력의 활용을 위한 전략이 비약적으로 발전했다. 결국, 전략적 인식과 전술적 착오가 항공모함 전력에 있어 미일 간의 양적, 질적 경쟁의 결과에 영향을 미쳤다.

직접적, 간접적 전쟁의 경험은 경쟁적인 상호작용을 통해 군사혁신의 동기로 활용된다. 군사혁신을 주도한 미국의 상쇄전략(offset strategy)은 전쟁에서의 실패를 계기로 추진된 것이다. 핵전력의 고도화를 중심으로 하는 1차 상쇄전략은 미소냉전이 본격화된 가운데 대규모의 인명과 자원을 소모하는 재래식 전쟁을 대체했다. 정밀타격 및 지휘통제(C4I) 체계에 중점을 두었던 제2차 상쇄전략은 베트남전의 실패에서 비롯되었다. 그리고 9·11 테러 이후 정보혁신(RIA)과 전략적 유연성을 핵심 목표였던 럼스펠드 개혁은 사실상 '제2.5차 상쇄전략'이었다(Rumsfeld 2002). 냉전 시기 전 세계 국방비의 80%를 지출했고, 2020년 기준 세계 국방연구개발 지출의 80%를 차지하는 미국의 기술주도 군사혁신이 항상 승리를 보장했던 것은 아니다. 양적, 질적 군사력의 우세에 있는 강대국과 약소국의 전쟁에서 강대국의 승리를 보장하지 않는다는 점이다. 핵 혁명 이후 1950년에서 1998년까지 현대전쟁(modern war)에서 강대국이 승리한 것은 45%에 불과했다(Arreguín-Toft 2001, 97). 화약을 화력으로 전환하는 육해공 체계의 발전과 물량적인 자원은 소모전, 총력전, 마비전, 섬멸전을 위한 기반이었다. 그럼에도 불구하고 베트남전은 군사력의 양적, 질적 비대칭이 아니라 정치적 의지와 결의의 상대적 비대칭의 중요성을 설명한다(Mack 1975). 지리적, 전술적, 그리고 정치적 비대칭에서 비롯되는 의외의 결과는 정보화 전쟁의 원인이자 결과인 기술적 비대칭(technological asymmetry)으로 인해 심화되었다. 디지털 기술은 작은 비용으로 살상력을 가진 고비용의 화력과 무기체계를 대체하거나, 비살상무기(nonlethal weapons), 사이버, 디지털 공격을 통해 사회적 비용을 부과할 수 있다. 정보혁명은 군사혁신과 군비경쟁에서 1, 2차 산업혁명과 다른 결과를 수반했다. 디지털 혁명 이후 군사기술의 변화 속도가 빨라지면서 적대국에 대한 상대적 우위 또는 전략적 우위의 시간이 단축되었다. 디지털 군비경쟁의 속도와 함께 비용이 획기적으로 감축되면서 기술적 비대칭(technological asymmetry)의 모순도 심화되었다. 작은 비용으로 상대국에 막대한 비용을 부과할 수 있게 되면서 약소국도 강대국에 대한 억지력을 행사할 수 있게 된 것이다. 양적, 질적 우위를 가진 강대국의 비대칭 전쟁에서의 패배는 적대국의 전략, 작전, 전술을 고려하지 않은 잘못된 전략 때문이다(Arreguín-Toft 2001, 95).

넷째, 군사혁신의 목표가 완벽한 전력(perfect force)을 건설하는 것이 아니라 적대국에 대한 경쟁적, 상대적 우위라는 점도 중요하다. 군사혁신은 모험적 기술, 희소한 자원을 동원하여 미래의 전쟁을 준비하는 기획 과정이다. 군사혁신의 비용에 대한 정치적 지지와 동원은 위협인식에 대한 합의에서 출발한다. 군비경쟁은 역사적, 인식적, 군사적 위협을 안보화하는 안보딜레마에서 비롯된다(Glaser 2004). 특히, 핵 혁명 이후 군비경쟁이 공격의 피해를 감수하는 승리가 아니라 억지균형을 위한 경쟁으로 전환되었다. 상호 공멸의 절대무기인 핵무기를 보유하게 되면서, (1) 선제공격을 억지하는 '공포의 균형(balance of terror)'을 위한 상시적인 군비경쟁이 시작되었고, (2) 상호확증파괴(MAD)를 위한 핵무기의 고도화는 물론, 적대국의 의도와 능력을 파악하는 정보혁신(Revolution in Intelligence affairs)이 수반되었다. 공포의 균형을 위한 핵 군비경쟁이 강대국 간 전쟁을 획기적으로 감소시켰다. 그러나, 1950년대 양적 경쟁에서, 상호확증파괴를 위한 핵무기의 고도화, 2차 공격능력, 탄도미사일 방어체계 등의 거부적 억지력, 우주전쟁 등 핵 군비경쟁이 전략적 안보딜레마를 심화시켜왔다. 강대국 간 분쟁과 전쟁을 획기적으로 감소시킨 공포의 균형은 치열한 군비경쟁을 통해 유지될 수 있었다.

디지털 기술에 수반되는 비대칭 전략도 억지경쟁에서 중요한 현안이다. 핵 억지는 핵보유국이 공포의 균형을 위한 대칭적 상황(symmetrical situation)에서 발휘될 수 있었다. 그러나, 럼스펠드가 무지의 무지(unknown-unknown)로 규정한 비대칭 위협(asymmetric threat)이 억지경쟁을 위한 과제로 부상했다(Knoff 2010). 더구나, 4차 산업혁명 기술의 군사화, 무기화에 수반되는 인공지능혁명(AI revolution), 속도혁명(speed revolution), 센서혁명(sensing revolution), 사이버 혁명(cyber revolution), 그리고 뉴스페이스혁명(New Sapce revolution)은 무기체계와 군사전략에 본질적인 변화를 수반한다. 고도화된 무기와 병력을 가진 군대는 싸고, 많으며, 작고 스마트한 집단에 의한 새로운 전쟁(War 2.0)의 비대칭 위협에 직면하고 있다(Naím 2014, 107-128). 전자파 무기(electromagnetic weapon)의 경우 알고리즘, 빅데이터, 센서 네트워크로 구성되는 인공지능 체계를 일거에 무력화시킬 수 있다.[7]

마지막으로 국가안보혁신기반(national security innovation Base)이 기술이 주도하는 군비경쟁에서 중요한 요인이 되었다(윤대엽 2023b). 근대전쟁이 민간기술과 산업기반을 동원한 것이라면, 핵혁명 이후 군사혁신은 국가가 주도했다. 생존을 위협하는 공포의 균형을 위해 국가 주도의 군사기술 혁신이 추진되었다. 그러나, 인공지능의 무기화를 포함하는 디지털 기술은 본질적으로 민간, 또는 빅 테크(big tech) 기업이 주도하고 있다. 인공지능의 무기화는 인지사고능력을 위한 '알고리즘 전쟁(algorithms warfare)'일 뿐만 아니라, 네트워크화된 센서에서 생산되는 데이터를 축적, 활용해야 하는 '데이터 전쟁(data warfare)'[8] 두 가지를 포함한다. 알고리즘과 빅데이터의 구축은 전통적인 방위산업이 주도하는 영역이 아니다. 따라서, 인공지능 민군관산학연의 포괄적인 국가안보혁신을 위한 포괄적인 네트워크를 재편하는 것이 인공지능의 무기화를 이한 군비경쟁에서 핵심과제로 부상하고 있다.

아래에서는 인공지능의 무기화를 위한 군사혁신 경쟁을 두 가지 영역으로 구분하여 분석한다. 첫째, 군사체계의 혁신(RMA as revolution of military system) 과정으로서 인공지능 군사혁신이다. 인

---

7   전자기 전쟁, 스팩트럼 전쟁에 대해서는 Hoehn(2022); Rossiter(2023); The Economist(2023a) 참조.

8   드론 등을 활용한 감시정찰, 스타링크 등이 지원하는 우주인터넷 등이 타격체계와 연계되는 데이터 기반 전쟁(data-driven warfare)을 저자는 데이터 전쟁으로 개념화 함(The Economist 2023b).

표 6.1 인공지능 군사혁신 접근시각

AI RMA의 체제적 요인	AI RMA의 경쟁적 요인
• AI의 군사화와 군사전략	• AI 군비경쟁 전략
• AI의 무기화와 군사기술혁신(MTR)	• 억지, 방어, 공세를 위한 기술개발
• AI의 무기화와 체계의 체계화	• 알고리즘, 빅데이터와 민군관계
• 부대구조, 병력구조와 작전적 운용	• 통합억지와 동맹협력

공지능의 무기화는 기술-전략 차원을 넘어 지상전술지휘통제(C5),
전장감사체계(ISR)와 통합되고, 물리적, 비물리적 무기체계(weapon
systems)로 체계화되는 과정이다. 이를 위해서는 알고리즘, 빅데이터,
군사인터넷(IoMT) 등 기술혁신과 함께 전략, 교리, 부대, 문화 등이 체
계의 체계화(system of system) 과정을 거쳐 구축되어야 한다. 둘째,
억지경쟁을 위한 군비경쟁의 과정으로서 인공지능 군사혁신이다. 인
공지능 군사혁신 역시 모험적 기술뿐만 아니라 시간, 자원, 기회비용
이 필요하다. 따라서 희소한 자원의 동원과 배분을 위한 군비경쟁은 이
상적, 또는 기술적 목표가 아니라 경쟁적 현실에서 결정된다. 인공지능
군사혁신 전략의 영역, 기술, 비용, 결과 역시 전략적 우위를 위한 경쟁
과정에서 오랜 시간을 통해 구축될 것이다. 민간 부문이 주도하는 인공
지능 기술과 빅데이터의 군사적 활용에 있어서 네트워크 역시 인공지
능 군비경쟁의 전략적 우위를 결정하는 중요한 요인이다.

III. 군사체계와 인공지능 군사혁신

미중러, EU 등 주요국이 인공지능을 무기화하고 이를 전략적, 작
전적, 전술적 수준에서 활용하기 위한 인공지능 군사혁신을 추진하

고 있다. 주요국의 인공지능 군사혁신은 5차원 공간의 통합화, 자율화, 무인화, 지능화라는 목표를 제시하고 있다. 기술적 가능성, 전략적 우선순위에 따라 진전되고 있는 인공지능의 무기화의 목표는 세 가지로 요약할 수 있다. 첫째, 전략적 수준에서 인공지능 기술을 경제, 산업, 외교는 물론 군사적인 우위의 자원으로 활용하는 것이다. 인공지능 국가책략은 경쟁우위를 위한 기술혁신 생태계의 육성전략과 함께 보호, 규제, 국제협력 등 포괄적 영역의 전략적 우위를 위한 국가전략이다(Cohen 2022). 둘째, 작전적 수준에서 육해공, 우주, 사이버 등 공간적 작전영역을 통합하는 데 인공지능을 활용하는 것이다. 미 국방부는 2021년 미래 작전개념으로 합동전투수행개념(Joint Warfighting Concept)을 제시했다. 합동전투는 공해전투, 국제공영에서의 접근기동을 위한 합동개념(JAM-GC)을 통합한 다차원 영역작전(Multi-Domain Operation) 또는 합동전영역작전(JADO, Joint All-domain)을 구체화한 것이다(최우선 2021). 인공지능의 군사화, 무기화는 공간적 작전영역의 물리적, 비물리적 경계를 극복하고 교차영역의 작전적, 전술적 통합을 촉진시킬 것이다. 둘째, 작전적 수준에서 인공지능 무기체계와 전장감시체계(ISR)를 통합하여 지휘, 결심, 교전, 확인 등에 적극 활용하는 것이다. 부대 차원의 정보적 수준, 체제적 통합은 자동무기(automated weapons), AI 보조무기(AI assisted-weapons), 유무인 복합체계(MUM-T), 완전자율무기체계 (AWS) 등 무기체계와의 체계적 통합이 진전되어야 한다. 그러나, 인공지능무기를 합동성, 통합성의 플랫폼으로 활용하기 위해서는 기술적, 체제적 장벽은 물론 군사조직의 혁신과 변혁이 수반되어야 한다.

첫째, 인공지능 군사혁신은 '기술 성단(constellation of technologies)'의 혁신을 필요로 한다(National Security Commission on AI

2021, 32). 컴퓨터가 인간처럼 생각하고 행동하도록 하는 인공지능 기술 연구는 이미 1950년대부터 시작되었다. 최근, 인공지능 기술이 급진전된 것은 알고리즘, 빅데이터, 연산능력(computing power)의 세 가지 핵심기술(AI Triad)의 진전 때문이다(Buchanan 2020). 하드웨어와 알고리즘 기술의 발전 속도를 고려하면 고도의 연산능력을 사용하여 데이터로부터 학습하는 기계학습(ML) 기술의 혁신속도 역시 가속화될 것이다(O'Hanlon 2018, 12-14). 그럼에도 불구하고 인공지능 기술의 혁신속도와 방향이 이미 결정된 것은 아니다. 인공지능은 '데이터를 기반으로 학습하는 알고리즘이 고도의 연산능력을 활용하는 기계학습 시스템'이다. 인공지능의 혁신을 위해서는 빅데이터, 연산능력, 그리고 알고리즘 기술이 병행 발전해야 한다(Buchanan 2020, 1-9). 신경 네트워크 기반 알고리즘은 기계학습 시스템이 빅데이터의 분석처리능력을 혁신적으로 변화시켰지만, 신뢰성의 문제가 해결되어야 한다.[9] 알고리즘 신뢰성과 가용성은 기술보다 인적자원의 역량에 전적으로 의존한다(Buchanan 2020, 11-12). 거대한 디지털 데이터를 수집, 처리, 축적, 공유하는 빅데이터의 규모와 내용 역시 인공지능의 발전을 위한 기반이다. 양적, 질적으로 크고 편향과 정보보호 리스크가 관리된 빅데이터가 선별, 축적, 관리되어야 한다(Buchanan 2020, 13). 또, 빅데이터가 인공지능과 연계되어 실시간으로 활용되기 위해서는 클라우드, 센서 네트워크, 이를 처리하기 위한 퀀텀 컴퓨터 등 인공지능 네트워크 삼위일체(AI Network Trinity) 기반도 구축되어야 한다(Gilli et al. 2020). 이를 위해서는 개인정보의 보호와 활용, 빅데이터 유출, 보호를 위한 제도, 기술, 정책과제도 해결되어야 한다. 마지막으로 인공

---

9   인공지능 기술의 기술적 제약, 판단의 신뢰성, 데이터 편향, 기술적 오류(ex. Catastropic Forgetting) 등에 대해서는 국방기술진흥연구소(2022, 17-18) 참조.

지능 분야의 혁신은 슈퍼컴퓨터의 발전과 병행한다. 반도체와 양자기술은 연산능력 혁신을 위한 기술적 기반이다. 2018년 발표된 구글 '알파고 제로'의 경우 딥러닝의 돌파구가 되었던 Alphanet보다 30만 배의 연산능력을 필요로 한다. 2020년 등장한 1,750억 개 변수의 자연어를 처리할 수 있는 GPT-3 모델은 10,000개 이상의 GPU를 필요로 했다(이식·함재균2023). 미중경쟁이 반도체 기술의 보호, 비용을 증가시키는 가운데, 양자기술은 무한하고 혁신적인 가능성에도 불구하고 슈퍼컴의 연산수준에 머물러 있다.

둘째, 인공지능이 군사체계에 통합되어 활용되는 것은 전혀 다른 과제다. 인공지능이 무기로 활용되기 위해서는 인지능력을 물리적인 행동으로 실현되는 로봇, 자율무기체계와 일체화해야 한다. 현재 작전적, 전술적 영역에서 인공지능을 무기화하기 위한 연구개발이 추진되고 있다. 전술적 차원에서 정보, 지휘통제, 화력, 기동, 방호, 지속지원 등 6대 전장기능을 교차하여 인공지능이 지원하는(AI-enabled) 전장 네트워크를 구축하는 것이다. 작전적 차원에서는 육해공, 우주 및 사이버, 전자기 등의 전 영역을 인공지능 응용, 지원, 또는 인공지능무기(AI weapons)를 통합한 합동전구 네트워크가 검토되고 있다. 인공지능이 군사체계에 활용되는 지능화 전쟁은 감시정찰, 정보분석, 지휘결심, 작전행동 등 OODA 프로세스를 일체화, 동시화, 동기화함으로써 지능우세를 달성하게 될 것이다(박창희 2021, 115). 특히 정찰-타격 콤플렉스 체계의 전장 효율성(battle effectiveness)을 혁명적으로 증대시킴으로써 미래전쟁의 전장우위를 결정하는 요인이 될 것이다. 현재 인공지능을 군사적으로 활용하는 인공지능 군사혁신 세부 현황을 OODA루프 프로세스로 범주화하여 정리하면 〈표 6.2〉에서 보는 것과 같다.

표 6.2 인공지능의 무기화와 OODA 루프

구분	AI 군사혁신 목표
감시정찰 (O)	• 정찰자산을 통해 위협, 표적 및 전장 정보 수집 • 지능형 지상·해상·공중 감시체계, 지능형 레이더, 지능형 센서 (영상, 음향, 전파 등), • 차기 정찰무인기, 차기 조기경보레이더
정보판단 (O)	• 지휘권의 행사를 위한 통합정보 지원 • 지능형 전출처 정보체계, 통합스펙트럼 관리체계
지휘통제 (D)	• 지휘권의 이행, 전장통제 및 교정 • 차기합동C5I 체계, 지능형 육해공 전투체계, 지능형 전술통신체계, 지능형 　방공관제통제체제
작전행동 (A)	• 인공지능 지원(AI-enabled) 무기체계 • 지상무인전투로봇, 유무인드론봇, 유무인복합구조헬기, 군집드론, 유무인 통합전투기, 　해양무인통합통제체계, 회전익 유무인복합체계, 지능형 무인화생방 탐지 분석체계 • 지능형 통합 사이버전 관리체계, 지능형 전자전체계, 지능형 작전계획분석모델, 　합동통제개인전투체계

출처: 국국방기술진흥연구소(2022, 60-83).

　　인공지능은 기술정보(TECHINT)의 혁신은 물론 정보가공, 정보분석, 정보생산 등 정보과정(Intelligence Cycle)의 효율성을 증가시킬 것이다(Vinci 2020). 인공지능이 지원하는 정보자산은 감시정찰 및 정보판단의 일체성, 동시성, 신뢰성을 증가시킨다. 인공지능 기술이 지원하는 센서혁명은 기술정보의 수집 수단, 영역, 방식, 성격을 변화시킬 뿐아니라 지능화된 센서는 수집된 정보를 선별, 분류, 판단하여 우선순위에 따라 저장한다. 인공위성, 무인정찰기 등 전통적 정보 플랫폼은 물론 지능형 무인정보 플랫폼은 정보수집의 영역과 제약을 해소할 수 있다. 인공지능은 공개출처정보(OSINT)의 거대한 빅데이터를 유효한 정보자산으로 활용하는 데 있어서도 혁명적인 변화를 초래할 수 있다. 국방부는 향후 15년까지 지능형 센서를 결합한 정보 플랫폼, 지능형 감시체계와 정보의 통합처리를 위한 체계 등 19개 핵심기술 개발을 추진하고 있다(국방기술진흥연구소 2022, 61-65). 감시정찰과 정보분석은 지휘통제(C2)체계의 효율성을 증가시킨다. 인공지능은 육해공, 우주, 사이버 및 전자기 공간을 통합하여 합동성에 기반한 작전을 수행하는 작전적 효율성을 증대시킬 것이다. 인공지능은 방대한 전장 데이터를 수집, 분석하는 것은 물론, 인간의 인지, 판단, 심리적인 제약을 보완하여 예측하지 못한 징후정보를 경고하고 정보판단을 지원할 수 있다. 특히, 인공지능은 속도혁명의 리스크, 예를 들어 초음속 미사일, 레일건, 레이저 무기, 사이버 공격 등 인간이 대처하기 힘든 전장 상황에 대처할 수 있다(Layton 2018, 22). 이에 따라 지상, 해상, 공중 및 합동 C5I 통합체계는 물론 전구 및 부대단위, 전투, 통신, 방공 등의 전술적 차원의 지능형 전투체계 구축을 위한 연구개발이 추진되고 있다.[10]

마지막으로 인공지능을 무기체계와 플랫폼에 통합하는 것이다. 인공지능의 무기화는 체계적인 통합과 자율화의 단계에 따라 무한한 가능성이 열려 있다. 우선, 인공지능이 로봇, 지상, 해상 및 해저, 공중 및 우주 등 개별 무기체계에 통합될 수 있다. 워리어 플랫폼과 같이 인공지능이 인간의 전투능력을 지원, 보완하는 인간-기계 복합체계도 검토되고 있다. 아울러 세계 각국은 인공지능을 개별 무기체계를 넘어 사이버전 체계, 전자전 체계, 작전계획분석 체계, LVC합성전장 훈련 체계 등 체계 수준으로 통합을 추진하고 있다(국방기술진흥연구소 2022, 71-83). 의무, 수송, 군수 부문에 있어서의 통합 역시 인공지능이 혁신하는 미래 전장 영역이다. 그러나, 인공지능의 무기화는 인간을 대체하는 기술적 수준에 따라 작전과 전술적 활용 영역이 달라질 수 있다. 전투체계의 자동화(automation)가 산업혁명 이후 진전되었다면 인공지능

---

10   지휘통제 분야 27개의 AI핵심연구과제가 추진되고 있음. 국방기술진흥연구소(2022, 65-71).

은 자율화(autonomy)의 영역과 성격을 변화시키고 있다. 자율화가 자동화와 다른 것은 기계학습을 통해 전장 환경의 변화를 능동적으로 학습, 인식하고 대응방법을 결정할 수 있기 때문이다(조현석 2018, 118). 2012년 미국 국방부 훈령은 OODA 루프에 대한 인간이 개입과 통제 영역, 수준에 따라 자율성을 3단계로 구분했다. 인간이 무기체계에 관여하는 단계(Human in the Loop)를 1단계, 인간의 감독이 개입하는 단계(Human on the Loop), 그리고 인간 개입이 없는 자율적인 단계 (Human out of the Loop)로 구분했다.[11] 2023년 미 국방부 훈령은 무기체계의 자율성을 자율무기체계와 반자율무기체계 2단계로 새롭게 규정했다.[12] 자율무기체계는 '일단 활성화되면 운영자의 추가 개입 없이 목표를 선택하고 교전할 수 있는 무기시스템'을 의미한다. 운영자가 무기시스템을 재정의할 수 있도록 설계된 감독시스템이 포함되지만, 활성화 이후에는 운영자의 개입, 통제 없는 교전권한이 부여된다.[13] 반자율무기는 활성화되면 운영자가 선택한 개별 목표물 또는 표적, 그룹과의 교전무기로 정의되었다.[14] 반자율무기에는 (1) 표적을 획득, 추적, 식별하는 것을 물론 우선순위를 정하고, 발사 시점과 그룹을 결정하는 데 운영자의 통제가 유지되는 발사 후 망각(fire and forget) 무기가 포함된다.[15]

인공지능이 적용되는 광범위한 무기체계와 군사체계의 가능성에

---

11 DoD. "Autonomy in Weapon System." Directive No.3000.09(Nov. 21, 2012).
12 DoD. "Autonomy in Weapon System." Directive No.3000.09(Jan. 25, 2023).
13 DoD. "Autonomy in Weapon System." Directive No.3000.09(Jan. 25, 2023), p.21.
14 DoD. "Autonomy in Weapon System." Directive No.3000.09(Jan. 25, 2023), p.23.
15 2012년 자율무기체계가 운영자의 개입 여부를 기준으로 분류되었던 것이 2023년 훈령이 (1) 활성화(activated) 이후, (2) 운영자의 통제 또는 자율성을 기준으로 분류된 것은 활성화 단계를 기준으로 AI의 무기화에 대한 기술적인 진전을 반영한 것으로 판단할 수 있음.

도 불구하고 인공지능무기가 가까운 미래에 전장 환경을 지배하기 위해서는 윤리적, 기술적, 전략적 장벽이 해소되어야 한다(Morgan et al. 2020). 신뢰구축, 대량살상무기 통제와 같은 국제규범은 인공지능의 무기화를 위한 연구, 기술은 물론 군비경쟁을 제약할 수 있다(김상배 2021). 규범적 제약보다 중요한 것은 기술성단의 구축의 기술, 비용, 시간이다. 미성숙한 인공지능의 무기화가 성급하게 채택되거나 지체되는 경우, 위험한 군비경쟁(dangerous arms race)을 초래할 수도 있지만, 반대로 막대한 투자대비 효과적인 결과를 얻을 수 없는 한계도 있다(Daniels 2022). 인공지능무기의 전력화를 위해 구축되어야 하는 인공지능 플랫폼(AI platform)의 경우, 인공지능의 인지, 사고능력이 아직 신뢰성과 투명성이 제약적일 뿐만 아니라 인공지능의 군사적인 활용에 필요한 군사 데이터(military data) 역시 제한적이다. 인공지능의 무기화는 알고리즘 전쟁일 뿐만 아니라 데이터 전쟁(data warfare)이기도 하다. 정형화된 도로 공간에서 예측할 수 없는 변칙 상황이 제한적인 자율주행과 전장 환경은 본질적으로 다르다. 전장은 작전적, 전술적 환경에 따라 예측 불가능한 요인이 끊임없이 상호작용한다. 정보적, 객관적 요인과 함께 심리적, 정치적 요인 역시 중요하다. 변칙적인 전장 환경을 인식하고 대응하기 위해서는 실시간으로 수집, 집적되는 군사 빅데이터(military big data)가 필요하다. 군사 빅데이터는 (1) 지능형 센서가 적용된 군사 사물인터넷(military Iot)과 플랫폼, (2) 클라우드와, (3) 네트워크 기반이 필요하다. 뉴스페이스 혁명 이후 진전되고 있는 우주인터넷(space internet)을 고려하면 인공지능 기술성단, 더구나, 다음 장에서 검토하는 바와 같이 인공지능 플랫폼에 대한 비대칭적 위협에 대응하는 기술도 동시에 개발되어야 한다.

더욱 중요한 문제는 군사조직 차원에서 인공지능 전략, 무기가 수용되어 재편되는 것이 군사기술(MTR), 군사체계의 기술제약보다 느리다는 점이다. 기술혁신이 군사전략과 전쟁 결과에 영향을 미치기 위해서는 부대조직과 구조의 개편이 선행되었다. 독일은 전격전을 위해 전차와 병력을 분리했고, 항공모함 혁신에 따라 항모전단과 전함의 무기체계가 전환되었다(Daniels 2022, 22-24). 군사조직의 변화는 기술혁신이 촉발시킨 군사혁신의 결과이자 이를 전장에 적용하기 위한 조건이지만 전통적인 교리와 플랫폼에 구속된 군대의 변화는 쉽지 않다. 군사조직의 변화는 두 가지 조건을 충족할 때 가능하다(Krepinevich 2002, 34). 첫째, 혁신의 필요성을 인식하고 지원하는 리더십이다. 둘째, 군사혁신이 제도화되어야 한다. 합동전영역에서 사이버, 우주, 전자기 등을 통합하는 부대구조는 전략 차원에서 인공지능을 적용하고, 적대국에 대한 군사적 우위 목적에서 실전적 수요가 군사혁신을 주도할 수 있다(Soesanto 2021). 세계 각국이 인공지능의 군사화, 무기화를 위한 전략을 추진하고 있지만 부대 차원에서 작전적, 전술적 혁신을 선도하는 것은 미국이다. 미국은 2010년대 사이버 및 전자기 활동(CEMA)의 작전적, 체제적 통합을 추진해왔다. 2015년 육군에 CSCB, 915 사이버전 대대가 선도적으로 설치되었고, 코드개발자를 전장에 배치하는 Starblazor Pilot 프로그램, 그리고 2019년 합동전영역작전을 실행하는 부대로 I2CEWS(intelligence, information, Cyber, Electronic Warfare & Space) 대대를 창설했다. 정보중대, 정보작전중대, 사이버·전자정중대 및 우주·신호중대 등 4개 중대와 장거리센서반(Long Range Sensing Section)을 담당하는 1개 직할반으로 구성된 I2CEWS 대대는 OODA 루프의 전장관리정보체계를 통합한 것이다(조상근 2021). I2CEWS 대대는 인공지능을 포함하여 합동전영역작전의 시스템 요구사항, 상호운용성 및 디지털기반의 혁신과 전략, 교리, 문화의 변화를 시험하고 있다. 인공지능기술 부대구조에 수용되어 발휘되기 위해서는 전략, 체계, 조직에 수용되어 균형적, 병렬적 변화가 진전되어야 한다.

IV. 군비경쟁과 인공지능 군사혁신

화약, 핵무기에 이어 제3차 전쟁혁명으로 주목받는 인공지능 역시 경쟁 과정을 통해 군사화될 것이다. 고대 중국에서 처음 발명된 화약은 화전(火箭), 화구, 13세기 세계 최초의 로켓인 비화창(非火槍)이 개발되어 전투에 사용되었다. 이후 화약은 몽골군의 유럽정복 과정에서 유럽에 전파되면서 봉건체제를 붕괴시키고, 다양한 무기로 활용되었다. 화약 발명 이후 화약과 이를 운용하는 기관총, 탱크, 전투기, 로켓 등의 군사체계가 단계적, 누적적으로 전환되면서 전쟁 양상을 변화시켜 왔다. 핵무기는 화력을 혁명적으로 변화시켰다. 공멸의 위험에도 불구하고 산업화된 전쟁에 수반된 물적, 인적 피해와 정치비용은 핵 기술의 무기화를 촉진했다. 그러나, 상상을 초월하는 위력과 승자 없는 전쟁에 대한 공포로 보유해야 할 뿐 사용할 수 없는 절대무기인 핵무기는 군비경쟁의 성격을 변화시켰다(윤대엽 2023a). 첫째, 군비경쟁의 논리를 공격-방어에서 '억지(deterrence)'로 전환시켰다. 공격자와 방어자 모두 엄청난 비용을 감수해야 하는 핵 경쟁의 균형은 상응한 보복수단으로 위협하거나, 공격의 이익을 단념시키는 보복적, 거부적 억지를 통해 유지되었다. 둘째, 억지균형을 위한 군비경쟁이 계속되었다. 상호확증파괴(MAD)를 위한 양적 군비경쟁은, 2차 공격능력, 탄도미사일방어, 전략방위구상(SDI)으로 모험적 기술개발과 천문학적 투자를 통해 계속되었다. 셋째, 핵전략은 정보혁신과 분리할 수 없다. 적국의 의도, 능력을 선제적으로 파악해야 하는 공멸의 위협에서 감시정찰 및 지휘통신체계(C5ISR)의 혁신적인 혁명을 수반했다. 군비경쟁은 정보, 속도, 정밀, 센서, 우주 등의 기술혁신을 촉진했다. 전략적 우위와 억지경쟁을 통해 진전되어 온 군사혁신의 역사적인 과정은 인공지능 군사혁신이 전략적, 작전적, 전술적 차원에서 어떤 변화를 초래할지에 대한 함의를 제공한다.

첫째, 인공지능은 그 자체가 화력을 가진 무기가 아니다. 화약시대의 군사혁신은 화약을 적용한 무기체계를 개발하고, 이를 군사적으로 활용하는 과정이다. 핵이라는 혁명적인 화력 역시 억지전략에 따라 포병, 탄도·순항미사일, 전략폭격기 등 다양한 플랫폼에 적용되었다. 정보기술은 정찰-타격체계를 혁신적으로 변화시키면서 보유해야 할 뿐 사용할 없는 억지전략에 기여했다. 인공지능이 군사체계에 적용된다면 감시정찰, 정보판단, 지휘결심과 작전운용 등 OODA 프로세스를 혁신할 것이다. 인공지능이 적용된 무기가 작전적, 전술적 운영체계와 전장효율성을 개선하겠지만 그 자체가 핵 혁명과 같은 절대무기 혁명을 의미하는 것은 아니다. 인공지능 군비경쟁은 핵보유국과 비보유국의 전략적 비대칭 구조에서 작전적, 전술적 경쟁이 지속될 것이다.

둘째, 인공지능 군사혁신이 억지균형을 위한 경쟁이라는 본질에는 변함이 없다. 인공지능 기술결정론은 인공지능이 지원하는 반자율 및 자율무기체계가 기술적 상호확증파괴(techno-MAD)(Pei 2021) 군비경쟁을 촉발시킬 수 있다고 우려한다. 실제 인공지능은 전략적 차원에서 선제공격의 딜레마를 심화시킨다. 인공지능이 감시정찰과 정보판단 능력을 향상시키면서 억지경쟁의 기반이었던 생존성(survivability)을 위협할 수 있다. 정밀성과 신뢰성이 고도화된 대량살상무기를 방어할 수단이 없다면 선제공격이 유일한 방어전략이 될 수도 있다. 인공지능이 OODA 루프를 혁명적으로 변화시키면 (1) 지능화된 감시정찰 자산을 통해 수집된 정보를 전략적 우위를 위해 설계된 알고리즘이 신속하게 판단하여, (2) 상대국의 의지, 능력을 무력화할 수 있는 표적을 선별하여, (3) 최소한의 공격자산을 동원하여 군사적 효과성을 극대화할 수 있다는 것이다.

그러나, 인공지능 군비경쟁의 우위는 정태적 절대우위가 아니라 동태적 비교우위다. 과거의 전쟁과 마찬가지로 인공지능전쟁(AI warfare)도 억지력의 균형을 위한 경쟁이 지속된다. 인공지능이 정밀, 속도, 정보, 센서기술과 결합된 무기가 사용되는 전쟁의 손실과 비용은 과거보다 커지게 될 것이다. 인공지능 군사혁신에도 지속되는 공멸 또는 승자 없는 전쟁의 위험은 핵 경쟁과 같이 싸워서 이기는 전략이 아니라 싸우지 않기 위한 억지전략이 유효하다. 핵무기와 달리 저렴하고, 공유되어 있으며, 네트워크 기반을 통해 소통, 축적, 때로는 탈취할 수 있는 디지털 기술의 특징을 고려하면 인공지능 기술, 무기와 운영체계의 우위는 상대적, 일시적 비교우위일 뿐이다. 인공지능 억지(AI deterrence)를 위한 군비경쟁의 목표와 과정은 상호위협에 따라 경쟁을 통해 결정될 것이다. 또, 인공지능 무기가 억지균형에 긍정적으로 기여할 수도 있다. 억지는 본질적으로 상대국 정책결정자의 심리에 영향을 미쳐야 한다. 정보 부족, 정보 왜곡이 위협을 과잉안보화하면서 불필요한 분쟁을 초래하는 요인이라면, 지능화된 정보자산과 정보판단은 인식과 판단의 오류를 보완하고 합리적 억지(rational deterrence)의 가능성을 높일 수 있다(윤대엽 2023a, 263-265).

인공지능전쟁에서 양적 우위와 비대칭 전략도 여전히 중요하다. 인공지능이 적용된 자율, 반자율무기 무기가 전쟁 양상을 지배하기 위해서는 질적 우위뿐만 아니라 양적 우위도 전제되어야 한다. 러-우전쟁은 군사혁신이 전쟁에서의 혁신과 일치하지 않는다는 역사적인 경험이 반복하고 있다. 푸틴은 러시아의 군사혁신을 위한 전략을 추진해왔다. 푸틴은 2차 핵 공격능력을 강화하는 5개의 '슈퍼무기 프로그램' 뿐만 아니라 육해공군 무기체계, 군사전략은 물론 인공지능이 적용된 반자율무기를 개발, 실전배치했다(Bendett et al. 2021). 러시아는 역사적으로 우주무기와 체계의 혁신을 선도한 국가이기도 하다. 러-우 양국 간의 무기체계를 비교해도 러시아는 세계 최초로 5세대 전차인 T-14를 개발 전력화했고, 초음속미사일, 5세대전투기(Su-57) 등 양적, 질적 우위에 있었다. 그러나, 러시아의 첨단무기가 전쟁 양상을 지배하지 못한 것은 전략적 실패[16]와 함께 전장을 지배할 만큼 양적 우위에 있지 못했기 때문이다. 방어할 수 없는 미사일인 초음속 무기, 5세대 전투기가 전쟁 양상에 영향을 미치기 위해서는 전구 차원의 작전적, 전장 차원의 전술적 또는 대가치 목적에서 상대국의 의지와 능력에 영향을 미칠 수 있는 양적 지배가 필요하다. 군사혁신으로 전통적 능력이 약화된 반면, 새로운 능력이 부족하면 오히려 적대국이 이를 악용하는 취약성이 될 수도 있다(Kuo 2022). 인공지능전쟁에서 양적 우위는 더욱 중요할 것이다. 대등한 기술 수준의 유무인 또는 자율무기가 사용되는 전쟁에서 우위 또는 억지력은 생존성이 아니라 손실무기를 대체하여 공급할 수 있는 양적 회복력(resilience)에 달려 있다. 반대로 인공지능 무기의 취약성을 공략하는 비대칭 전략경쟁도 지속될 것이다. 빅데이터, 네트워크화된 센서를 기반으로 하는 인공지능 플랫폼은 비대칭 위

---

16 러시아는 보병전투, 전차, 방공, 정보, 기술지원 등을 통합한 대대전술단(BTG)을 통해 지상군의 부대구조를 혁신했지만 2019년 RAND 보고서는 근접전투에 부합할 뿐, 장거리원정이나 전구지휘체계를 통합하지 못한 한계를 지적한 바 있음(Crane et al. 2019).

협에 취약하다. 데이터를 해킹, 마비시키거나 우주, 지상, 유선 네트워크망이 파괴되는 경우, 전장정보를 수집하는 센서를 파괴하는 전자기 스펙트럼 무기는 값싼 비용으로 상대국의 인공지능 무기체계를 무력화하는 비대칭 전략이다(Hoehn 2022; Rossiter 2023; The Economist 2023a; Polyakova 2018).

민간 부문 및 동맹을 인공지능 군사혁신에 동원하고 협력해야하는 과제도 있다. 알고리즘, 빅데이터, 클라우드, 양자컴퓨터 등 인공지능 기술은 전적으로 민간 부문이 주도하고 있다. 인공지능 플랫폼(알고리즘, 빅데이터, 센서 네트워크)의 군사화를 위해서는 민군기반의 협력이 필수적이며 전통적인 체계기반 방위산업을 대체하여 빅 테크 기업의 군사화(militarization of Big Tech)가 수반되어야 한다(Maaser and Verlaan 2022; Fox and Probasco 2022). 이 때문에 빅테크 기업의 군사화를 위한 미중경쟁도 본격화되고 있다. 중국의 사회주의 시장경제 체제에서 디지털 시장은 사영기업이 주도하는 예외적인 영역이었다. 시진핑 체제 이후 군민융합 원칙에 따라 빅테크 기업에 대한 통제를 강화하는 한편, 군사지능화를 위한 군사기술 개발을 추진하고 있다. 미국 역시 빅테크 기업과 대학을 국가안보혁신 네트워크로 구축하고 있다. 2019년 출범한 국가안보혁신네트워크(NSIN)프로젝트의 목표는 17개 지역에 71개 대학과 민군협력을 확대하고 중국의 민군융합 전략과 경쟁하는 것이다. 한편, 인공지능 기술혁신에서 국제적인 협력이 무엇보다 중요해지고 있다. 미중 간의 핵심기술경쟁이 심화되면서 미국은 전통적인 동맹협력을 경쟁-보호-협력을 공유하는 동맹 네트워크로 확대하고 있다(윤대엽 2023c). 인공지능의 무기화가 핵심기술과 물리적 공간을 초월하는 빅데이터와 정보 네트워크를 기반으로 한다면, 동맹협력은 인공지능 플랫폼을 구축하고 네트워크를 통한 억지(deterrence by network)를 발휘하는 기반이 될 수 있다.

V. 결론 및 함의

기술변화를 군사적인 전략, 체계, 조직과 문화로 수용하여 발휘하는 장기적인 과제로서 인공지능의 군사화, 무기화에 대해서는 낙관론과 비관론이 공존한다. 인공지능 전쟁의 비관론의 근거는 세 가지다. 첫째, 인공지능의 비대칭(AI asymmetry)이 강대국 경쟁의 핵심요인이 되면서, 미래전장을 지배하는 요인이 될 것이라는 것이다. 인공지능의 우위를 위한 군비경쟁과 안보딜레마가 심화된다. 한편, 심리적, 윤리적 판단이 배제된 인공지능무기가 분쟁의 가능성을 높이게 될 것이라는 것이다. 객관적 우위, 또는 선제공격의 우위에 대한 객관적인 판단이 오히려 분쟁의 가능성을 높일 수 있다. 반면, 인공지능이 오히려 분쟁을 방지하고 억지할 수 있다는 주장도 제기되고 있다. 비관론과 달리 인공지능의 무기화를 위한 군비경쟁은 정해져 있는 미래가 아니라 군비경쟁과 안보딜레마의 상호 과정을 통해 구축될 것이다. 인공지능 우위는 상대우위일 뿐 억지경쟁 과정은 합리적인 인공지능 균형(balance of AI)을 구축할 수 있다. 또, 인공지능의 무기화는 광범위한 불확실성을 해소하는 정보적 수단이 될 수 있다. 사이버 안보는 물론 공개정보(OSINT)의 수집 및 방첩, 사이버 방어에 있어서 인공지능이 효과적으로 활용될 뿐만 아니라 인공지능 복합체계가 생존성(survivability)의 취약성을 극복하고 억지력을 유지하는 수단으로 활용될 수 있다.

산업혁명이 전쟁 양상을 전환시킨 경험처럼 인공지능 군사혁신 역시 군사체계와 미래의 전쟁에 무한한 변화를 수반할 것이다. 그러나,

기계의 전쟁, 정보화 전쟁처럼 '정치적 목적을 달성하기 위한 무력을 사용하는 전쟁의 본질과, 전쟁을 억지하기 위한 혁신이라는 군비경쟁의 목적'은 여전히 유효하다. 한국의 국방AI 구축 과정에서 검토할 수 있는 (1) 전략적, (2) 기술적 (3) 동맹적 측면의 함의를 요약하면 아래와 같다.

첫째, 위협의 성격과 가용자원, 시간을 고려하여 인공지능의 군사화, 무기화의 전략적 목표를 구체화할 필요가 있다. 인공지능의 무기화는 육해공, 우주사이버 등의 공간적 통합, C5ISR 또는 I2CEWS 등 정보적 통합, 물리적, 비물리적 무기체계의 체계적 통합 등 모험적 기술과 막대한 자원이 동원되어 구축되는 과정이다. 핵무장한 북한이라는 실존적 위협을 억지하고 대응하는 데 인공지능 군사혁신을 어떻게 활용할 것인지 전략적 목표와 시간이 구체화되어야 한다. 모든 군대의 인공지능화와 완벽한 군대가 아니라 선별적, 우선적 대상이 구체화되어야 한다. C5ISR 등 감시정찰, 정보판단 능력의 인공지능화는 최우선 과제다. 무기체계의 개별적, 통합적 인공지능화는 장기적 목표로 추진하되, 방어적 억지력을 위한 탄도미사일방어체계와 전략적 정찰-타격 체계의 인공지능화가 먼저 검토될 수 있다.

둘째, 체계의 체계화, 플랫폼의 플랫폼화를 위한 포괄적인 인공지능 국가책략이 추진되어야 한다. 인공지능의 무기화를 위해서는 모험적 기술개발을 위한 민군관산학연의 협력이 필수적이다. 군사인터넷(IoMT), 센서혁명, 빅데이터, 클라우드 등 인공지능 기술의 개발과 활용을 위한 포괄적인 민군관산학연 생태계의 구축이 수반되어야 한다. 디지털 기술성단과 기반은 인공지능 군사혁신의 전제조건일 뿐만 아니라, 인공지능을 동원하는 전쟁의 영역과 대상이 될 수도 있다.

셋째, 공간의 통합, 체계의 통합, 기술적 통합 등 모든 것의 통합을 수반하는 인공지능의 무기화를 위해서는 동맹협력의 전환이 필수적이다. 인공지능의 무기화는 빅데이터, 센서로 네트워크화되어 있는 플랫폼을 군사적 목적에서 보호 또는 활용하는 것이다. 육해공 및 우주, 사이버 공간을 포괄하여 무한한 센서와 데이터를 보호, 활용하기 위해서는 비용과 리스크를 분담할 수 있는 협력국이 필수적이다. 인공지능의 무기화에 수반되는 막대한 기술과 재원을 고려하면 동맹협력은 기술혁신의 효과성을 높일 수 있다. 디지털 공간의 안보화를 수반하는 인공지능 경쟁에서 동맹은 전통적 양적, 물리적 억지를 넘어 비물리적, 질적 네트워크 효과를 강화하는 수단이 될 수 있다.

참고문헌

국방기술진흥연구소. 2022. 『미래국방 2030 기술전략: AI』. 국방기술진흥연구소.

김상배. 2021. "패권경쟁의 세계정치: 기술-표준-규범의 3차원 경쟁." 한국정치학회 역음. 『알고리즘의 정치학』. 서울: 인간사랑.

박성용. 2011. "전간기 영국, 미국, 일본의 항공모함 발전에 관한 비교분석." 『사회과학연구』 37(2): 171-201.

박창희. 2021. "인공지능 시대의 지능화전쟁: 제지능권 개념과 지능우세 달성 방안." 『국방정책연구』 37(3): 105-131.

유발 하라리. 2017. 『호모 데우스: 미래의 역사』. 서울: 김영사.

윤대엽. 2023a. "4차 산업혁명 기술의 무기화와 억지전략의 미래." 김상배 편. 『신흥기술·사이버 안보의 국가전략』. 서울: 사회평론아카데미.

_____. 2023b. "첨단 방위산업과 군사혁신의 정치경제." 김상배 역음. 『미래국방의 국제정치학과 한국』. 파주: 한울.

_____. 2023c. "네트워크 동맹: 동북아의 세력권 경쟁과 동맹체제의 전환." 미발표 원고.

이식·함재균. 2023. "새로운 슈퍼컴퓨터 시대 개막: 엑사플롭스, 인공지능, 양자컴퓨터." *KISTI ISSUE BRIEF* 55.

조상근. 2021. "미 육군 I2CEWS대대: 미래 다영역작전의 게임체인저." 유용원의 군사세계 https://bemil.chosun.com/site/data/html_dir/2021/01/19/2021011902376.html (검색일: 2023.08.10.).

조현석. 2018. "인공지능, 자율무기체계와 미래 전쟁의 변환." 『21세기정치학회보』 28(1): 115-139.

최우선. 2021. "미중경쟁과 미국의 합동전투수행개념" 『IFANS 주요국제문제분석』 2021-50.

Arreguín-Toft, Ivan. 2001. "How the Weak Wins War: A Theory of Asymmetric Conflict." *International Security* 26(1): 93-128.

Bendett, Samuel et al. 2021. "Advance Military Technology in Russia: Capabilities and Implications." Chatham House Research Paper. https://www.chathamhouse.org/sites/default/files/2021-09/2021-09-23 -advanced-military-technology-in-russia-bendett-et-al.pdf (검색일: 2023.08.10.)

Buchanan, Ben. 2020. *The AI Triad and What It Means for National Security Strategy* (Center for Security and Emerging Technology, August.). https://doi.org/10.51593/20200021 (검색일: 2023.07.05.).

Calcara, Antonio et al. 2022. "Why Drones Have Not Revolutionized War: The Enduring Hider-Finder Competition in Air Warfare." *International Security* 46(4): 130-171.

Center for AI Safety. "An Overview of Catastrophic AI Risk." https://www.safe.ai/ai-risk (검색일: 2023.07.05.).

_____. "Statement on AI Risk." https://www.safe.ai/statement-on-ai-risk (검색일: 2023.07.05.).

Cohen, Eliot A. 1996. "A Revolution in Warfare." *Foreign Affairs* 75(2): 37-54.

_____. 2022. "The Return of Statecraft: Back to Basic in the Post-American World." *Foreign Affairs* 101(3). https://www.foreignaffairs.com/articles/world/2022-04-19/return-statecraft (검색일: 2023.07.05.).

Crane, Keith et al. 2019. *Trends in Russia's Armed Forces: An Overview of Budgets and Capabilities*. Santa Monica, CA: RAND Corporation. https://apps.dtic.mil/sti/pdfs/AD1088623.pdf (검색일: 2023.08.10.).

Daniels, Owen J. 2022. "The AI RMA: The Revolution Has not Arrived (Yet)." The Andrew W. Marshall Papers.

DoD. "Autonomy in Weapon System," Directive No.3000.09(Nov. 21, 2012).

_____. "Autonomy in Weapon System," Directive No.3000.09(Jan. 25, 2023).

_____. *Summary of the 2018 DoD Artificial Intelligence Strategy: Harnessing AI to Advance Our Security and Prosperity*. https://media.defense.gov/2019/Feb/12/2002088963/-1/-1/1/SUMMARY -OF-DOD-AI-STRATEGY.PDF (검색일: 2023.08.01.).

The Economist. 2023a. "The latest in the Battle of Jamming with Electronic Beams." Jul. 03. https://www.economist.com/special-report/2023/07/03/ the-latest-in-the-battle-of-jamming-with-electronic-beams (검색일: 2023.07.25.).

_____. 2023b. "The War in Ukraine shows How Technology is Changing the Battlefield." Jul. 03. https://www. economist.com/special-report/2023/07/03/the-war-in-ukraine-shows-how-technology-is-changing-the-battlefield (검색일: 2023.07.25.).

Fatima, Samar et al. 2021. "Winners and Losers in the Fulfillment of National Artificial Intelligence Aspirations." *Brookings Commentary*. Oct. 21.https://www.brookings.edu/articles/winners -and-losers-in-the-fulfilment-of-national-artificial-intelligence-aspirations/ (검색일: 2023.07.05.).

Fox, Christine H. and Emilia S. Probasco. 2022. "Big Tech Goes to War." *Foreign Affairs*. Oct. 19.

Gartzke, Erik. 2013. "The Myth of Cyberwar: Bringing War in Cyberspace Back Down to Earth." *International Security* 38(2): 41-73.

Gilli, Andrea et al. 2020. "The Data Pipeline and the AI Network Trinity: Cloud, Auantum and 5G." *NATO-Mation: Strategies for Leading in the Age of Artificial Intelligence*. NATO Defense College. http://www.jstor.org/stable/resrep27711 (검색일: 2023.07.23.).

Glaser, Charles L. 2004. "When Are Arms Race Dangerous? Rational Versus Suboptimal Arming." *International Security* 28(4): 44-84.

Hamilton, Thomas. 2020. "How to Train Your AI Soldier Robots (and the Humans WHo

Command Them)." The RAND Blog. https://www.rand.org/blog/2020/02/how-to-train-your-ai-soldier- robots-and-the-humans.html (검색일: 2023.07.05.)

Hoehn, John R. 2022. "Defense Primer: Electonic Warfare." *CRS in Focus*. Nov. 14.

Horowitz, Michael and Stephen Rosen. 2007. "Evolution or Revolution?" *Journal of Strategic Studies* 28(3): 437-448.

Hundley, Richrad O. 1999. *Past Revolutions, Future Transformations: What Can the History of Revolutions in Military Affairs Tell US about Transforming the US Military?*. Santa Monica, CA: RAND Corporation.

Knoff, Jeffrey W. 2010. "The Fourth Wave in Deterrence Research." *Contemporary Security Policy* 31(1): 1-33.

Krepinevich, Anderew F. 2002. "The Military-Technology Revolution: A Preliminary Assessment." Washington DC: Center for Strategic and Budgetary Assessment.

Kuo, Kendrick. 2022. "Dangerous Changes: When Military Innovation Harms Combat Effectiveness." *International Security* 47(2): 48-87.

Layton, Peter. 2018. *Algorithmic Warfare: Applying Artificial Intelligence to Warfighting*. Canberra, AU: Air Power Development Center.

Lee, Kai-Fu. 2021. "The Third Revolution in Warfare." *The Atlantic*. Setp. 11. https://www.theatlantic.com/technology/archive/2021/09/i-weapons-are-third-revolution-warfare/620013/ (검색일: 2023.07.05.).

Maaser, Lucas and Stephanie Verlaan. 2022. *Big Tech Goes to War: Uncovering the Growing Role of US and European Technology Firms in the Military-Industrial Complex*. Rosa Luxemburg Stiftung.

Mack, Andrew. 1975. "Why Big Nations Lose Small Wars: The Politics of Asymmetric Conflict." *World Politics* 27(2): 175-200.

Marshall, Andrew W. 1993. "Memorandum for the Record: Some Thoughts on Military Revolutions." Office of the Secretary of Defense. Aug. 23.https://stacks.stanford.edu/file/druid:yx275qm3713/ yx275qm3713.pdf (검색일: 2023.07.05.).

Morgan, Forest E. et al. 2020. *Military Applications of Artificial Intelligence: Ethical Concerns in an Uncertain World*. Santa Monica, CA: RAND Corporation.

Naím, Moisés. 2014. "Pentagons versus Pirates: The Decaing Power of Large Armies." *The End of Power*. New York: Basic Book.

National Security Commission on AI. 2021. "Final Report: National Security Commission on AI." https://www.nscai.gov/wp-content/uploads/2021/03/Full-Report-Digital-1.pdf (검색일: 2023.07.05.).

O'Hanlon, Michael. 2000. "A Retrospective on the So-called Revolution in Military Affairs, 2000-2020." Brookings Institutions. https://www.brookings.edu/wp-content/uploads/2018/ 09/FP_20181217_defense_advances_pt1.pdf (검색일: 2023.07.05.)

_____. 2018. "Forecasting Change in Military Technology, 2020-2040." The Brookings

Institution. https://www.brookings.edu/articles/forecasting-change-in-military-technology-2020-2040/ (검색일: 2023.07.05.).

Pei, Minxin. 2021. "China and the US Dash toward Another MAD Arms Race." *Nikkei Asia.* May, 16. https://asia.nikkei.com/Opinion/China-and-the-US-dash-toward-another-MAD-arms -race (검색일: 2023.08.10.).

Polyakova, Alina. 2018. "Weapons of the Weak: Russia and AI-driven Asymmetric Warfare." Brookings. Nov. 15.https://www.brookings.edu/articles/weapons-of-the-weak-russia-and-ai-driven- asymmetric-warfare/ (검색일: 2023.07.26.)

Rossiter, Ash. 2023. "Spectrum Superiority: Electornic Warfare and Future Conflict." https://trendsresearch.org/research.php?id=565&title=Spectrum_superiority:_Elect ronic_warfare_ and_future_conflict (검색일: 2023.08.10.).

Rumsfeld, Donald H. 2002. "Transforming the Military." *Foreign Affairs* 81(3): 20-32.

Soesanto, Stepfan. 2021. *A Digital Army: Synergies on the Bettlefield and the Devlopment of Cyber-Electromagnetic Activities (CEMA).* Center for Security Studies(CSS). https://css.ethz.ch/content/ dam/ethz/special-interest/gess/cis/center-for-securities-studies/pdfs/Cyber-Reports-2021-08-Creating-Synergies-on-the-Battlefield-CEMA.pdf (검색일: 2023.08.10.).

The State Council Information Office of the PRC. 2019. *China's National Defense in the New Era.* July. 24.

Vinci, Anthony. 2020. "The Coming Revolution in Intelligence Affairs: How Artificial Intelligence and Autonomous System will Transform Espionage." *Foreign Affairs* 99(5).

제7장 인공지능과 전쟁 수행 방식 변환: 미국 내 논의를 중심으로

설인효(국방대학교)

I. 서론

미국과 중국 사이의 경쟁은 군사 분야에서도 치열하게 전개되고 있으며[1] 특히 현재와 가까운 미래의 전쟁에 대비할 뿐 아니라 4차 산업 혁명을 배경으로 누가 미래전을 먼저 성취할 것인가를 둘러싸고도 치열한 경쟁을 지속하고 있다(설인효 2021b). 역사적으로 산업혁명은 전쟁의 본질을 변화시키는 계기가 되어 왔다. 미중경쟁이 고조되고 있던 2010년대 중반 인공지능 기술을 필두로 한 새로운 기술과 이에 바탕한 4차 산업혁명의 발생이 예고되었으며 그 결과 미국과 중국은 미래전을 둘러싼 경쟁도 본격적으로 전개하고 있는 것이다.

전쟁에 대한 산업혁명의 영향은 다양한 사례에서 관찰된다(박창희 2021). 미국의 남북전쟁은 대량생산, 철도수송, 전신, 증기기관의 활용 등으로 인해 대량생산과 대량 이동, 이에 대한 통제가 가능해짐에 따라 과거와는 전혀 다른 양상으로 전개되었다(박상섭 2018). 즉 과거와는 비교할 수 없는 규모의 '대량 동원'이 전승의 핵심 요인이 된 것이다. 이러한 경향은 제1, 2차 세계대전 동안 계속 강화되었고 제2차 세계대전 동안 기동전이 등장했으나 대규모 동원은 여전히 핵심 요인으로 작용했다.

1980년대 미국은 유럽에서 소련과 바르샤바조약기구의 물량 공세에 맞서기 위해 정밀타격 무기에 의존하는 방향으로 작전개념을 전환하게 된다(박상섭 2018). 냉전 당시에는 이러한 작전개념이 성공할지 여부를 알지 못했다. 그러나 1990년 걸프전과 2003년 이라크전 등은 정밀타격 무기의 엄청난 효과를 입증하는 계기가 되었고 그 결과 21세

---

1   미·중 양국은 거의 모든 분야에서 경쟁하고 있고, 특히 군사 분야에서의 경쟁이 치열하다(전재성 2021).

기는 소수의 고가 무기체계가 주도하는 전쟁으로 전환되게 되었다.

20세기 후 20년이 지난 지금 미국과 중국, 러시아는 계속해서 5세대 전투기, 거대 전폭기, 항공모함과 같은 최첨단 무기체계 추구 경쟁을 벌이고 있다. 새로운 기술의 도래와 생산공정의 등장으로 정밀타격 무기체계의 가격이 하락하고 대량생산이 가능해졌다. 4차 산업혁명의 신기술과 그 융합은 새로운 세대의 '보다 작고, 스마트하며, 값싼 대량 정밀 타격체계'의 시대를 도래하게 할 가능성이 크다. 3D 프린팅, 나노기술과 같은 새로운 소재와 생산방식도 도입되고 있기 때문이다.

더불어 빠르게 발전하고 있는 인공지능 기술은 이러한 무기체계의 사용 방식과 파괴력을 예측할 수 없는 수준으로 변화시킬 가능성이 높다. 앞으로 펼쳐질 강대국 경쟁의 결과는 이러한 새로운 세대의 무기체계와 이를 효과적으로 활용하는 전쟁 수행 방식, 그리고 이에 적합한 군대를 어느 편이 더 빨리 건설할 것인가에 의해 그 승부가 결정될 것이다. 따라서 한반도 주변 지역을 포함한 미래 안보 환경 예측을 위해서는 새로운 전쟁의 양상과 이것이 향후 어떻게 전개될 것인가에 대한 합리적 전망이 필요한 것이다.

II. 미래전 전망 방법론: 전장 중심 접근법 vs 기술 중심 접근법

상술한바 미래 한반도 군사력 균형의 전망을 위해서는 변화하는 전쟁 양상에 대한 고려가 반드시 필요하다(서울대학교 국제대학원 국제학연구소 2023; 박병광 2020). 그러나 수없이 많은 요소들을 동시에 고려해야 하는 미래전 전망은 쉬운 일이 아니다. 따라서 높은 불확실성하 장기 전망이 중요해지고 있는 지금 미래전 예측의 정확성을 높이기 위한 방법론적 모색도 요청된다. 미래전 양상을 보다 높은 정확도를 가지고 예측할 방법 자체에 대한 모색과 논의가 필요한 것이다.

본 연구는 미래전에 대한 정밀한 예측을 위해 두 가지 상호 보완적 접근방법을 적용할 것이다. 먼저 '기술 중심 분석법'은 현재와 같이 새로운 기술의 도래가 본격화되고 있는 시점에서 가장 일반적인 미래전 전망 방법이라 할 수 있다. 4차 산업혁명의 신기술 중 특히 군사적 잠재성이 높은 기술을 선별하고 이것이 전장의 일반적 운영 방식에 미치게 될 영향과 변화를 전망하여 미래전 수행 양상을 전망하는 분석법이라 할 수 있다.

기술 중심 접근법은 기술의 군사혁신에 대한 지배적 영향력에 초점을 둔 것이며 미래 기술 추세를 전망하여 현시점에서 예상할 수 없었던 기술의 영향력을 미리 포착할 수 있다는 장점을 가지고 있다. 즉 기술이 전쟁 수행 방식 변화에 미쳤던 영향에 착안하여 기술 발전의 추세를 분석하고 이를 통해 어느 정도 기술 발전 방향을 전망할 경우 기술이 전쟁 수행 방식을 추동해 나가게 될 방향을 전망할 수 있다는 것이다.

기술을 통한 전망은 기존의 전쟁 수행 방식 과정의 모든 기능을 어떻게 바꾸어 나갈 것인가를 고찰하는 것에서 논의를 출발한다. 그 결과 전쟁의 일반적 진행 방식이 전반적으로 어떻게 변화되어 나가는가를 조명하는 데에 초점을 둔다. 특히 전쟁 수행 방식에 큰 영향을 줄 수 있는 잠재적 기술을 식별하고 이것이 미칠 광범위한 영향을 체계적으로 고찰하는 것이며 기술 중심 접근법은 미래전 전망의 효과적인 기법이 될 수 있다. 더불어 기술이 가진 잠재성에 초점을 둘 경우 기존의 전쟁 수행 방식에서 벗어나 새로운 상상력을 발휘할 수 있는 기회를 제

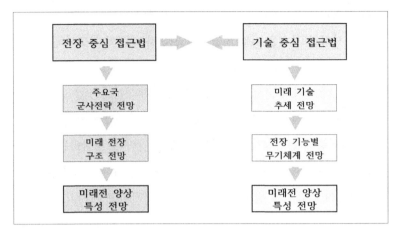

그림 7.1 미래전 전망의 두 접근법
출처: 저자 작성.

공할 여지도 없지 않다.[2]

　미래전을 예측하는 두 번째 접근법은 '전장 중심 분석법'이다. 이 방법론은 4차 산업혁명을 기반으로 한 미래전 경쟁이 치열한 패권경쟁을 벌이고 있는 미국과 중국 사이에서 발생할 것이라 상정하고 미국과 중국의 군사충돌 및 그 전장 구조를 분석하여 여기서 태동할 미래전의 방향을 전망하는 분석법이라 할 수 있다(설인효 2021b). 즉 미국과 중국이 충돌할 경우 발생할 '전장의 구조'를 자세히 분석할 경우 이들이 추구할 차세대 전쟁 수행 방식을 추론할 수 있다는 관점이 그것이다.

　과학기술이 무기체계를 바꾸고 이의 운영방식을 혁신적으로 변화시키는 만큼 기술은 군사혁신의 핵심적 요소인 것은 사실이다. 그러나 실제 군사혁신은 해당 군이 상정하는 미래의 전장 구조를 반영하게 된다. 즉 실제 군사혁신은 이를 추동해 나가는 군이 가상의 적과의 관계

2　다만 기술 중심 접근법은 현행의 일반적 전투 수행 과정을 논의의 출발점으로 한다는 점에서 현재의 연장에서 미래를 전망하게 되는 한계성을 갖는다.

에서 상정하는 '전장 환경과 구조'를 반영하여 이루어지며 따라서 현재의 군사혁신 경쟁을 가장 치열하게 진행하는 군의 사고와 군사전략 사이의 상호작용을 정밀하게 고려해야 한다.

특히 각 국가의 군사전략을 평면적으로 분석하는 것을 넘어 양 국가 충돌 시 전쟁의 전개 양상을 구조적으로 포착하고 입체적으로 조명하는 것을 통해 전장에서 작용하는 '구조적 압력'을 포착하는 것이 중요하다. 즉 양국에 특정한 군사작전을 강제하는 힘(구조적 요인)을 포착함으로써 미래전의 발전 방향을 보다 논리적이고 체계적으로 전망할 수 있게 되는 것이다. 이는 장기 전망이 필요한 미래전 전망 분야에서 특히 중요하다 할 것이다.[3]

사실상 이 두 접근법은 상호 배제하는 관계는 아니며 오히려 절충과 종합이 필요하다. 특히 전장 구조적 접근 방법을 통해 기술 중심 접근 방법에 의할 때 범할 수 있는 오류를 줄일 수 있다. 기술 중심 접근법은 군사혁신 수용에 대한 조직의 저항 결과로 채택되는 경우가 많기 때문이다. 더불어 기술 중심 접근법은 전장 구조적 접근법의 경직성에서 탈피하여 보다 다양한 미래의 가능성을 제기하는 역할을 하기도 한다.[4]

군사혁신, 국방개혁의 과정은 지난하다. 특히 산업혁명 수준의 기술적 변화를 군사적으로 완전히 구현하기 위해서는 군의 거의 모든 분야를 근본적 수준에서 변화시켜야 할 가능성이 크다(설인효 2012). 이

---

3 장기적 전망의 경우 오랜 기간 작용할 수 있는 구조의 존재와 힘을 포착하는 것이 전망의 정확성을 높이기 때문이다.

4 일반적으로 기술 중심 접근법은 현재의 일반적 전투 수행 과정을 새로운 기술이 어떻게 혁신할 것인가에 집중하여 현재의 연장에서 미래를 전망하는 경향이 있는 것이 사실이다. 그러나 미래 기술의 혁신적인 성격에 집중하여 보다 파격적인 미래상을 제시할 수 있는 여지도 동시에 존재한다.

와 같은 변화에 기존의 군 및 국방조직은 저항할 수밖에 없으며 이로 인해 군사혁신을 가능케 할 새로운 기술이 등장했을 때 전쟁 수행 방식과 군 구조 전체를 바꾸기보다 기존 조직 및 작전 수행 방식은 유지한 채 새로운 기술 및 무기체계 일부를 도입하는 것으로 혁신을 대체하려는 경향성이 나타나기 쉽다(설인효 2012). 그 결과 기술의 잠재성이 완전히 구현되는 혁명적 변화를 전망하기보다 현재의 연장선에서 일부 개선 수준의 변화를 전망하는 것이 단기적으로는 더 현실성 있는 전망이 될 수도 있다.

따라서 이러한 오류를 줄이기 위해서는 전장 중심 접근법에 의한 보다 과감한 개혁 방향을 인식하고 적극적인 방식으로 군사혁신을 추진해 나가는 것이 필요하다. 한편 미국과 중국의 군대 역시 과감한 개혁 방안에 조직적으로 저항할 것이라 예상할 수 있고 그 결과 결국 기술 중심 접근법이 미래에 대한 보다 정확한 예측 기법이 아닌가 하는 판단을 할 수도 있다.

그러나 미국과 중국 사이의 치열한 경쟁이 지속될 것이라는 점을 고려할 때 양국 모두 '개혁의 거부', '개혁의 지체'와 같은 여유를 부리기 어려울 것이라 상정해 볼 수도 있다. 특히 남중국해나 대만을 둘러싼 군사 충돌이 낮은 수준에서, 단기적으로라도 실제로 발생할 경우 실제 전쟁을 대비한 노력은 본격화될 수밖에 없을 것이다.[5] 그러한 충돌이 실제 발생할 가능성 자체는 낮지만 향후의 군사기획 과정에서 이 가능성을 배제할 수도 없을 것이기 때문에 군사혁신, 국방개혁을 위한 노력은 매우 높은 수준에서 지속될 것이라 예상하는 것이 합당하다(설인효 2021a).

---

5   우크라이나 전쟁 이후 나토 국가들의 변화를 보면 인도-태평양 지역에서 어떠한 변화가 나타날지 예상하는 것은 그리 어려운 일이 아니다.

III. 모자이크전과 무인 스워밍전

본 연구는 인공지능 기술이 초래할 전쟁 수행 방식의 변화를 주로 미국 내 연구 및 논의 동향을 중심으로 분석하는 것을 목적으로 한다. 이를 위해 기존의 미래전 연구를 앞서 소개한 '기술 중심 접근법'과 '전 장 중심 접근법'의 관점에서 일차적으로 검토하고 이러한 분석의 결과 로 대표적 미래전 양상인 '모자이크전'과 '무인 스워밍전'을 제시할 것 이다. 이 두 가지 미래전 양상은 현재 미국 내 국방 및 군사 전문가들 사이에서 대표적인 미래전 양상으로 주목되고 있다고 판단되기 때문 이다(설인효·배학영 2023).

1. 기술 중심 접근법

먼저 기술 중심 접근법에 따른 미래전 양상 전망 방식 및 그 일반 적 결과를 보다 상세히 분석한다. 이 접근법은 산업 및 과학기술계에 대한 분석을 통해 향후 발전될 신기술을 모색하는 것에서 시작된다. 주 요 안보전문가가 지목한 군사적 잠재성이 높은 과학기술 분야의 향후 발전 가능성 및 속도의 판단, 즉 일종의 추세 분석이 이어진다. 이러한 기술을 바탕으로 출현할 신무기를 과거의 추세 및 역사적 경험을 바탕 으로 추론하고 이러한 무기의 등장이 현재의 작전 운영 방식에서 기본 적인 전장 기능별 변화를 어떻게 발생시킬지 예상하게 된다.

일반적인 기술 중심 접근법에서 혁신을 추구하는 두 군 사이의 상 호작용이 전혀 고려되지 않는 것은 아니다. 전장 기능 변화에 따른 작 전 양상의 변화 방향을 분석하고 전망하는 과정에서 전쟁 양측의 작전 수행 방식 변화에 따른 전쟁 양상의 전반적 변화가 추론되기 때문이

다. 즉 기술에 의한 무기의 변화, 전쟁 수행 방식의 변화가 어느 일방에
서 발생하는 것이 아니라 다른 복수의 군에서 발생할 것으로 상정하고
이와 같은 변화가 종합적으로 전쟁 양상 전반을 어떻게 바꾸어 나갈
것인가에 대한 추정이 이루어진다. 이와 같은 과정을 그림으로 표현하
면 다음과 같다.

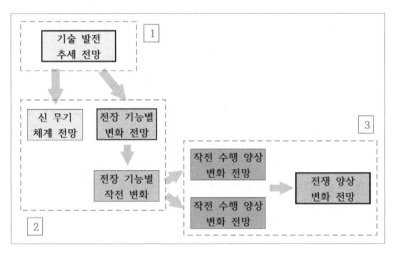

그림 7.2 기술 기반 미래전 전망의 논리 체계
출처: 저자 작성.

　미래 신기술에 대한 전망은 학자들마다 서로 다른 기준에서 제시
하고 있어 완전히 일치하지 않으나 공통적으로 수렴되는 측면도 크다.
오핸런(Michael O'Hanlon)은 2040년까지 개발될 첨단기술을 센서, 컴
퓨터 및 통신, 탄두와 플랫폼, 기타 무기 및 기술로 구분하여 총 38개의
목록을 제시하고 있다(O'Hanlon 2018, 5-6). 미 교육사(TRADOC)에
서는 2050년경에 잠재적 게임체인저가 될 수 있는 6가지 기술로 레이
저 및 무선주파수 무기, 레일건 및 강화된 지향성 파괴 에너지 무기, 에
너지학(energetics), 만물인터넷(Internet of Every Thing), 그리고 소형

원자로와 같은 전력(power)을 들고 있다(TRADOC Pamphlet 525-92 2019, 16).

레이시온(Raytheon)사는 미국이 3차 상쇄전략을 추진하기 위해 개발하고 있는 기술로 인공지능, 인간-기계 상호작용, 진보된 제조업, 무인체계, 레일건, 사이버전, 개량된 탄약, 3D 프린팅, 사이버보안, 양자 컴퓨팅을 제시한다(Raytheon 2016, 4-27). 윌리엄스(Mathew S. Williams)는 2050년에 가능한 핵심기술로 양자컴퓨팅, 드론, 스텔스, 그리고 인간-기계 인터페이스를 들고 있다(Williams 2021).

미래 신기술은 '공통기술'과 '전장 기능별 기술'로 구분할 수 있는데 먼저 공통기술은 일반적으로 OODA루프 또는 6대 전장기능에 공통적으로 적용되는 기술로 빅데이터, 인공지능, 자율화, 양자기술 등을 들 수 있다. 전장기능별 기술은 앞의 공통기술이 OODA 루프의 각 영역, 또는 OODA를 세분화한 6대 전장기능에 적용되어 나타나는 기술로 〈표 7.1〉과 같이 정리해 볼 수 있다.

표 7.1 전장기능별 미래 신기술[6]

구분	핵심 기술무기
감시정찰	위성, 소형위성군, 무인체계(UAV, UUV, 로봇), 자기탐지기, 입자 빔(센서), 무인 능동형 소나 등
지휘통제	클라우드 컴퓨팅, AI 참모, 양자컴퓨팅, 양자통신, AI 사이버전, AI 전자전, 인간-기계 인터페이스
화력	극초음속 무기, 레이저무기, 고출력 마이크로파 무기, 레일건, 비살상무기, 입자 빔(무기)
기동	무인전투체계(전차, 로봇, 함정, 항공기), 배터리 구동 엔진, 인간강화장치, 바이오기술(사이보그), 나노물질
방호	자율화 MD체계, 레이저무기, 고출력 마이크로파 무기, 스텔스 기술
지속지원	3D 프린팅, 무인자율차량, UAV, 신에너지 기술(소형원자로, 고밀도배터리)

---

6   박창희(2021). 본 연구는 미국 내 기술적 접근법에 입각한 미래전 연구 동향을 종합적으로 정리하여 제시하고 있다.

이와 같은 기술적 변화에 기반해 볼 때 미래의 전쟁은 현재의 '정보화전쟁'이 '지능화전쟁'으로 진화할 것이며, 이는 다음과 같이 '인공지능 및 자동화(AI/AS)' 기반의 전쟁으로 발전할 것으로 예상할 수 있다(박창희 2021). 과거 '기계화전쟁'이 화력과 기동으로 제공권과 제해권을 장악하는 데 주안을 두었다면, '정보화전쟁'은 아측의 '감시정찰 및 지휘통제체계(C4ISR)체계'를 보호하고 적 감시 정찰 및 지휘통제체계를 와해시켜 '제정보권' 또는 '정보우세'를 달성하는 것이 중요한 과업이었다.

이에 비해 미래의 '지능화전쟁'은 AI/AS를 기반으로 제지능권 혹은 지능우세를 달성하여 6대 전장 기능을 통합 운용하는 것이 핵심이 될 것이다. 즉 전장 기능의 전 단계에서 인간의 개입 부분을 최소화하고 보다 우수한 지능, 즉 인공지능을 얼마나 활용할 수 있는가에 의해 전투 수행의 효과성과 신속성이 결정될 것이라는 점이다. 이와 같은 변화와 차이를 종합하면 〈그림 7.3〉과 같이 정리할 수 있다.

기본적으로 앞으로 도래할 지능화전쟁은 정보화전쟁의 연속선상

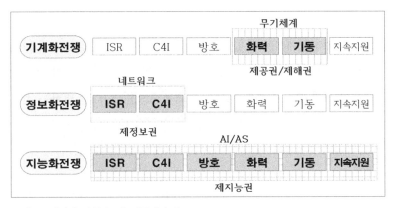

그림 7.3 기계화, 정보화, 지능화전쟁의 비교
출처: 박창희(2021).

에서 이해할 수 있다. 즉 지능화전쟁은 정보화전쟁을 기반으로 하면서 정보화전쟁 수행체계에 지능화 요소를 얼마나 많이, 완성된 형태로 적용하는가에서 차이가 발생하게 될 것이다. 지능화전쟁은 일반적 정보기술보다 진보된 AI/AS, 즉 인공지능과 자동화 체계를 기반으로 하는 만큼 정보화전쟁을 기반으로 한다. 그럼에도 불구하고 지능화전쟁은 정보화전쟁과 비교하여 〈표 7.2〉에서 볼 수 있는 바와 같은 차이가 발생하게 될 것으로 예상된다. 즉 정보화전쟁과 달리 지능화전쟁은 정보화 기반에 더하여 누가 더 우월한 지능을 보다 많은 정보 처리 과정에 적용하는가가 승전의 핵심으로 작용하게 될 것이다.

표 7.2 정보화전쟁과 지능화전쟁 비교

구분	정보화전쟁	지능화전쟁
전쟁의 본질	체계의 대결	알고리즘의 대결
전쟁 승리의 조건	제정보권 달성	제지능권 달성
전쟁 수행 주체	인간 중심의 체계	인간-기계 복합체계
전쟁 수행 방식	네트워크 중심전	클라우드 중심전
전쟁 수행 요체	체계공략	인지공략

출처: 박창희(2021).

지능화전쟁에서는 관찰, 판단, 결심, 행동이 초연결, 초지능, 초융합에 의해 거의 동시에 이루어짐으로써 소위 '전투 수행 주기(OODA 루프)'의 순환 주기가 거의 제로에 수렴될 것이다. 이러한 변화는 전쟁의 양상 자체를 본질적으로 변화시킬 가능성을 내포한다. 전쟁은 과거 거리의 경쟁에서 속도의 경쟁으로 본격적으로 전환되는 것이다.[7]

---

7 전쟁사의 대부분의 기간 동안 거리의 경쟁이 작용했다. 즉 상대보다 먼 거리에서 정확히 타격할 수 있는 쪽이 압도적인 이점을 누렸다. 나는 공격당하지 않으면서 상대를 공격할 수 있기 때문이다. 정보화전쟁의 보편화로 인해 장거리 정밀 공격 능력이 확산되고 그

이와 같은 변화를 그림으로 나타내면 〈그림 7.4〉와 같다. 즉 감시,
정찰에서 화력 기동으로 이어지는 전 주기가 사실상 동시에 이루어지
는 것이다.

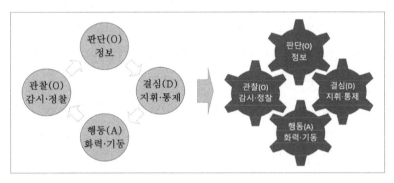

그림 7.4 관찰-판단-결심-행동의 동시화[8]

미래의 전쟁양상은 다음과 같은 모습을 보일 것이다. 무엇보다 지
능전이다. 기술 스펙트럼 전반에 걸쳐 파괴적인 애플리케이션을 제공
하기 위해 통합된 AI, 지식 중심의 분석 능력, 인간지능과 AI의 공생을
활용하여 인간의 능력을 초월한 전쟁 및 작전 수행이 가능해질 것이
다. 이는 곧 속도전을 의미한다. 2050년대의 교전 속도는 인간의 반응
시간을 훨씬 초과할 것이다(Dudczyk and Rybak 2015).

미래전은 또 분산전의 양상을 띨 것이다. 고속의 정확하고 치명적
인 무기의 등장으로 아군의 병력과 무기, 자산의 생존성을 유지하기가
어렵게 되고 있다. 이에 따라 부대를 배치하고 작전을 수행하는 전 과

결과 누가 먼저 공격하느냐의 경쟁이 본격화되는 것이다.
8 박창희(2021). 이 그림이 의미하는 바는 관찰부터 행동까지 이어지는 전쟁 의사결정 과
  정이 각 단계가 맞물려 있는 톱니와 같이 사실상 실시간으로, 동시에 이루어질 것이라는
  점을 보여주는 것이다.

정에서 분산이 강조될 것이다(Moon 2018). 이는 한편으로 고도로 분산된 상태에서도 조화로운 작전 수행이 가능해졌음을 의미하기도 한다.

이와 같은 미래전은 기본적으로 '인간-기계 복합전'이 될 것이다. 인간-기계 팀 구성의 일부로 등장할 진보된 전장 로봇체계를 포함한 무인체계는 전체 전투원 가운데 상당한 비율을 차지할 것이다. 그러나 상당 기간 동안 인간의 역할은 유지될 것이며 인간과 기계의 협업을 성공적으로 수행하는 것이 핵심적 과업이 될 것이다.

미래전은 또 인지전으로 규정될 것이다. 인지전은 국가 혹은 영향력 있는 조직이 적국 혹은 적 국민들의 인지 메커니즘을 조작하여 적을 약화시키거나 영향력을 행사하고, 심지어 적을 파괴하기 위해 취하는 행동으로 정의된다. 군사적 차원에서의 인지전은 인지속도, 육체적 피로, 감정통제, 자아인식, 정책결정, 신뢰성, 임무수행 등에 영향을 주기 위해 뇌과학, 신경과학, 생물학기술 등을 활용할 수 있다(du Cluzel 2022, 5-7).

군사적 차원에서의 인지전은 적의 지능화된 감시정찰 및 정보 능력을 훼손하기 위해 적 AI의 심층 신경망에 내재된 취약성을 이용하여 적 기계에 '대립적 이미지(adversarial images)'를 끼워 넣거나 허위 데이터를 입력해서 적 기계를 속이고 행동을 조작하는 '위장공격'을 가할 수 있다. 인지전은 지능화전쟁의 논리적 귀결이다(윤민우·김은영 2023). 나아가 인지전은 적성국가 국민 전체를 대상으로 전개될 수 있으며 최종적으로 인공지능 체계를 상대로도 시행될 수 있다.

지능화전쟁 하에서도 정보화전쟁과 마찬가지로 우주전과 사이버전의 중요성은 계속 유지되거나 더욱 강화될 가능성이 높다. 상술한바 지능화전은 정보화전 수행체계를 기반으로 하기 때문에 우주 및 사이버 공간은 여전히 중요한 전장 공간으로 남게 될 것이다. 정보의 이용

량 측면에서 지능화전이 정보화전을 훨씬 상회할 것이라는 점에서 우
주전과 사이버전의 중요성은 더욱 강화될 것으로 예상할 수도 있다. 또
한 인공지능과 자동화가 우주와 사이버 공격과 방어에 적용될 경우 그
영향력은 더욱 확대될 수 있다.

2. 전장 구조 중심 접근법

앞서 언급한 바와 같이 전장 구조 중심 접근법은 미래전 탐색을
이끌 주요 군대가 충돌할 경우 형성될 전장 구조의 입장에서 미래전의
발전 방향을 예측하는 것이다. 4차 산업혁명을 기반으로 발전할 미래
전은 기술의 확보를 위한 산업의 기반, 미래전 개혁의 동기 등을 고려
할 때 미국과 중국의 경쟁 과정에서 산출될 가능성이 높다. 미국과 중
국의 군사적 대결구도에 따른 전장 중심 접근법에 의해 미래전을 전망

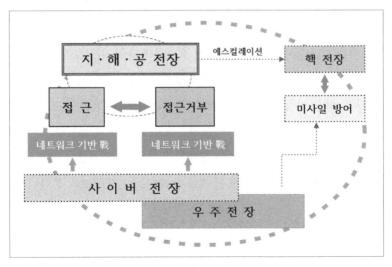

그림 7.5 미국과 중국 사이의 현대전 수행 개념도
출처: 저자 작성.

할 경우 모자이크전과 무인 스워밍전의 도래를 전망할 수 있다(설인효 2021b).

미중 간 군사 충돌 시 전장 공간은 현재 양측이 지향하고 있는 전쟁 수행 체계, 군사전략 분석을 통해 파악할 수 있다. 〈그림 7.5〉에서 보는 바와 같이 본질적으로 미국뿐 아니라 중국도 네트워크 중심전을 구사하는 상황이라 요약할 수 있다. 즉 미중 양측 모두 높은 수준의 정보화전 수행 체계를 갖추게 되는 상태라 할 수 있다.

즉 미국과 중국 사이의 접근 대 접근 거부 경쟁이 두 개의 네트워크 중심전을 구사하는 군대 사이의 충돌로 나타나게 될 것이다. 우주 및 사이버 공간을 둘러싼 경쟁은 '네트워크 중심전'의 자연스런 귀결이며 양국 간 재래식 무력 충돌은 핵전쟁으로 전환될 가능성을 내포한 상태로 진행되게 될 것이다. 이와 같이 우주 및 사이버, 재래식, 핵전장이 상호 연관된 형태가 미중 간 전장 공간의 기본적 구조가 될 것이다. 이 중 가장 중요한 것은 네트워크 중심전을 기반으로 전개되는 재래식 군사충돌이다.[9]

'네트워크 중심전'은 전장의 전 요소를 IT 네트워크로 연결함으로써 '장거리 정밀타격'을 신속하게 수행할 수 있는 전투 수행체계라 정의된다. 향후 미국과 중국 사이의 전투가 수행되면 '네트워크 중심전'이 완성단계로 접어들 경우 근 실시간으로 전장 내의 모든 요소를 타격할 수 있고, 타격당할 수 있는 상태가 된다. 이것이 전쟁의 양측 모두 네트워크 중심전을 수행하게 될 경우 초래되는 전장 구조의 본질이다.

---

9   미래전의 신기술은 우주, 사이버전 및 핵전쟁 분야도 변화시키게 될 것이다. 그러나 이러한 영역은 전략적 수준의 결과를 초래할 수 있는 만큼 대응과 맞대응이 매우 빠른 속도로 일어나 비교적 쉽게 균형이 형성되며 동시에 양측 모두 전면적 위기 발생 시 부담이 커 높은 수준의 분쟁이 발생할 가능성은 상대적으로 낮다. 그 결과 실제로 발생 가능성이 높은 재래식 군사 분야의 경쟁이 미래전 분야의 핵심 영역이 된다.

이처럼 전장 내의 모든 요소를 타격할 수 있는 네트워크 타격 시스템을 갖추게 되면 과거 전쟁사를 관통해 왔던 '거리의 경쟁'은 '시간의 경쟁'으로 전환된다. 즉 과거의 전쟁은 상대의 공격 사거리보다 더 먼 곳에서 정확하게 타격할 수 있는 쪽이 승리하는 게임이었다. 그러나 네트워크 중심전을 양측 모두 수행할 수 있게 되면 누가 먼저 '지휘체계'의 핵심을 타격하여 상대를 '마비'시킬 수 있느냐가 전승의 핵심이 된다. 즉 '거리의 경쟁'이 '시간의 경쟁'으로 전환되는 것이다.

이렇게 전쟁이 '시간의 경쟁'으로 전환되면 어떻게 최소 타격을 통해 상대의 전쟁 수행 능력을 마비시키는가가 전승의 핵심으로 부각된다. 네트워크 중심전을 수행하는 전투체계의 경우 네트워크의 중앙 지휘체계가 마비되면 전투 수행이 불가능해진다. 현대전은 점차 적의 C4ISR 체계 타격을 목표로 하게 되었다. 즉 미중 간 군사경쟁은 상호 간의 '근 실시간 적 전투 지휘부 타격 및 마비작전'을 핵심으로 진행될 것이다. 이와 같은 작전개념이 양측 모두에 의해 시행될 경우 모자이크 전의 출현을 추동하게 될 것으로 예측된다.

〈그림 7.6〉에서 볼 수 있는 바와 같이 모자이크전이란 근 실시간 정밀 타격이 가능한 적을 상대로 전쟁을 수행하면서 C4ISR 타격으로 전체 네트워크가 마비되는 상황을 피하기 위해 '정찰/감시'로부터 '최종 타격'까지 임무 수행이 가능한 다수의 '킬 웹(kill web)'을 형성하여 전투를 수행하는 개념이라 요약할 수 있다. 즉 네트워크 중심전에 의해 전장의 모든 전투 수행 단위를 하나의 네트워크로 중앙 통제하게 되면서 역설적으로 지휘 통제 체제를 다변화하는 방향으로 전쟁 수행 체계는 진화하게 되는 것이다. 마치 모자이크와 같이 복수의 전투 수행 체계를 구성, 재구성할 수 있는 전투 체계는 적의 타격을 받는다 해도 생존한 다수의 킬 웹이 존재하여 적에 대한 공격을 실시할 수 있기 때문

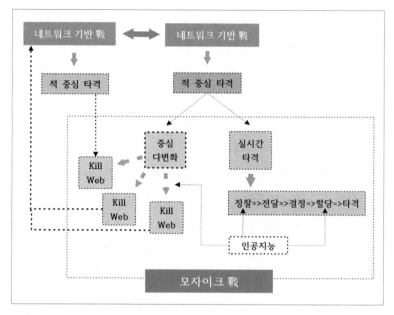

그림 7.6 모자이크전 도출 과정 도해
출처: 저자 작성.

에 훨씬 더 높은 생존성을 보유하게 되며 적은 전투 수행 의지를 잃게
된다.

　문제는 이와 같이 복수의 킬 웹을 구성하고 재구성하는 것이 엄청
난 양의 정보를 실시간으로 처리하고 다양한 판단을 거의 동시에 수행
해야 하는 고도로 복잡하고 어려운 정보 처리의 과정을 요구한다는 점
이다. 정보 처리의 양과 제한적 시간을 고려할 때 이는 인간의 판단 능
력을 상회하며 따라서 모자이크전의 수행을 위해서는 전투 수행의 전
과정에 걸쳐 인공지능에 의한 정보의 처리를 필연적으로 요구하게 될
것이다. 즉 모자이크전은 소위 '유무인 복합전'의 형태를 전투 수행의
근간으로 요구하게 될 것이다.

　향후 미군의 해외 원정군 수행 개념을 '유무인 복합전'에 기반한

모자이크전으로 전환하는 데는 최소 15년 이상의 시간이 소요될 것이다. 이는 군의 구성과 조직원리, 작전개념 및 교리를 근본적으로 변환시켜야 하는 과정이 될 것이다. 다만 모자이크전 개념을 일부 적용하는 변화는 비교적 단기간 내에 달성이 가능할 수 있다. 예컨대 적과의 최전선 전투를 담당하는 일부 전투 단위들에서 모자이크전 개념의 요소를 적용하는 상황을 상정해 볼 수 있다.

더불어 보다 장기적인 미래에는 '유무인 복합전'을 넘어 '완전한 무인 전투 수행 체계'에 의한 '무인 스워밍전'이 새로운 미래전 수행 개념으로 대두될 것으로 예상된다(Hmaes 2016). 그 이유는 작전수행 개념상 '유무인 복합전 체계'는 '무인체계'에 의한 '스워밍전'을 상대로 승리할 수 없기 때문이다.

향후 나노 기술의 발전이 소재의 혁명을 가져와 베터리의 효율이 고도로 향상되고 폭발물의 폭발력이 비약적으로 상승될 경우 무인체계에 의해 운영되는 대규모 소형 드론의 군집공격을 상대로 어떠한 전쟁 수행 시스템도 승리를 거두기 어려워질 것이 예상된다. 특히 각종 전자전, 사이버전 능력의 향상, 센서 감지능력의 향상으로 인해 미래전은 결국 정보 네트워크와 분리된 상태에서도 자율적으로 기동하며 타격을 수행하는 체계를 요구하게 될 것인바 이와 같은 작전을 수행할 수 있는 측이 궁극적인 우위를 차지하게 될 것이다.

즉 최종적으로는 중앙 지휘부의 지휘와 무관하게 자율적으로 목표물에 대한 타격을 수행하는 매우 큰 수의 자폭형 드론이 공격과 방어 모두에서 압도적인 우위를 갖게 된다. 또한 이와 같은 무인 스워밍전은 공격보다 방어를 유리하게 한다. 무인 스워밍에 의한 방어전선을 어떠한 공격도 뚫기 어려울 것이기 때문이다. 예컨대 100개 이상의 3D 프린터를 보유할 수 있는 국가라면 수천 기의 정밀타격 드론을 생산할 수 있게 될 것이다. 수동형 센서(passive sensor)와 드론을 결합하면 방어를 하는 입장에서는 공격 대상을 정해 타격을 수행하기 전까지 적에게 감지되지 않을 수 있다. 반면 공격자는 목표물 탐지를 위해 이동하는 과정에서 신호를 발생시키지 않을 수 없으므로 방어자가 대량 공격이 가능한 발사체를 배치할 경우 절대적으로 불리한 위치에 놓이게 된다. 즉 잘 준비될 경우 방어자는 공격자에 비해 전술적 우위를 점할 수 있다.

완전한 무인 스워밍전이 구현 가능해질 경우의 미래전 양상은 전망하기 어렵다. 매우 파격적 양상의 전쟁 양상이 구현될 가능성도 존재한다. 먼저 예상할 수 있는 것은 '확실성 대 불확실성'의 대결구도이다. 즉 고도의 빅데이터 처리와 인공지능의 발전으로 대부분의 군사전략과 군사력 운영은 예측되면서 완전히 예측할 수 없는 불규칙적 작전을 네트워크 연결 없이 독자적으로 구사하는 측이 전술, 작전적 수준에서 우위를 차지할 가능성이 있다. 즉 고도의 합리성을 추구한 극단에서 비합리성이 전장을 지배하는 역설이 구현되게 되는 것이다. 이와 함께 실제 전쟁을 치를 필요 없이 가상 공간에서의 결과를 상호 수긍하는 방식으로 전쟁 자체가 이행될 이론적 가능성도 제기된다.

IV. 미래전 스팩트럼과 미래전 수행체계의 구축

1. 미래전 양상의 스펙트럼

현 시점에서 미래전의 양상을 정확히 예측하는 것은 불가능에 가깝다 할 것이다. 그럼에도 불구하고 미래전의 본질이 인간을 대체하는 인공지능의 활용에 있다는 점에는 이견이 크지 않다. 따라서 다양한 미래전에 대한 개념이 존재함에도 불구하고 미래전의 기본적인 양상은 '유인과 무인의 상대적 비율'에 따라 일련의 전쟁 양상을 스펙트럼 상에 위치시킬 수 있다고 판단된다.

　즉 유인 비중과 무인 비중에 따라 '초보적인 유무인 복합체계'에서 '본격적 유무인 복합체', '무인 위주 유무인 복합체', '완전한 무인전' 등으로 구분해 보는 것이 가능할 것이다. 무인을 기반으로 한 전쟁 수행 체계를 건설하는 데는 상당히 오랜 시간이 걸릴 것으로 예상되기 때문에 이를 지향해 가는 과정에서 다양한 단계를 거쳐갈 것으로 예상할 수 있는 것이다. 또한 무인 위주로 전쟁이 전개될 경우 전쟁의 양상은 완전히 변화될 것이며 이를 위한 인력 선발, 양성, 배비, 군의 교리 및 작전개념, 군 조직의 구성과 위상 등도 완전히 달라질 것이 예상된다.

　중요한 점은 이처럼 일종의 스펙트럼 상에 존재하는 다양한 미래전 양상들이 일정한 공통분모를 가지고 있다는 점이며 논리적으로 볼 때 낮은 단계에서 높은 단계로 이행해 나아갈 것이라는 점이다. 이는 미래전 양상의 전망과 군사혁신에 대해 중요한 함의를 가진다. 현 시점에서 특정한 미래전의 도래를 전망하기보다 미래전이 일정한 공통분

그림 7.7 유무인 비중에 따른 미래전 스펙트럼
출처: 저자 작성.

모를 가지고 진화될 것이라는 관점 하에 미래 대비를 추진해 나갈 수 있기 때문이다.

2. 근미래 및 중장기 미래의 동시 대비

미래전 수행체계로의 이행에는 상당한 시간이 소요될 수밖에 없다. 따라서 미래에 대한 대비는 지금 시작되어야 한다. 문제는 현재로부터 선형적, 연속적인 변화의 결과로 나타날 가까운 미래, 근미래 대비와 더불어 비선형적, 불연속적인 장기 미래에 대한 대비를 동시에 진행해야 하는데 상호 간에 마찰이 발생할 가능성이 적지 않다는 점이다. 현재 미국 내에서는 보다 가까운 미래에 대한 대비와 먼 미래를 위한 대비 사이의 마찰을 낮추기 위한 방안을 찾는 노력도 진행되고 있다(Predd eds. 2021).

변화의 속도가 빠른 만큼 두 미래에 대한 준비를 동시에 진행해야 하는데 근미래를 대비하기 위한 체계가 중장기 미래를 대비하는 체계와 충돌하거나 걸림돌로 작용할 가능성을 배제하기 어렵기 때문이다. 따라서 미래전의 양상을 완전히 예상할 수 없는 상황에서 미래전 스펙트럼 상에 존재하는 다양한 미래전 개념이 동시에 요구하는 공통 기반에 주목하여 이를 우선적으로 구축하고자 하는 노력을 구상할 수 있다. 이러한 공통 기반을 만족시키기 위한 기반을 현재의 근미래 대비 체계와 공시에 진행함으로써 상호 간의 충돌을 미연에 방지하는 복합 기획이 가능하며 그 여부가 장기적으로 미래전 경쟁에서 승패를 결정할 핵심 요소로 작용할 가능성이 크다.

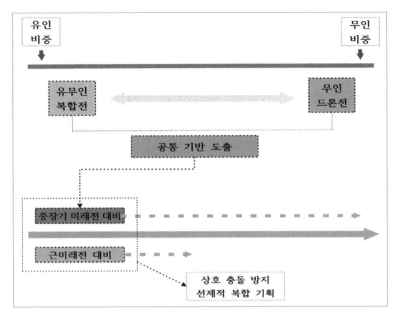

그림 7.8 미래전의 스펙트럼과 근미래 및 중장기 미래 동시 대비의 메커니즘
출처: 저자 작성.

V. 결론 및 함의

본 연구는 미국과 중국의 군사 분야 경쟁이 미래전을 둘러싸고 치열하게 진행되고 있는 상황에서 인공지능 기술이 초래할 전쟁의 양상 변화를 주로 미국 내 논의를 중심으로 살펴보고자 했다. 미래전 양상을 예측하는 것은 매우 중요한 과업이나 동시에 어려운 작업이며 이를 위한 다양하고 정교한 방안을 발전시켜나갈 필요가 있다. 본 연구에서는 기술 중심 접근법과 전장 중심 접근법을 비교, 제시했고 양자의 장점을 결합해 미래전에 대한 예측을 진행해 나가고자 했다.

또 미래전 양상을 정확히 예측하기는 어려우나 미래전 수행 체계

기반을 하루빨리 정초해야 하는 상황에서 미래전을 하나의 스펙트럼 선상에 존재하는 다양한 양상으로 파악하고 이의 공통분모를 추출하여 미래를 위한 대비 과정에 효율적으로 대처하기 위한 노력도 소개하였다. 특히 현재와 연속선상에 있는 가까운 미래와 먼 미래를 위한 기반 구축이 상호 충돌하지 않도록 미래 기술의 관점에서 향후 업그레이드 가능성을 보장할 수 있는 '복합 기획의 필요성'과 중요성을 지적하였다.

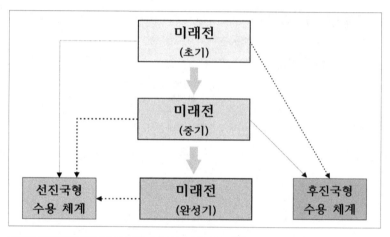

그림 7.9 미래전 전개 과정에서 두 가지 서로 다른 수용 체계
출처: 저자 작성.

　　미래전은 선형적 방식으로 점진적으로 발전하는 국면도 존재할 것이나 기술의 발전 속도, 국지전의 발생과 같은 사건 등을 계기로 비선형적 발전을 겪는 과정을 통해 구체화되어갈 것으로 예상된다.[10] 따

10　여기서 비선형적 발전 경과란 기술 중심의 일반적 예상과 달리 특히 특정 사건을 계기로 새롭게 주목받은 요소가 부각되면서 다른 방향의 미래전 양상이 주목받고 그 결과 미래전의 발전 경로가 변경되는 상황이 연출되는 상황을 지칭하는 것이다.

라서 미래전 양상에 대한 전망 지속되는 국면과 빠르게 변화하는 국면
이 반복적으로 발생할 가능성이 높다. 완성적 형태의 미래전이 출현하
기 이전에 부분적이고 초보적 형태의 미래전 양상이 일부 군사적 분쟁
에서 드러나는 국면이 상당 기간 지속될 가능성이 크다.

이처럼 불연속적 방식으로 미래전 양상이 출현해 가는 과정에서
한국과 북한은 서로 다른 방식과 양상, 수준으로 미래전을 수용해 나갈
것이다. 따라서 한반도에 대한 미래전의 영향을 분석하기 위해서는 이
처럼 서로 다른 미래전의 수용방식에 대한 체계적인 이해와 미래전 단
계에 따른 적용을 고찰할 필요가 있다. 한국은 선진국형 미래전의 도입
및 활용, 한반도 상황에 맞는 창의적 적용뿐 아니라 초보적 미래전 기
술을 비대칭적 방식으로 활용하며 도전을 제기할 북한의 위협도 미래
전 이행 과정의 중요한 과제로 인식하고 적극적으로 대응해 나가야 할
것이다.

이러한 접근이 필요한 이유는 한반도의 미래전 경쟁에 존재하는
구조적 요인 때문이다. 한국은 북한의 핵 및 미사일 위협에 대응하기
위해 한미동맹을 지속적으로 강화해 나갈 것이다. 한국은 미국과의 연
합 방위태세 유지 및 연합작전 수행을 위해 미중 경쟁 과정에서 산출
되는 최첨단의 미래전 수행 개념을 빠르게 도입하고자 노력할 것이다.
이 과정에서 북한은 부족한 기술과 경제 여건으로 인해 재래식 전력의
질적 격차가 더 현격해지는 상황을 목도하면서 기존에 존재하는 전력
과 일부 낮은 수준의 미래전 요소 및 미래전 무기체계를 매우 비대칭
적 방식으로 사용하여 이러한 격차를 줄이고자 할 것이다.

전쟁사의 경험에 입각해 볼 때 조악한 수준의 미래전 요소를 비대
칭적으로 사용할 경우 최첨단 미래전 무기체계가 무용지물이 되거나
그 전투 효과성이 현격하게 감소되는 경우가 발생한다. 따라서 한국은

첨단 미래전 도입 및 구현, 한국형 군사혁신을 추진해 나가는 과정에서 높은 수준의 미래전 수행체계 도입 만큼이나 이것이 촉발할 북한의 비대칭적 미래전 요소 활용, 특히 낮은 기술 수준의 비대칭적 활용에 주목해 나가야 한다. 한국으로서는 이처럼 두 가지 방향의 미래전에 대비해야 하는 고유한 과제에 대응해야 하며 이것이 한반도 미래전의 구조적 특성이라는 점에 주목해야 할 것이다. 즉 한국의 국방, 군사기획은 최종적인 미래전 성취만큼이나 그 과정에서 대한 관리, 즉 미래전 수행체계 구축 과정에 대한 관리가 중요하다는 점을 인식할 필요가 있다.

참고문헌

박병광. 2020. "미·중 패권경쟁과 우리의 대응방향." 『INSS 전략보고』.

박상섭. 2018. 『테크놀로지와 전쟁의 역사』. 서울: 아카넷.

박창희. 2021. "인공지능 시대와 지능화 전쟁: 제지능권 개념과 지능우세 달성 방안."
　『국방정책연구』 133: 105-131.

서울대학교 국제대학원 국제학연구소. 2023. "미-중 인도-태평양 지역질서 구축 경쟁과
　한반도." 『서울대학교 2022년 통일·평화기반구축사업』.

설인효. 2012. "군사혁신(RMA)의 전파와 미중 군사혁신 경쟁." 『국제정치논총』 52(3): 141-
　169.

설인효. 2021a. "대만 특집 시리즈 ⑥_대만해협 문제의 전략적 함의와 중장기 전망." 『EAI
　스페셜리포트시리즈』(7. 1.).

_____. 2021b. "미중 군사혁신 경쟁과 미래전: 미국의 미래전 구상을 중심으로." 『합참』 87.

설인효·배학영. 2023. "우크라이나 전쟁과 미래전: 인도-태평양 지역 및 한반도에 대한 함의."
　『국방연구』 66(2): 75-110.

윤민우·김은영. 2023. 『모든 전쟁: 인지전, 정보전, 사이버전, 그리고 미래전쟁에 대한
　전략이야기』 서울: 박영사.

전재성. 2021. "미·중경쟁 2050: 군사안보." 『EAI Special Report』.

du Cluzel, François. 2022. "Cognitive Warfare, a Battle for the Brain." NATO OTAN, S&T
　Organization. January 31.

Dudczyk, Janusz and Łukasz Rybak. 2015. "Adaptive Decision Support System in
　Network Centric Warfare Process." *BazTech*.

Hmaes, T. X. 2016. "Chapter 2: The Future of Conflict." *The Charting a Course: Strategic
　Choices for a New Administration*. NDU Press.

Moon, Changwhan. 2018. "U.S Navy's Distributed Lethality Concept and Its Implications
　for East Asian Security." *STRATEGY 21*.

O'Hanlon, Michael. 2018. *Forecasting Change in Military Technology, 2020-2040*,
　Brookings.

Predd, Joel B. eds. 2021. *Acquiring A Mosaic Force: Issues, Options, and Trade-offs*.
　RAND Report.

Raytheon. 2016. *Future Warfare: Cultivating Emerging Technologies*.

TRADOC Pamphlet 525-92. 2019. *The Operational Environment and the Changing
　Character of Warfare*. October.

Williams, Mathew S. 2021. "Life in 2050: A Glimpse at Warfare in the Future." Interesting
　Engineering. April 25. https://interestingengineering.com/warfare-in-2050-what-
　to-expect (검색일: 2022.03.02.).

제3부 인공지능과 국제정치(3): 외교·질서 차원

제8장 　　인공지능과 동맹정치, 중견국 외교

정성철(명지대학교)

I. 들어가는 글

인공지능은 국제정치에서 동맹정치를 어떻게 변화시킬 것인가? 현재 미중관계와 동맹관계의 미래는 어떠할 것인가? 이 연구는 인공지능이 몰고 올 변화와 관련하여 세 가지 변수—(1) 미중관계, (2) 복합동맹, (3) 중견국 외교—의 상호작용을 논의하면서 한국의 대외관계에 대한 함의를 도출한다. 인공지능과 동맹정치는 현재 미국과 중국이 펼치는 세력전이, 동맹전이, 질서전이와 밀접히 연계되어 있다. 인공지능의 등장은 세 가지 측면—경제, 기술, 가치—에서 미중경쟁을 심화시키면서 '민주주의 대 권위주의' 구도를 강화시킬 가능성이 높다. 물론 글로벌 차원의 복수 질서의 등장이 구체적으로 어떠한 모습일지 단정하기는 어려운 상황이다. 다만 인공지능이 현재 진행 중인 핵무기와 사이버를 둘러싼 국제경쟁과 맞물려 미국과 중국이 각자 주도하는 동맹망의 대립을 앞당기리라 예상된다. 그 결과는 미국이 선도한 글로벌 단일 질서의 종말이다.

이렇듯 AI슈퍼파워 간 경쟁은 중견국 외교의 중요성을 부각시킨다. 강대국 경쟁 속에서 자국의 이익과 가치를 실현시키려는 중견국 간 협력은 한층 강화되고 있다. 대다수 국가는 그동안 헤징전략을 추구하며 전략적 자율성을 확보하고자 하였지만, 최근 들어 이들의 행보는 다변화되고 있다. '민주주의 대 권위주의' 구도 속에서 중국의 부상에 대응하여 균형전략 혹은 편승전략을 추구하는 국가들이 늘어난 것이다. 하지만 이와 동시에 중견국 간 연대와 협력은 활발해지는 모습을 보여준다. 두 강대국의 리더십 영향을 배제하더라도 질서전이의 시대를 맞이한 대외전략의 변화의 하나이다. 특히 인공지능 분야에서 두 강대국이 선보이는 압도적 역량을 고려할 때 이러한 변화를 견제하려는 유사 중견국들의 연대는 더욱 강화될 것이며, 인공지능을 둘러싼 기술혁신 뿐 아니라 규범 창출을 위한 국제협력은 시작되었다. 이렇듯 인공지능을 둘러싼 강대국과 중견국이 펼치는 경쟁과 협력은 자원 확보, 기술 발전, 규범 창출이라는 복수 영역에서 발생하고 있다.

이 글은 우선 과학기술과 국제경쟁에 대한 역사적 고찰을 시도한 후 인공지능의 영향을 미중갈등과 동맹정치의 맥락에서 살펴본다. 이후 미중이 주도하는 복합 동맹망 속에서 한국을 포함한 중견국이 펼치는 인공지능 관련 대외전략을 살펴본다. 과거 화약과 핵무기의 개발로 국제관계의 질적 변화가 일어났듯이, 인공지능은 4차 산업혁명을 주도하면서 새로운 분기점을 창출하리라 예상된다. 현재 인공지능의 등장은 미중 간 체제경쟁을 격화시키면서 미중의 빅테크의 영향력 확대를 낳고 있다. 특히 인터넷과 데이터, 디지털 경제를 둘러싼 담론 경쟁은 국제정치의 물질권력뿐 아니라 구성권력의 중요성을 부각시킨다. 새로운 국제질서의 부상은 중견국 간 다층적 연대를 추동하겠지만, 자원과 기술의 뚜렷한 열세에 놓인 약소국들은 더욱 소외될 가능성이 높다.

II. 과학기술과 국제경쟁

1. 무정부상태 속 질서와 권력

국제정치는 상위 권위체를 인정하지 않는 주권국가 사이에서 일어난다. 따라서 흔히 무정부상태를 국제정치와 국내정치를 가르는 핵심이라고 지적한다. 훗날 세계정부가 들어서거나 글로벌 차원의 제국이 등장할 때까지 국제정치의 기본 속성은 변하지 않을 것이다. 하지만 이러한 무정부상태가 바로 무질서를 낳는 것은 아니다. 시대와 지역에 따라 차이는 있지만 흔히 주권국가는 일정한 형태로 협력을 반복한다. 국제질서가 존재하는 것이다. 비록 국내정치와 비교하여 국제정치에서 질서의 영향과 유지는 제한적일 수밖에 없지만 다수의 학자는 이러한 국제질서의 등장과 유지를 통하여 평화와 번영의 실마리를 찾고자 노력을 기울였다.

그렇다면 국제질서는 어떻게 형성되는가? 상당수의 학자들은 강대국의 영향력을 지적한다. 국제정치는 결국 힘의 정치라고 바라봤을 때, 강대국이 추진하는 질서가 모든 구성원들에게 부과된다는 입장이다. 만약 지배국이 존재하는 경우 그 지배국의 리더십 하에 국제체제는 질서를 경험하게 된다. 다른 국가들도 지배국과의 관계, 특히 자국의 상대적 국력에 따라 질서 수립과 유지에 차별적으로 기여한다. 따라서 아래 〈그림 8.1〉에서 나타나듯이 국제질서에 만족하는 국가들과 그렇지 않은 국가들로 양분된다. 당연히 강대국일수록 국제질서에 만족하는 경향이 높은 채 현상유지 세력으로 기능한다. 자국의 이익과 가치를 실현시키는 밑바탕이 되는 국제질서 옹호자인 것이다.

국제질서가 불만족스러운 국가들은 현상타파국(revisionist)으로 변모할 가능성이 높다. 이들은 대다수 자신들이 '게임의 룰'에 동의한 적이 없다고 주장한다. 따라서 자신들의 의견을 반영한 룰 개정은 필수라는 주장을 펼친다. 하지만 그러한 요구가 받아들여지지 않을 경우 많은 경우 마지못해 순응하는 태도를 취한다. 강자는 자신이 희망하는 것을, 약자는 자신이 해야 할 것을 행한다는 권력정치의 발현인 것이다. 이러한 차원에서 국제질서는 강대국이 약소국을 통제하기 위해 창출한 제도이다. 따라서 국제제도를 강대국의 도구에 불과하다고 단정할 경우 강대국이라는 단일 변수를 통해 국제정치는 설명 가능하다. 달리

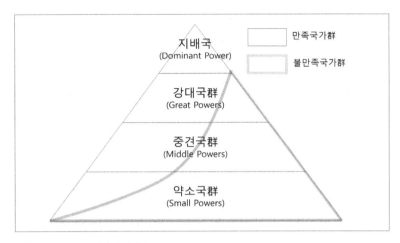

그림 8.1 국제정치 권력 피라미드
출처: Organski(1968, 369)의 Figure 2를 재구성.

말해, 국제질서라는 변수는 국제정치의 부차적 요소에 지나지 않는다.

하지만 국제질서는 종종 지배국과 강대국을 제약하고 중견국과 약소국을 지지하는 기능을 수행했다. 대표적으로 양차 대전 이후 아시아 국가들이 미국이 주도한 세계질서 속에서 경제강국으로 부상한 사례이다. 세계경제에서 주변에서 중심으로 이동한 일본·한국·대만·홍콩·중국 사례들은 국제질서가 권력관계의 반영에만 머물지 않는다는 사실을 보여준다. 지배국과 강대국이 제공하는 공공재를 활용하여 중견국과 약소국은 자국의 자원을 확보하고 위상을 증진시키는 결과를 추구할 수 있다. 물론 모든 사례가 이를 뒷받침하는 것은 아니지만 비강대국은 권력관계가 투영된 국제질서 속에서 일정한 자율성을 활용할 때 지위 상승의 기회를 엿볼 수 있다. 다만 이러한 비강대국의 노력은 그 국가를 후원하는 지배국 혹은 강대국이 존재할 때 실질적 결과로 이어진다고 볼 수 있다. 소련과 경쟁을 펼쳤던 미국이 아시아 동맹의 경제성장과 정치개혁의 후견국 역할을 감당한 것이 대표적 사례이다.

최근 들어 촉발된 4차 산업혁명은 국제정치의 권력 피라미드에 일정한 변화를 야기할 것이다. 인공지능을 포함한 선진기술을 확보하고 산업화에 성공한 국가들이 지위 상승을 일구어내는 반면, 다른 국가들은 상대적 하락을 피할 수 없을 가능성이 높다. 18세기 산업혁명으로 강대국 식민지 경쟁을 통해 세계지도가 다시 그려진 지난 역사를 돌아볼 필요가 있다. 하지만 이러한 권력 변화는 단순히 자원과 기술 확보에 따라 이루어지는 것은 아닐 것이다. 인공지능의 개발과 활용에 대한 규범을 창출하고 관련 당사자의 역할과 책임을 규정하는 구성권력의 중요성은 어느 때보다 크다. 현재 미국·유럽·중국 등 주요국이 펼치는 인공지능 경쟁은 이러한 물질권력과 구성권력이 결합된 다면적 모습을 보여주고 있다.

강대국 인공지능 경쟁은 후술하는 바와 같이 선진 기술과 산업 시설을 두고 일어날 뿐 아니라 인공지능 규범과 관련 당사자 규제 방법을 두고 발생하고 있다. 단순히 물질권력을 확보하는 경쟁이 아닌 상황이다. 따라서 향후 인공지능 선도를 할 세력을 둘러싼 전망이 더욱 힘들 수밖에 없는 현실이다. 이러한 불확실성 속에서 기술과 산업, 경제와 국방의 관계를 정의하고 규율하는 구성권력에 대한 관심은 더욱 높아지리라 생각한다. 현재 국제질서의 공동 건축자로 참여하려는 중견국 역시 이러한 물질권력과 구성권력을 추구하는 가운데 대외전략을 구체화하는 것이 바람직하다. 이러한 다면적 권력경쟁 속에서 국제정치의 권력 피라미드는 변화를 맞이할 것이기 때문이다.

2. 기술혁신, 세력이동, 국제분쟁

그렇다면 국제질서의 전환은 어떻게 시작되는가? 다수 학자는 이른바 강대국 전쟁을 주목한다. 지배국과 강대국이 참여하는 전쟁을 통하여 국제질서의 향방이 결정된다는 논의이다. 비록 중견국·약소국은 자신의 지위 상승을 현존 질서 내에서 도모할 수 있지만, 지배국·강대국은 미래 질서를 두고 리더십 경쟁을 펼친다는 지적이다. 이러한 경쟁이 극한에 이르렀을 때 강대국 전쟁은 발발한다. 아래 〈표 8.1〉에서 정리한 바와 같이 주요 학자들은 세계경제 선도국의 변화에 주목하였다. 학자마다 일정한 차이는 있지만 중국의 선도국 지위를 근대에 들어서 유럽이 차지하였으며, 영국과 미국은 앞선 주요산업 기술력을 바탕으로 19세기 이후 세계경제를 이끌었다. 유럽이 중국에 앞선 기술력을 보유하게 되었는지는 오랜 연구 주제 중 하나이다(Huang 2023).

표 8.1 세계경제 선도국

학자 세기	월러스타인 (I. Wallerstein)	길핀 (R. Gilpin)	모델스키와 톰슨 (G. Modelski, W. Thompson)	킨들버거 (C. Kindleberger)	매디슨 (A. Maddison)
10-11			북송		중국
11-12			남송		
13			제노아		
14			베네치아	이탈리아 도시국가들	베네치아
15-16	합스부르크		포르투갈	포르투갈/ 스페인	포르투갈
17	네덜란드		네덜란드	네덜란드	네덜란드
18			영국	프랑스	영국
19	영국	영국	영국II	영국	영국
20	미국	미국	미국	미국	미국

출처: 정성철(2023, 196), 표 5-1; Thompson and Zakhirova(2019, 19), Table 2.1.

이렇듯 기술선도는 경제와 군사 부문의 우위를 보장하며 국제질서의 향방을 결정했다. 세계경제의 선도국 역사가 이것을 보여준다. 기

술혁신이 세력이동을 낳으며, 그 가운데 국제분쟁이 종종 발생한 것이
다. 중국은 앞서 기술을 바탕으로 동아시아의 패권을 차지하였으나 다
른 지역으로 적극적 팽창을 꾀하지 않았다. 그러나 유럽은 교통통신 혁
명을 바탕으로 전 세계에서 식민지 개척에 나섰다. 유럽 내 한정된 자
원을 두고 근대국가들이 경쟁하며 다른 지역으로 눈을 돌렸던 것이다.
이들 중 영국은 산업혁명과 명예혁명을 통하여 선도국가로 발돋움한
가운데 국제질서의 창출에 앞장섰다. 이러한 영국에 대항하여 독일과
러시아가 등장하였지만, 이들은 결국 영국-미국 연합을 넘어선 세력
확보에 실패하였다.

양차 세계대전 이후 세계는 미국의 기술선도 속에서 자유주의 세
계질서를 목도하였다. 영국이 석탄을 활용한 에너지 기술을 선도했다
면, 미국은 석유 산업, 군수 산업, 컴퓨터 산업에서 앞선 기술을 보유했
다. 이러한 미국의 선도에 경쟁한 국가들로 냉전기 소련과 일본을 들
수 있다. 소련은 미국에 이어 핵무기 개발에 성공한 이후 최초로 인공
위성 발사에 성공하면서 1950년대 후반 미중 기술경쟁을 촉발했다. 일
본은 미국의 동맹으로 아시아 요충지로 자리매김한 이후 1980년대에
이르러 앞선 제조기술을 바탕으로 막강한 경제력을 과시하였다. 이에
미국은 플라자 합의 등을 통하여 일본의 부상을 억제하면서 자국 국익
을 확보하는 정책을 취하였다. 1990년대 들어서 소련이 해체되고 일본
은 침체를 경험하자 미국의 선도적 지위는 더욱 견고해졌다. 실제로 당
시 미국 경제는 세계경제에서 차지하는 비중과 영향에 있어서 압도적
인 모습을 보였다.

하지만 2008년 금융위기 이후 미국의 지위는 흔들리기 시작하였
다. 미국발 위기를 경험한 세계는 미국 경제와 정치 시스템에 대한 의
구심을 키우는 가운데 새로운 경제강국 중국에 대한 재평가를 시도하

였다. 단순히 값싼 노동력에 의존하여 공산품 수출에 의존하는 국가에서 첨단기술을 활용한 정보통신 및 기간산업 분야의 강자로서 중국을 바라보는 시선이 늘었다. 이와 동시에 중국이 국제질서에 대한 만족국가로 성장을 이어갈지에 대한 의문이 제기되었다. 일부의 학자들은 성장한 국력에 비례하여 중국은 한층 높은 요구를 내놓을 것을 전망하면서 아시아의 "다가오는 폭풍"을 예견했다. 이에 반해 중국 스스로 자국이 놀라운 경제성장을 가능케 한 자유주의 국제질서를 무너뜨릴 이유가 없다는 주장 역시 제기되었다. 어차피 시간이 자기 편이라고 인식하는 중국이 과도한 위험을 감수할 이유는 없다는 것이다.

2010년대 후반에 이르러 미국과 중국은 기술과 경제 분야에서 치열한 경쟁을 개시하였다. 소위 트럼프 행정부는 중국에 대하여 "무역전쟁"을 개시하였으며, 바이든 행정부는 글로벌 생산망의 재편성을 주도하고 있다. 이는 양국 간 경제 분쟁이지만 기술 우위를 유지하려는 미국의 사활적 노력으로 이해할 수 있다. 국내 이슈에 있어서 뚜렷하게 상반된 입장과 정책을 내세우는 미국 내 양당이지만 중국 문제에 있어서는 동일한 목소리를 내고 있다. 다만 어떻게 중국을 압박하며 미국 우위를 유지할지를 두고 방법론 차이를 보일 뿐이다. 이에 대하여 중국은 미국이 "냉전적 사고"에 갇혔다고 비판하며 자국은 패권을 추구하지 않는다고 항변한다. 하지만 인공지능 분야에서 선두를 차지하려는 정부 차원의 체계적 노력은 오히려 미국보다 신속하게 이루어졌다. 2020년이 되자 인공지능 강국으로 부상 중인 중국에 대한 경고음이 미국에서 울리기 시작하였다(Allison and Schmidt 2020).

현재 세계는 인공지능이 선도하는 산업혁명의 문턱에 들어섰다. 인공지능을 둘러싼 협력과 갈등이 본격화되었다. 무엇보다 국제질서의 향방을 좌우하는 강대국은 자국의 기술혁신과 제도개혁을 서두르는 한편, 다른 국가의 전략과 역량에 촉각을 곤두세우고 있다. 새로운 산업혁명의 파도가 누군가를 앞으로 내세우면서 나머지는 뒤로 밀어낼 것을 알기 때문이다. 하지만 이러한 강대국 경쟁은 개별적으로 벌어지는 각개전투는 아니다. 가치와 역량에 있어서 유사한 국가들끼리 연대하며 기술혁신과 규범 제정에 앞서는 노력이 강대국뿐 아니라 중견국에 의해서 추진되고 있다. 인공지능의 국제정치가 단순히 강대국의 비극이 아니라고 예상할 수 있는 이유이다.

III. 인공지능, 미중갈등, 동맹정치

1. 인공지능과 미중경쟁

인공지능은 21세기 국제정치의 변화를 가속할 것이다. 국경을 넘나드는 정보전과 심리전, 감시와 처벌로 인하여 '권위주의 대 민주주의' 대립이 강화될 것이며, 강대국뿐 아니라 비국가 행위자도 주요 행위자로 등장하며 세력균형이 변화되고, 자율무기 체제의 도입으로 전투와 분쟁의 윤리와 비용에 변화를 야기할 것이다(Arsenault and Kreps 2022). 인공지능이 몰고 올 미래를 두고 유토피아와 디스토피아 비전이 충돌하는 상황이지만, 범용 기술로서 인공지능이 민간 영역과 군사 영역의 변화를 주도할 것을 부정하는 이들을 찾기 어렵다. 더불어 인공지능이 가져올 변화를 예상하여 이에 걸맞은 규범 마련과 제도 개혁을 주장하는 이들은 전 세계적으로 늘어나고 있다.

현재 인공지능은 미국과 중국 간 전략경쟁의 최전선이다. 2010년대 후반부터 양국 정부는 인공지능 역량과 규범에 있어서 본격적인 경쟁을 시작하였다. 이는 세 가지―(1) 데이터, (2) 컴퓨팅, (3) 알고리즘―로 나누어 살펴볼 수 있다(차종환 2020). 인공지능 산업은 빅데이터의 확보, 알고리즘 개발, 컴퓨팅 역량이라는 삼박자가 맞아야 성장한다. 이를 두고 미국과 중국은 충돌을 본격화하고 있다.

우선, 빅데이터 확보에 있어서 미국과 중국은 각각 데이터 자유와 데이터 주권을 주장한다. 다수의 플랫폼 기업을 보유한 미국은 전 세계에서 다양한 데이터 확보에 유리한 상황이다. 이에 "디지털 무역"의 관점으로 데이터의 이동을 가로막는 행위를 관세 부과와 같다고 여긴다. 따라서 모든 국가의 이익 증진을 위해 데이터 자유의 보장이 필요하다는 주장을 펼친다. 이에 반해 중국은 데이터 주권을 주장하며 국경을 넘어선 데이터 수집에 제동을 걸고자 한다. 자국의 많은 인구와 디지털 경제로 인하여 영토 내에서 데이터 확보가 용이한 중국으로서는 데이터 주권론을 통하여 가장 안정적인 빅데이터 확보가 가능한 이점을 지닌다.

4차 산업혁명 시대의 석유는 바로 데이터라는 인식이 확산하면서 세계 주요국은 데이터 확보와 보호에 주력하고 있다. 유럽과 아시아 민주국가들은 자국민들의 프라이버시를 보호하고 인공지능 산업 육성을 위한 규범적·실질적 목표를 추구한다. 따라서 미중 규범 경쟁에 있어서 미국의 입장을 지지하지만, 데이터 규범에 있어서 안전한 데이터 이동과 보호를 선호한다. 특히 플랫폼 및 클라우드 산업에 있어서 미국과 미국 기업의 영향력에 대한 우려의 목소리는 점차 커지고 있다. 따라서 데이터 생산과 활용에 있어서 규범 창출에 대한 논의는 활발히 진행 중이다.

둘째, 컴퓨팅 역량 관련해서 미국은 반도체 생산망에서 중국을 배제하는 전략을 채택하였다. 바이든 행정부 출범 이후 이른바 Chip4 동맹국을 결성하여 미국-한국-대만-일본의 반도체 생산망을 구축하는 노력은 일정 부분 결실을 이루었다. 단순히 민주국가 내 생산과 소비가 아니라 미국 내 반도체 생산을 유인 및 독려하면서 중국 내 생산과 판매를 억제하는 전략을 펼쳤다. 반도체가 선도 산업의 주요 물자를 생산하고 인공지능을 개발할 때 필수적 부품이기에 실행된 것이다. 미국과 한국·대만의 앞선 반도체 설계 및 생산 능력을 활용해 중국의 굴기를 가로막는 핵심인 셈이다.

미국의 공급망 재편성은 중국과의 디리스킹(de-risking)을 추구한다. 전면적인 경제의존망의 해체가 아니라 중국의 위협 요소를 제거하고자 하는 것이다. 만약 인공지능을 포함한 선도 영역에서 뚜렷한 우위를 확보할 경우 중국은 더 이상 미국 주도 국제질서의 도전 세력이 될 수 없다. 그럴 경우 미국의 리스크는 사라진다. 물론 미국의 반도체를 클럽재로 만들려는 시도가 중국의 인공지능 굴기를 가로막을 수 있는지를 두고 논쟁의 여지는 존재한다. 다만 분명 제한적 효과는 기대할 수 있으며 최종 결과는 미국과 동맹 간 연합 정도와 지속에 달려 있다고 할 수 있다.

셋째, 인공지능 알고리즘을 둘러싼 논쟁이 미중을 중심으로 가열되고 있다. 알고리즘은 빅데이터를 분석하는 운영지침으로 그 영향력이 도마 위에 오르고 있다. 인공지능은 분석에 따른 판단과 실행의 주체가 될 수 있기에 윤리적 문제를 낳는다. 자율무기체계가 도입되었을 때 살상의 주체와 책임이 누구인가? 범죄 예측과 직원 채용에 있어서 인공지능이 특정 조건에 따라 판단을 내릴 경우 차별과 편견의 심화를 어떻게 막을 수 있는가? 알고리즘의 최종 목표가 이익 극대화라면 인간성과 공동체 파괴 문제가 심각해지는 것은 아닌가? 인공지능의 발전을 제어 혹은 유보해야 한다는 주장과 더불어 알고리즘의 개발과 활용에 대한 관심이 급증하는 상황이다(김범수 외 2021, 12-22).

　이러한 차원에서 미중은 체제경쟁 속에서 상이한 알고리즘을 추구할 개연성이 높다. 이미 중국은 신장 지역 등에서 정보통신기술을 활용한 선전·검열·감시 체제를 가동하면서 개인 정보를 수집하여 활용하고 있다(최계영 2023). 인공지능의 발전이 앞으로 중국의 내부통제 강화에 기여하는 것은 물론이고 다른 권위주의 국가들도 유사한 시스템을 받아들이리라 예상된다. 따라서 대다수 민주국가는 핵심 가치의 훼손을 낳을 수 있는 알고리즘의 부상을 우려하며 경계를 표하고 있다. 더불어 빅테크 기업의 이익을 위한 알고리즘의 활용이 파괴할 시민사회에 대한 경계도 한층 높아진 상황이다.

　한동안 미국과 중국은 인공지능 경쟁을 데이터, 반도체, 알고리즘을 둘러싸고 이어갈 것이다. 다만 이러한 미중경쟁이 양자 사이에 머물지는 않을 것이다. 두 강대국을 둘러싼 동맹과 우방이 참여하는 가운데 복수의 동맹망이 경쟁하며 발전하는 양상을 전망할 수 있다. 이는 미래 국제질서를 규정짓는 주요한 변수로 작동할 것이다. 미국과 중국은 강대국 경쟁뿐 아니라 동맹정치 속에서 자국의 이익과 가치를 실현하는 데 앞서기 위한 노력을 이미 시작하였다고 볼 수 있다.

2. 동맹정치와 질서전이

　향후 인공지능을 둘러싼 미중경쟁은 동맹정치와 결합하여 국제질서의 변화를 주도할 것이다. 인공지능이라는 선도 기술이 안보·정치·경제·사회 전반에 미칠 영향을 생각할 때 두 강대국과 동맹들은 경쟁적인 연대망을 구성하며 대립하는 미래인 것이다(리카이푸 2019). 이러한 동맹정치의 부상은 2008년 이후 세계정치의 핵심으로 부상하였다. 오바마 행정부의 "아시아로의 회귀(Pivot to Asia)"는 중국의 부상을 더 이상 좌시하지 않겠다는 일종의 선언이었다. 물론 전면적으로 대중 견제를 개시하지는 않았지만 오바마 행정부의 아시아 동맹망 전략은 한국, 일본, 호주, 인도 등 주요국과 더불어 네트워크를 수립하겠다는 의지의 표현이었다. 중국 역시 냉전기 비동맹노선에서 벗어나 상하이협력기구(SCO)와 브릭스(BRICS) 같은 미국이 없는 다자협력체의 핵심 행위자로 참여하였다. 더불어 일대일로와 같은 유라시아 인프라 프로젝트는 자국 중심의 다자망을 건설하겠다는 비전과 의지의 표명이었다.

이러한 미중 동맹망 경쟁은 코로나19를 겪으면서 본격화되었다. 2008년 금융위기 이후 양국관계가 협력에서 경쟁으로 무게중심을 옮긴 이후 글로벌 팬데믹은 양국 간 신뢰를 약화시키는 결정적 계기가 되었다. 코로나의 기원을 둘러싼 양국의 이견과 백신과 마스크를 둘러싼 배타적 정책은 신냉전의 도래라는 인식을 심어주기까지 하였다. 트럼피즘의 종식을 내세웠던 바이든 행정부는 출범과 동시에 다층적인 자유주의 협력망을 실행에 옮겼다. 쿼드(QUAD, 미국-일본-호주-인도)와 나토(NATO) 같은 기존 동맹을 복원 및 강화할 뿐 아니라, 오커스(AUKUS, 미국-영국-호주), 민주주의 정상회의, 미국-유럽 무역기술위원회(TTC)와 같은 자유주의 다자협력체를 출범시키며 군사·경제·가치 협력망을 확장시켰다. 특히 아시아 지역에서는 칩4(Chip4, 미국-한국-대만-일본)와 한미일 삼각협력을 통하여 아시아 핵심 파트너들과 안보·경제·기술 협력망을 강화하면서 중국을 압박하는 상황을 주도하고 있다.

2022년 우크라이나 전쟁이 발발하자 미국이 주도하는 자유주의 네트워크가 강화되는 한편, 중국 중심 권위주의망이 부상하는 상황이

연출되고 있다. 전쟁 직전 중국과 러시아는 긴밀한 파트너십을 과시하
였고, 북한과 러시아는 상호 군사 및 기술 협력에 합의한 상황이다. 향
후 북중러를 비롯한 권위주의 협력망의 미래는 아직 단정할 수 없는
상황이지만 중국은 이미 국내 감시와 통제 기술과 제도를 권위주의 국
가들에게 전수하는 상황이다. 디지털 권위주의 혹은 기술 권위주의의
등장에 대한 우려가 서구를 중심으로 부상하는 배경이다. 하지만 중국
은 미국의 적극적인 동맹망 결성 움직임을 냉전적 사고에 기반한 것으
로 비난하면서 미중 협력의 필요를 인정한다. 미중 양국의 미래에 대한
섣부른 예상이 힘든 상황이다.

　　인공지능 분야에서 미국은 중국보다 국제협력이 유리한 상황이
다. 인공지능 선도국 대부분은 미국의 오랜 우방들이다. 아래 〈표 8.2〉
에서 인공지능 선도국 20개국 중 중국과 싱가포르를 제외하고 Polity
Score를 기준으로 볼 때 민주국가들이다.[1] 유럽과 북미 11개국은
NATO의 회원국이며, 한국·일본·이스라엘은 미국과 양자 동맹을 맺
고 있고, 인도는 쿼드의 회원국이다. 스위스와 아일랜드는 서유럽에 위
치한 민주국가이며, 싱가포르는 미국과 중국 사이에서 헤징전략을 펼
친다. 따라서 중국의 입장에서 자국과 더불어 인공지능 분야에 있어서
긴밀히 협력할 국가를 찾기 어렵다. 반면에 미국은 자유주의 동맹 네트
워크의 건설과 활용이 더욱 중요할 수밖에 없다.

　　향후 인공지능 분야에서 미국과 중국의 경쟁에 따라 그 판도가 결
정될 것인가? 두 AI슈퍼파워의 경쟁이 무엇보다 중요한 변수인 것은
맞다. 〈표 8.2〉에서 나타난 것처럼 미국과 중국이 AI 분야에서 다른 국
가들을 압도하고 있다. 특히 데이터의 확보에 있어서 빅테크 기업과 많

1　Polity Score(-10부터 +10)를 활용하는 경우 일반적으로 -6(-7) 이하이면 권위주의 국
　가, +6(+7) 이상이면 민주주의 국가, 나머지 국가는 혼합주의 국가로 분류한다.

표 8.2 2023년 The Global AI Index 상위 20개국

국가 (Polity Score)		전체	인재	인프라	운영 환경	연구	개발	정부 전략	상업적 벤처
미국	(+8)	100	100	100	82.8	100	100	90.3	100
중국	(-7)	61.5	30	92.1	99.7	54.7	80.6	93.5	43.1
싱가포르	(-2)	49.7	56.9	82.8	85.7	48.8	24.4	81.8	26.2
영국	(+8)	41.8	53.8	61.8	79.5	38.1	19.8	89.2	20
캐나다	(+10)	40.3	46	62.1	93.1	34	18.9	93.4	18.9
한국	(+8)	40.3	35.1	74.4	91.4	24.3	60.9	91.9	8.3
이스라엘	(+6)	40	45.5	60.5	85.1	24.8	22.2	31.8	40.5
독일	(+10)	39.2	57	68.2	90.7	29.3	19.5	93.9	10.3
스위스	(+10)	37.7	44.5	68	81.9	41.3	24.9	9	13.3
핀란드	(+10)	34.9	34.5	73	97.7	27.4	13.1	82.7	9.5
네덜란드	(+10)	34.5	45.2	65.7	90.3	27.1	15.7	71.8	7.9
일본	(+10)	33.9	38	80.8	92.4	18.6	22.2	80.3	6.8
프랑스	(+10)	32.8	41.5	68.8	84.2	21.4	8.9	87.3	10.8
인도	(+9)	31.4	86.2	34.7	91.1	12	7.6	56	8.9
호주	(+10)	30.9	34.2	54.3	53.8	34.4	11.7	83.3	7
덴마크	(+10)	30.5	30.6	67.5	100	19.4	8.8	75	8.3
스웨덴	(+10)	30.3	33.7	62.2	99.9	22.4	11.4	47	8.6
룩셈부르크	(+10)	29.2	24	74.9	90.4	19.4	7.5	66.8	8.8
아일랜드	(+10)	28.8	31.8	60.8	88	13.6	19.2	71.7	8.6
스페인	(+10)	27.7	31.5	65.2	90.2	14.5	4.3	93.4	4.7

출처: 한혁(2023, 8), 부록 1; PolityV dataset(https://www.systemicpeace.org/polityproject.html)의 2018
년 polity2 score

은 인구를 활용해 뚜렷한 이점을 누리며, 인공지능의 세 영역—구현
(인재, 인프라, 운영환경), 혁신(연구, 개발), 투자(정부 전략, 상업적 벤
처)—에서 고루 앞선 모습을 보여준다. 그러나 후술하는 바와 같이, 두
강대국을 제외한 중견국의 인공지능 전략이 가시화되면서 중견국 대
외전략이 또 다른 변수로 작동할 전망이다. 달리 말해, 강대국의 선호
에 따라 국제질서가 결정되는 과거가 미래에도 반복될 가능성은 줄어
들고 있다고 할 수 있다. 이는 양차 대전 이후와 소련 붕괴 직후 미국이

과시했던 상대적 국력과 매력의 하락에 기인하는 바가 크다.

IV. 복합 동맹망과 중견국 외교

탈냉전기 중국의 부상이 지속되는 상황에서 아시아 국가들은 미
중 사이에서 헤징전략을 구사하였다. 미국의 동맹과 우방 역시 중국과
경제적 의존관계를 강화하였다. 그러나 미중경쟁이 심화되면서 헤징
전략을 둘러싼 아시아 각국의 고민은 깊어졌다. 그동안 중국의 부상에
대응해 균형정책을 펼치는 아시아 국가들은 찾기가 어려웠다. 이를 둘
러싼 다양한 설명이 존재했지만, 2008년 금융위기로 미국의 중국 견제
에 의문이 높아지자 상황이 바뀌었다. 중국을 아시아의 잠재적 패권국
으로 바라보는 시선이 증가하였으며, 이를 뒷받침하듯 남중국해에서
중국은 공세적 외교를 펼치며 이웃국과의 관계를 악화시켰다.

최근 아시아 국가들의 전략은 크게 네 가지로 나누어 살펴볼 수
있다. 허(Kai He)와 펑(Huiyun Feng)에 따르면, 중국의 부상에 따른
이득과 비용을 어떻게 예상하는지에 따라 인태 지역 국가들은 (1) 헤
징(高이득, 高비용), (2) 균형(低이득, 高비용), (3) 편승(高이득, 低비용),
(4) 책임전가(低이득, 低비용) 중 하나를 선택한다(He and Feng 2023).
최근 수년 동안 인태 지역 민주국가들은 중국의 부상이 자국의 가치와
제도를 위협하는 현상으로 바라보면서 균형전략을 채택하는 모습을
보여준다. 이는 유럽의 민주국가들에서도 확인할 수 있는 현상으로 미
국에 뒤이어 이들 민주국가들은 인도태평양 전략을 발표하는 유사한
경로를 밟아가고 있다.

하지만 아시아와 유럽의 민주 중견국들이 미국의 리더십에 순응

하는 모습만을 보이지는 않는다. 특히 인공지능과 사이버 영역에 있어서 전략적 자율성 속에서 디지털 연대를 추구한다. 유럽연합의 '디지털 파트너십'이 대표적이다. 2021년 유럽연합 집행위는 2030년 디지털 목표(2030 Digital Compass)를 발표하면서 (1) 인력, (2) 인프라, (3) 비즈니스의 디지털화, (3) 공공 서비스의 디지털화라는 네 가지 목표를 제시하였다. 동 문서는 글로벌 팬데믹을 통해 디지털 공간의 취약성, (해외) 핵심기술에 대한 의존성, 소수 빅테크 기업에 대한 의존, 위조품 유입과 사이버 절도, 허위 정보가 민주사회에 미치는 영향을 언급하고 있다(European Commission 2021, 2). 사이버 범죄와 허위 정보뿐 아니라 빅테크와 해외 기술에 대한 의존을 언급한다. 이러한 문제의식을 바탕으로 목표를 제시한 후 디지털 파트너십, 특히 "유사 파트너들과의 확대된 연합(a wider coalition of like-minded partners)"을 강조하였다(European Commission 2021, 19).

실제로 유럽연합은 미국과 무역기술위원회(TTC)를 출범시켰을 뿐 아니라 일본(2022년 5월), 대한민국(2022년 11월), 싱가포르(2023년 2월)와 디지털 파트너십을 체결하였다.[2] 이러한 파트너십의 협력 분야는 정보통신과 인공지능이 주로 거론되고 있는데, 한국-EU 파트너십의 경우 (1) 반도체, (2) 차세대 모바일 네트워크, (3) 양자 및 고성능 컴퓨팅, (3) 사이버 안보, (4) 인공지능, (5) 플랫폼·데이터·기술에 대한 협력을 명시하고 있다. 이러한 연대의 노력은 유럽이 '디지털 주권'과 '전략적 자율성'을 강조하며 미국-중국 강대국 경쟁 속 하위 파트너로 머물지 않을 것임을 명확히 보여준다. 물론 유럽 국가들이 미중 사이에서 기계적 중립을 표하거나 헤징전략을 취하지는 않겠지만 역량

---

2 European Commission, Shaping Europe's Digital Future. https://digital-strategy. ec.europa.eu/en/policies/partnerships (검색일: 2023.10.05.).

과 가치에서 유사한 세력과의 연대를 확대할 것을 예상할 수 있다.

한편, 2020년 6월 출범한 글로벌 인공지능 파트너십(Global Partnership on AI, GPAI)은 인공지능 분야 다자협력의 사례이다. 강대국이 주도하는 다자협력체가 아니라 OECD 인공지능 권고안을 따르는 다중이해관계자가 참여하는 국제 구상(initiative)으로 우리나라를 포함한 15개국이 창립회원으로 발족한 이래 현재 29개국의 회원을 보유하고 있다(중국과 러시아는 미참여). GPAI의 네 워킹 그룹은 각각 (1) 책임성 있는 인공지능, (2) 데이터 거버넌스, (3) 일자리의 미래, (4) 혁신 및 상용화를 담당하며, 각 워킹 그룹은 세부 프로젝트를 담당하며 관련 전문가 보고서를 발간하고 있다.[3] 이러한 다양한 행위자들이 참여하는 국제적 활동은 인공지능의 향방이 강대국 일방에 의한 결정에 따르지 않을 것임을 보여준다.

2023년 11월 세계 첫 인공지능 안전 정상회의(AI Safety Summit)가 영국에서 개최되었다. 미국과 중국을 포함한 총 28개국과 유럽연합은 브레츨리 선언에서 인공지능으로 인한 위험을 이해하고 각국이 대응책을 마련하며 협력할 의지를 발표했다. 이러한 상황에서 인공지능 규제를 둘러싼 주요국 경쟁이 주목을 받고 있다(윤상언·여성국 2023). 미국이 자국 기업 보호와 기술 혁신에 무게를 두는 한편, 유럽연합은 생성형 인공지능의 위험에 따른 규제 법안을 마련하여 시행 준비 중이다. 영국은 미국·유럽연합·중국 사이에서 중재자 역할을 감당하면서 인공지능 경쟁에서 주도권을 확보하려는 경쟁에 참여하고 있는 모습이다. 한편, 이러한 인공지능 국제규범 창출이 늦어질 경우 국내 규제에 따라 인공지능의 개발과 활용이 개별적 형태로 진행될 가능성도 제

---

3   The Global Partnership on Artificial Intelligence, Community. https://gpai.ai/community/ (검색일: 2023.10.05.).

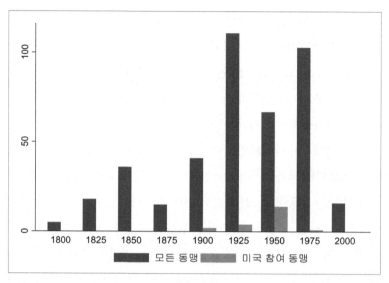

그림 8.2 양자/다자 동맹 체결

출처: Formal Alliances v4.1(https://correlatesofwar.org/data-sets/formal-alliances/)을 활용하여 저자 작성.

기된다(이현승 2023). 분명 인공지능 거버넌스에 대한 필요성은 인식
하고 있지만 주요국의 이해와 가치를 조율하며 반영할 수 있을지에 대
한 우려는 사라지지 않고 있다.

따라서 인공지능을 포함한 주요 분야의 국제 협력과 갈등은 다양
한 모습으로 전개될 것이다. 이러한 배경의 중심에는 미중 강대국 경쟁
이 자리하고 있다. 〈그림 8.2〉에서 살펴보듯이 1800년 이후 동맹 체결
이 활발하게 진행된 시기는 강대국 경쟁이 극심했던 19세기 말과 20세
기 초중반이었다. 흥미로운 것은 강대국이 참여하는 동맹 체결만 증가
한 것은 아니라는 점이다. 냉전 초기 미국이 참여하지 않았던 양자 및
다자 동맹도 급격히 늘어났다. 이처럼 한동안 미국과 중국뿐 아니라 중
견국이 참여하고 주도하는 다양한 형태의 연대가 늘어나고 강화되리
라 예상된다. 하지만 과거의 조약을 통한 군사동맹이 아니라 비공식적

복합동맹(군사·경제·기술)이 국제 연대의 주요한 형태가 될 가능성이 높다. 급격한 세계화와 대량살상무기의 등장으로 전면전 가능성이 낮은 비(非)영토국가 시대의 특징으로 이해할 수 있다. 또한 이념뿐 아니라 역량에서 유사한 국가들 간 대칭적 성격의 연대가 늘어날 것이다.

한편, 약소국의 미래는 더욱 위협받을 가능성이 높다. 복합동맹을 중심으로 국제정치의 미래가 펼쳐질 경우 4차산업 관련 자원과 기술을 보유하지 못한 약소국의 입지는 더욱 좁아질 전망이다. 20세기에는 물리력을 보유한 강대국과 요충지에 위치한 약소국이 군사동맹을 맺는 경우가 다반사였다. 식민지 시대가 끝나자 강대국은 주요 지역의 약소국과 연대하여 다른 강대국을 견제하는 전략을 채택한 것이다. 제2차 대전이 끝난 후 미국과 소련이 각각 각지의 약소국과 동맹관계를 체결한 이유가 여기에 있다. 하지만 동맹관계에서 지리적 중요성이 줄어들수록 강대국-약소국 비대칭 협력은 사라지게 될 것이다. 현재 군사동맹이 복합동맹으로 변환되면서 주목받는 대다수의 국제협력은 강대국과 중견국 사이에서 일어나고 있다. 유럽의 과학혁명이 제국주의의 등장을 낳으면서 비서구 세계가 식민지로 전락한 역사를 기억할 필요가 있다.

그런데 현재의 기술혁신은 미국과 중국의 빅테크 기업, 즉 민간이 주도하는 특징을 보인다. 따라서 국가와 기업, 기업과 기업 사이의 협력과 경쟁은 더욱 중요해졌다. 국제정치에서 동맹의 주체가 더 이상 주권국가에 머물지 않을 가능성이 한층 커진 것이다. 이미 외교의 경우 민간은 주체 혹은 대상으로 인정받고 있다. 이러한 공공외교의 중요성이 더욱 커지는 상황에서 안보위협에 대처하기 위한 국가와 민간이 함께하는 다양한 협력의 모습은 자연스러워질 전망이다. 다만 인공지능이 가져올 변화의 방향과 속도를 제어할 제도의 형성은 중요 변수이다. 주요국이 함께 어떠한 국제질서를 구현해 나갈지에 따라서 빅테크는 '리바이어던' 혹은 '유니콘'으로 성장할 것이다(Gu 2023). 미국 내 빅테크는 로비 활동을 통해 이익과 영향 확대를 꾀하고 있으며, 이는 시장경제의 오작동과 규제포획 논의에 불을 지핀 상황이다(박상인 2021; Li 2023).

V. 나가는 글

소련의 붕괴 이후 자유주의 세계질서의 확장이 30여 년간 이어졌다. 인공지능이 촉발하는 새로운 경제와 사회는 이러한 단일 질서의 종식을 앞당길 것이다. 불균형 성장 속에서 위협인식이 고조되는 상황에서 상이한 규범에 기초한 질서 경쟁이 불가피하기 때문이다. 한 국가(미국 혹은 중국)가 인공지능 경쟁에서 압도적 승리를 거두지 않으리라 가정할 때, 인공지능과 사이버 질서를 둘러싼 상이한 입장들은 대화와 협상으로 하나로 수렴되지 않을 것이다. 이러한 상황은 안보 위협을 증폭시키면서 복수의 질서가 경쟁하는 세계의 출현을 몰고 올 것이다. 이미 20세기부터 형성된 상호의존망의 일부 해체가 재세계화 혹은 디리스킹의 이름으로 진행되고 있다. 코로나 이후 세계는 질서전이의 입구에 들어섰다는 것을 알리는 전조인 셈이다.

복수의 국가망은 각각 규범-기술-경제를 공유하는 특징을 지닐 것이다. 공동 규칙에 동의하는 국가들은 기술혁신에 협력하면서 핵심 물자의 생산-소비를 함께한다. 상이한 국가망에 속한 유사 국가들은 상호작용을 이어가며 대칭적 협력을 이어갈 것이다. 하지만 선진 경제와 첨단기술의 소외지대에 속한 국가들의 향방은 명확하지 않다.

새로운 산업혁명 속에서 획기적 성장의 기회를 잡지 못한 약소국은 매력적 파트너가 되지 못한 채 좁아진 입지를 체감할 것이다. 18세기 유럽의 산업혁명이 결국 제국과 식민지의 시대를 낳은 과거를 떠올릴 수 있다. 하지만 일정한 역량을 갖춘 중견국은 유사 세력과의 연대 속에서 이익과 가치의 실현을 위한 노력을 경주할 것이다. 현재 인공지능 미래를 둘러싼 아시아와 유럽의 중견국이 그러한 모습을 보여주고 있다.

우리가 주목할 점은 부상하는 디지털 경제와 사이버 문제를 구성하는 주요 세력 간 경쟁이다. 데이터를 둘러싼 '주권 대 자유' 논쟁, 인공지능이 가져올 '유토피아 대 디스토피아' 논쟁은 무엇이 이롭고 옳은지를 묻는다. 이 논쟁에 참여하는 이들은 우리의 이익과 가치를 구성하며 경쟁을 이어가고 있다. 물론 주요 행위자들은 강대국과 빅테크이지만, 구성권력이 반드시 물질권력에 비례하는 것은 아니다. 따라서 유사국가들과의 연대 속에 우리의 이익과 가치를 규정하며 국제질서를 건축하는 일에 적극적으로 나서야 할 것이다. 이는 자원과 기술 확보를 넘어서 규범과 표준을 설립하는 복합 영역에 대한 공동 작업일 것이다. 그 결과물은 바로 인공지능과 더불어 살 우리의 미래 국제질서로 우리의 삶을 규정할 것이다.

인공지능 시대 불평등과 편향성 문제에 관심은 고조될 것이다. 새로운 산업혁명이 유발하는 경제와 산업 구조의 변화 속에서 개발도상국의 지위와 사회적 약자의 안전이 더욱 위협받을 가능성이 크기 때문이다. 이러한 우려 속에서 이른바 글로벌 사우스의 입장을 대변하며 새로운 국제질서 건축에 참여할 한국과 같은 중진국의 역할은 중요할 것이다. 현재 인공지능과 기술혁신을 둘러싼 국제협력이 이념과 역량 측면에서 유사한 국가 사이에서 활발히 진행 중이다. 이러한 국제협력에서 소외된 세력들을 고려하고 지지하는 우리의 노력은 한국의 위상을 증진시키며 궁극적으로 물질권력과 구성권력의 토대를 강화할 것이다. 우리 정부는 2023년 9월 발표한 「디지털 권리장전」에서 "국가 간 디지털 격차 해소하고 세계 시민의 공동번영을 위해 디지털 국제개발협력을 확대"할 것을 제시한 바 있다(박수형 2023). 인공지능 패권 경쟁을 가로막고 인공지능 글로벌 거버넌스를 지향하는 중견국으로서 우리만의 과제와 책임을 점검하고 수행할 때이다.

참고문헌

김범수·이병재·박성신·이효원·오창룡·송경재. 2021. "인공지능 기술 확산에 따른
　　민주주의와 사회적 연대의 미래."『정책연구』17. 정보통신정책연구원.
김상배. 2021. "5장: AI알고리즘 패권경쟁의 세계정치: 기술-표준-규범이 3차원 경쟁."
　　한국정치학회 편.『알고리즘의 정치학』. 고양: 인간사랑.
리카이푸. 2019.『AI 슈퍼파워: 중국, 실리콘밸리 그리고 새로운 세계질서』. 파주: 이콘.
박상인. 2021. "미국이 빅테크를 규제하는 이유."『한겨레』. 9월 1일 https://www.hani.
　　co.kr/arti/society/society_general/1009976.html (검색일: 2023.10.22).
박수형. 2023. "[전문] '디지털 권리장전'…어떤 규정 담고 있나."『ZDNET Korea』9월 25일.
　　https://zdnet.co.kr/view/?no=20230925143239 (검색일: 2023.12.03).
윤상언·여성국. 2023. "AI 규제, 미·영·EU 3파전… '한국, 글로벌 주도권 확보 나서야.'"
　　『중앙일보』11월 13일. https://www.joongang.co.kr/article/25206734 (검색일:
　　2023.12.03).
이현승. 2023. "'인공지능發' 新통상마찰 가능성…촉각 기울이는 로펌들."『조선일보』11월
　　16일. https://biz.chosun.com/topics/law_firm/2023/11/16/P3MHSB5ZTBBUFHN
　　IQ3LR7CDWYY/?utm_source=naver&utm_medium=original&utm_campaign=biz
　　(검색일: 2023.12.03).
정성철. 2023. "미래국방과 동맹외교의 국제정치." 김상배 편.『미래국방의 국제정치학과
　　한국』. 서울: 한울.
차종환. 2020. "AI 활성화, 데이터·알고리즘·컴퓨팅파워에 달렸다."『정보통신신문』9월
　　30일. https://www.koit.co.kr/news/articleView.html?idxno=79799 (검색일:
　　2023.10.03).
최계영. 2023. "중국 기술규범과 빅테크들의 역할."『KISDI Premium Report』01.
　　정보통신정책연구원.
한혁. 2023. "2023년 The Global AI Index 결과분석."『ISTEP 브리프』87.

Allison, Graham and Eric Schmidt. 2020. "Is China Beating the U.S. to AI Supremacy?"
　　Avoiding Great Power War Project, Belfer Center for Science and International
　　Affairs, Harvard Kennedy School (August). https://www.belfercenter.org/sites/
　　default/files/2020-08/AISupremacy.pdf 검색일: 2023.10.3.
Arsenault, Amelia C. and Sarah E. Kreps. 2022. "AI and international politics." Justin B.
　　Bullock ed., *The Oxford Handbook of AI Governance*.
European Commission. 2021. "2030 Digital Compass: The European Way for the Digital
　　Decade: Communication from the Commission to the European Parliament, the
　　Council, the European Economic and Social Committee and the Committee of the
　　Regions." https://eur-lex.europa.eu/resource.html?uri=cellar:12e835e2-81af-11eb-

9ac9-01aa75ed71a1.0001.02/DOC_1&format=PDF (검색일: 2023.10.05).

Gu, Hongfei. 2023. "Data, Big Tech, and the New Concept of Sovereignty." *Journal of Chinese Political Science*. https://doi.org/10.1007/s11366-023-09855-1

He, Kai and Huiyun Feng. 2023. *After Hedging: Hard Choices for the Indo-Pacific States between the United States and China*. Cambridge and New York: Cambridge University Press.

Huang, Yasheng. 2023. *The Rise and Fall of the EAST: How Exams, Autocracy, Stability, and Technology Brought China Success, and Why They Might Lead to Its Decline*. New Haven: Yale University Press.

Li, Wendy Y. 2023. "Regulatory Capture's Third Face of Power." *Socio-Economic Review* 21(2).

Organski, A.F.K. 1968. *World Politics*. second edition. New York: Alfred A. Knopf.

Thompson, William and Leila Zakhirova. 2019. *Racing to the Top: How Energy Fuels Systemic Leadership in World Politics*. New York: Oxford University Press.

제9장 　　인공지능과 미래 안보·평화: 국가 및 개인 수준의 전망

장기영(경기대학교)

I. 서론

군사용 인공지능(AI)의 상용화는 국제사회의 많은 우려에도 불구하고 이미 진행되고 있다. 파키스탄이나 예멘과 같은 지역에서는 이미 컴퓨터 알고리즘을 통해서 특정 사람들이 '의심적'인지 '그렇지 않은지'를 결정하고 있기에 알고리즘이 인간의 생사를 결정하고 있다. 해당 알고리즘을 바탕으로 엄청난 양의 신호정보(signals intelligence)가 운용되는 상황에서 2016년 예멘의 한 성직자가 지역공동체에 알카에다를 비판하는 설교를 한 수일 후 아이러니하게 미국의 자율주행 드론 공격을 받아 사망한 사건이 발생하였으며, 이 사건 이후 구글 직원들은 무인드론이 사물과 사람을 정확하게 인식하도록 업그레이드하는 자사의 메이븐 프로젝트(Project Maven)에 공개적으로 반발하기도 하였다 (Gibson 2021).

이처럼 과거에는 공상과학 영화에서나 주로 언급되었던 AI가 발전 속도가 빨라지고 무기로 상용됨에 따라 AI의 군사적 또는 상업적 이용이 안보환경에 미칠 영향에 대한 전망 역시 국제정치학계의 중요한 학술적인 주제로 대두되고 있다. 최근 국제정치 학자들은 드론, 로봇, 극초음속미사일뿐만 아니라 자율살상무기의 상용화가 일으키는 국제정치적 변화에 대해 많은 관심을 보이고 있다. AI를 기반으로 한 신기술 역량의 불균등한 발전은 핵무기를 중심으로 형성된 기존의 평화질서를 와해시킬 정도의 잠재적 파괴력을 지닌 변수로 주목되고 있는 반면에 일각에서는 AI 군사무기가 전쟁을 조기에 끝낼 수 있으며, 전장에서의 불필요한 피해를 최소할 수 있는 장점이 있다고 주장하기도 한다. 이처럼 AI 신기술은 전쟁 및 평화에 양면적인 함의를 던지고 있다고 볼 수 있다(김상배 2023). 그렇다면 AI 발전 및 활용은 구체적으로 미래의 국제정치 안보에 어떠한 영향을 미칠 것인가?

일찍이 왈츠(Waltz 1959)는 전쟁 원인의 유형을 구분하기 위해 개인(individual), 국가(nation-state), 국제 체제(international system)라는 세 '이미지(images)'를 제시하였고, 싱어(Singer 1961)는 이러한 왈츠의 세 이미지를 '분석수준(levels of analysis)'으로 지칭하였다. 최근 개인 및 국가 수준에서 다양한 국제정치 이론들이 발전되어 왔음에도 불구하고 AI 군사무기에 대한 대부분의 국제관계 연구들은 주로 체제 수준에서 패권전쟁, 불확실성, 안보딜레마 등을 다루고 있으며, 상대적으로 국가 수준(state level)이나 개인 수준(individual level)에서 AI 군사무기 도입이 안보환경에 미칠 영향에는 학계의 관심이 결여되어 있다. 따라서 본 연구는 기존의 연구와는 달리 국가 수준과 개인 수준에서 AI 기술발전이 미래 안보환경에 미칠 변화에 대해 전망하고자 한다.

본 연구는 먼저 국가 수준 접근법 중의 대표적인 설명인 민주평화이론과 경제적 상호의존이론을 중심으로 AI 시대에도 민주평화(democratic peace)와 상업적 평화(commercial peace)가 가능할 수 있을지에 대해 생각해 본다. 즉, AI 활용이 민주주의 국가들 또는 경제적으로 밀접한 교류가 있는 국가들 사이의 평화적 관계에 미칠 영향에 대하여 전망해 본다. 다음으로 개인 수준에서의 미래 안보를 전망하기 위해 본 연구는 '안보정책 결정자'로서의 개인과 '안보정책 수용자'로서의 개인을 구별한다. 개인 수준 접근법을 취하는 많은 국제정치이론들은 주로 '정책결정자'로서의 개인에 중점을 두고 있으나 본 연구는 개인 수준의 미래 안보에 대한 종합적인 이해를 위하여 AI 활용이 '안보정책 수용자'로서의 일반 개인에 미치는 안보 효과에 대해서도 생각해 본다.

일반적으로 AI는 특정 문제해결이나 업무의 완수를 위해 운용되는 '협의적 인공지능(narrow AI)'과 인간이 할 수 있는 지적인 업무 역시 수행할 수 있는 '인공일반지능(또는 범용인공지능)(artificial general intelligence, AGI)'으로 구분될 수 있다. 본 연구는 인공일반지능의 등장은 아직은 요원하다는 판단[1] 하에 협의적 인공지능을 중점으로 인공지능과 미래 안보와의 관계를 다룰 것이다.

본 논문의 구성은 다음과 같다. 제2절에서는 인공지능 군사무기 발전을 소개하고 이에 대한 국제관계 분야의 최근 연구성과에 대하여 설명할 것이다. 제3절에서는 국가 수준의 대표적인 이론인 민주평화이론과 경제적 상호의존이론에 중점을 두고 AI 활용이 미래 안보에 미칠 영향에 대하여 살펴볼 것이다. 4절에서는 개인 수준에서 AI 활용과 미래 안보와의 관계에 대하여 생각해 본다. 마지막으로 결론에서는 본 연구를 요약하고, AI 시대 불안정한 미래 안보를 극복하기 위한 기술규범 및 거버넌스의 가능성에 대하여 생각해 본다.

II. AI 기술활용과 국제정치 안보환경의 변화

오늘날 AI 분야는 국제관계에서 전통적으로 주요 행위자였던 미국, 중국, EU 주요 국가들이 사실상 지배하고 있다. 최근 영국의 데이터 분석 미디어 토터스 인텔리전스(Tortoise Intelligence)가 62개국을

---

[1] 예를 들어 AI 전문가인 폴 샤레는 AGI에 대해 펜타곤에서 신흥 기술을 연구하는 앤드류 헤르(Andrew Herr)의 말을 인용해 AGI 개발에 대한 불확실성에 대해 다음과 같이 표현하고 있다. "어떤 기술이 50년 뒤에 가능할 것이라고 말하는 사람은 그게 실현되리라고 믿지 않는 것이다. 20년 뒤에 가능하리라고 말하는 것은 아마 가능은 하겠지만 구체적으로 어떻게 될지 모른다는 뜻이다." 폴 샤레는 AGI는 후자의 범주에 속하지만 실제로 개발되기까지 얼마나 걸릴지 예측하기는 어렵다고 전망한다(폴 샤레 2021, 348).

대상으로 '글로벌 AI 지수'(The Global AI Index)를 평가한 결과에 따르면 AI 분야에서도 세계 패권을 놓고 경쟁 중인 미국과 중국이 1-2위에 올랐으며, 한국의 경쟁력은 세계 7위 수준이라고 한다(머니투데이 2023/3/4).[2] 현재 중국과 패권경쟁 중인 미국의 바이든 대통령은 중국과 러시아 등 권위주의적 국가들과의 인공지능 경쟁에서 주도권을 잡기 위해 임기 초부터 동맹국과의 협력 강화에 주력해 왔으며, 특히 중국 기업에 대한 반도체 제제에 따른 글로벌 반도체 공급망 위기 극복을 위해 미국, 한국, 일본, 대만으로 이루어진 '칩4' 동맹 형성을 제안하고 있다.

미국과 중국 같은 강대국들은 AI 분야에서 우위를 점하는 것은 군사 및 경제적 영향력을 얻을 뿐만 아니라 AI 경쟁에서의 승자가 지구적 패권을 획득하는 것으로 인식하고 있기 때문에 서로 우월적인 AI 시스템을 발전시키기 위하여 가열차게 경쟁하고 있다. 1950년대 후반 미국의 정책결정자들이 핵미사일 배치에 있어서 소련이 이미 미국을 능가하고 있다는 이른바 '미사일 갭(missile gap)'에 대한 강한 두려움을 가졌던 것처럼 오늘날 AI 군사 혁신 분야에서 중국이 미국을 앞서고 있다는 'AI 갭(AI gap)'에 대한 두려움이 미국의 정책결정자들에게 많은 영향을 미치고 있다. 특히 중국은 AI 기술을 이미 광범위하게 국내적으로 적용하고 있어 AI 기술을 군사적으로 활용하기에 더 좋은 여건에 있다고 여겨진다. 이러한 관점에서 미국의 의회조사 서비스 연구(Congressional Research Service Report)에서도 전쟁을 많이 겪은 미국은 전술적인 수준의 문제들을 해결하고 기존의 과정들을 개선시키기 위해 AI를 활용하는 반면에 수십년간 전쟁 경험이 부재한 중국은

---

2   https://news.mt.co.kr/mtview.php?no=2023030316162780242

이를 상쇄하기 위하여 독특한 AI 전투 전략을 발전시키고 AI 생성 전쟁게임들을 활용하고 있다고 한다(Hoadley and Lucas 2018, 18).

　이렇듯 AI는 다양한 차원에서 활용될 수 있기에 미국, 중국, 러시아와 같은 강대국들을 중심으로 AI 기술경쟁이 첨예하게 전개되고 있으며 머지않아 AI는 국방의 필수요소가 될 것으로 보인다. 또한 AI 군사무기 도입은 전쟁의 불확실성과 예측불가성을 한층 가중시킬 수 있기 때문에 AI 군사무기 도입으로 인하여 국제정치 안보환경은 급변할 것으로 판단된다. 현재 AI 선도국가들이 운용 또는 개발중인 AI 기반 군사무기는 〈표 9.1〉과 같다. 미국, 영국, 러시아 등과 같은 AI 선도국들은 능동 방어 시스템, 대인 감시 무기, 방공 시스템 등에서 AI 기반 군사무기를 운용하고 있거나 이와 관련한 기술을 시연하고 있다.

　〈표 9.1〉에서와 같이 현 상황에서는 소수의 강대국과 기술선도국들만이 AI 기반 군사무기를 운용하거나 개발중이기 때문에 해당 군사무기가 안보환경에 구체적으로 미치는 영향을 다루는 국제관계 연구들은 아직 초기 단계라고 볼 수 있다. 그러나 비록 AI 기술을 둘러싼 다양한 이론적 쟁점들에 대하여 다양한 사례와 양적인 데이터를 바탕으로 경험적으로 검증할 수 있는 단계는 아니라고 하더라도 AI 발전과 국제정치 안보환경 관계에 대해 전망하는 국제관계 연구들은 적지 않게 등장하고 있다. 최근의 국제관계 연구들은 AI와 같은 신흥기술이 평화 시기 전략적 안정성(peacetime strategic stability), 위기 시기 전략적 안정성(crisis strategic stability), 전쟁 시기 전략적 안정성(wartime strategic stability)에 어떠한 영향을 미치는지 구별하여 생각해 볼 수 있다(Sechser et al. 2019).

　우선 평화 시기 안정성에 관한 연구들은 국가들 간 군비경쟁, 기술확산, 군비통제 등과 같은 주제를 중점으로 국가들 간 안정된 힘의

표 9.1 개발 또는 운용중인 AI 기반 군사무기

능동 방어 시스템(active protection systems)	Iron Curtain (미국) – 운용 Korean Active Protection System (한국) – 운용 Trophy/ ASPRO-A/ Windbreaker (이스라엘) – 운용
대인 감시 무기(anti-personnel sentry weapons)	Samsung SGR-AI (한국) – 운용 Sentry Tech (이스라엘) – 운용
방공 시스템(air defense systems)	Iron Dome (이스라엘) – 운용 MIM-104 Patriot (미국) – 운용 Phalanx (미국) – 운용
전투기(combat air vehicles)	X-47B (미국) – 기술시연 Taranis (영국) – 기술시연
지상차량(ground vehicles)	Uran-9 (러시아) – 운용 Robotic Technology Demonstrator (미국) – 기술시연
카운터 드론 시스템(counter-drone systems)	HEL effector (독일) – 운용 Drone Dome (이스라엘) – 운용 Silent Archer (미국) – 운용
유도탄(guided munitions)	Dual-Mode Brimstone (영국) – 운용 Mark 60 CAPTOR (미국) – 운용
배회포탄(loitering munitions)	Harpy, Harop (이스라엘) – 운용 KARGU-2 (튀르키에) – 운용 FireFly (이스라엘) – 운용
경비정(surface vehicles)	Sea Hunter II (미국) – 개발완료 Protector USV (이스라엘) – 운용

출처: Bode and Huelss(2022, 18) 인용.

균형을 얻을 수 있는가에 관한 문제를 다룬다. 안정된 균형은 외부의 압력 때문에 방해를 받아도 곧 원래의 상태로 돌아갈 수 있으며, 반대로 불안정한 균형은 약간의 외부의 충격에도 안정적인 힘의 균형이 붕괴될 수 있음을 의미한다. 예를 들어 호로위츠(Horowitz 2019)는 치명적 자율무기의 불확실한 능력으로 인하여 국가 간 군비경쟁이 일어난다고 예측한 반면 윌리엄스(Williams 2019)는 극초음속 활공체(hypersonic glide vehicle)와 같은 무기들은 외부에서 수량을 파악하거나 관측이 용이하기 때문에 오히려 관리하고 통제하기가 쉽다고 주장한다. 반면에 베인만과 볼페(Vaynman and Volpe 2023)는 '이중사용 기술(dual-use technology)'[3] 구별 가능성과 군수산업과 민간경제의 통합정도에 따라 군비통제 가능성이 달라질 수 있다고 주장한다.

둘째, 위기 시기 안정성은 신흥기술이 군사적 위기 상황에서 분쟁 개시에 얼마나 영향을 미칠 수 있는지와 연관이 있다. 학자들은 AI와 같은 신흥기술은 군사적 위기 상황에서 선점우위 유인(first-mover incentives)을 창출하기 때문에 군사적 위기가 쉽게 전쟁으로 비화될 가능성이 높다고 주장한다(Sechser et al. 2019; Horowitz 2019). 대표적으로 호로위츠(Horowitz 2019)는 자율무기의 가공할 만한 반응 속도는 선제타격에 관한 불확실성을 창출하며, 위기 시기에 공격의 위험에 노출되는 국가들은 빠른 시간 내에 공격을 당하기 이전에 오히려 선제적으로 공격할 강한 유인을 갖는다고 주장한다.

마지막으로 전쟁 시기 안정성은 AI와 같은 기술이 전쟁 국면을 얼마나 고조시킬지 아니면 억제할 것이지에 관한 문제이다. 예를 들어 신흥기술로 인하여 전쟁 국면이 우발적으로 고조될 수 있는가에 대한 질문에 탈머지(Talmadge 2019)는 AI 기반의 군사기술은 전쟁 양상에 직접적으로 영향을 끼치는 독립변수가 아닌 매개변수에 불과하다고 한다. 이는 AI 기술은 국가들이 전략적 또는 정치적 이유로 군사적 위기를 증폭시킬 것을 이미 결정한 후 이러한 전략적 선택의 결과로 사용할 수 있는 군사적 수단에 불과하다라는 의미이다. 따라서 신흥기술이 전쟁의 국면을 고조시킬 것이라는 통상적인 설명과는 달리 탈머지는

---

3   유럽연합 집행위원회(European Commission)에 따르면 민군 겸용으로 사용될 수 있는 상품, 소프트웨어, 기술을 이중사용 품목(dual-use items)으로 정의하고 있다. https://policy.trade.ec.europa.eu/help-exporters-and-importers/exporting-dual-use-items_en

해당 군사기술이 항상 전쟁의 양상을 고조시키는 것은 아니라고 주장한다.

이처럼 현재 AI 기술의 안보적 효과를 다루는 대부분의 국제관계 연구들은 전쟁 국면 및 단계에 따라 주로 구조적 안보환경의 변화와 같은 체제 수준에 중점을 두고 '불확실성(Horowitz and Lin-Greenberg 2022)', '공격-방어 균형(Garfinkle and Dafoe 2019)', '패권경쟁(Johnson 2021)', '핵전쟁 가능성(Johnson 2023)', '억지(Lindsay and Gartzke 2019)' 등에 미치는 영향을 다루고 있다.

III. 국가 수준에서 바라본 인공지능 발전과 미래 안보

구조현실주의와 같은 체제 수준 접근법과는 달리 국가 수준의 국제관계 이론들은 전쟁 및 평화에 대한 원인을 국가 내부에서 찾고 있으며, 이러한 접근법은 공화정체, 경제적 상호의존, 국제법과 국제기구의 평화적 기능을 강조했던 임마누엘 칸트(Immanuel Kant)의 주장과 관련이 있다고 볼 수 있다. 본 장에서는 국가 수준 접근법 중의 대표적인 설명인 민주평화이론과 경제적 상호의존이론에 중점을 두고 AI 군사기술 발전이 민주주의 국가들 또는 경제적으로 밀접한 교류가 있는 국가들 사이의 평화적 관계에 미칠 영향에 대하여 전망해 본다.

1. AI 시대 민주평화

국제관계의 많은 경험적 연구들에 따르면 민주주의 국가들은 서로 전쟁을 하지 않는 경향이 있다고 한다. 이른바 민주평화론

(democratic peace theory)에 대한 '제도적 한계 모델(institutional constraints model)'에 따르면 민주주의 지도자는 정치적으로 한계가 있기 때문에 독자적으로 전쟁을 수행하기 어렵다고 주장한다(Doyle 1997; Russet et al. 1995). 제도적 한계 모델과 관련되어 가장 주목되는 인과적 메커니즘은 다음과 같다. 첫째, 민주주의 지도자는 전쟁을 수행하기 위해서는 이에 대한 국민들의 지지를 얻어야 한다. 이러한 설명에 따르면 국민들은 일반적으로 전쟁으로 발생하는 많은 비용으로 인하여 전쟁에 반대하기 때문에 민주주의 지도자들은 대체로 전쟁을 선호하지 않는다고 한다('전쟁비용 메커니즘'). 둘째, 국가들은 민주주의 국가들로부터 전쟁을 피할 수 있는 정보를 더 많이 얻을 수 있다('정치정보 메커니즘'). 예를 들어 민주주의 국가의 언론들은 전쟁과 같은 주요 이슈에 대하여 공개적인 토론의 장을 제공하기 때문에 위기 상황에서 전쟁을 막을 수 있는 정치정보가 상대적으로 많다. 아울러 민주주의 국가지도자의 공개적 위협은 이행하지 않을 경우 높은 국내정치 비용을 수반하기에 상대적으로 믿을 수 있는 정보로 여겨지기도 한다. 해당 설명은 국내청중비용(domestic audience costs)이라 언급되며 민주평화론의 주요한 인과적 설명 중의 하나로 여겨지고 있다(Fearon 1994).

우선 '전쟁비용 메커니즘'을 고려해 볼 때 만약 AI 군사기술이 광범위하게 도입이 되어 민주주의 국가의 국민들이 전쟁으로 치러야 할 정치적 비용이 줄어든다면 해당 국민들은 상대적으로 전쟁을 반대할 명분이 줄어든다. 즉, 무인드론과 AI 기반의 사이버전 같은 군사기술은 국민 개개인이 지불해야 할 정치적 비용을 감소시켜 결과적으로 칸트가 말한 민주주의, 평화, 전쟁 사이의 관계를 근본적으로 변화시킨다고 볼 수 있다. 호로위츠와 레벤더스키(Horowitz and Levendusky 2011)는 국가들의 병역제도가 징병제에서 모병제로 전환이 되는 경우 현재 진행중인 전쟁에 대한 국민들의 반대 여론이 감소된다고 규명한 바 있다. 이러한 연구는 많은 민주주의 국가의 군인들이 직접 싸울 필요가 없는 AI 기반 군사무기 사용이 광범위하게 실행된다면 민주주의 국가 내부에서 전쟁에 대한 정치적 반대여론 역시 감소될 수 있으며 이는 국민들의 정치비용에 입각한 민주평화론의 논리적 근거가 약화될 수 있음을 시사한다(Cole 2017; Garcia 2018; Haner and Garcia 2019).

이처럼 다른 정치적 조건이 같다는 전제하에 AI 군사무기 사용으로 인하여 직접 싸워야 하는 인간 군인의 수가 줄어든다면 민주주의 국가 대중들은 군사적 위기 상황에서 무력을 행사하는 정부의 결정에 반대할 유인이 감소하여 민주평화론이 작동하지 않게 된다. 그러나 예상되는 인간 군인의 피해는 민주주의 국가 대중들이 직면할 정치적 비용의 일부에 불과하다. 비록 무인 군사무기가 광범위하게 운용되어 전쟁으로 인한 사상자 수가 줄어든다 하더라도 전쟁으로 인한 물리적 또는 경제적 피해가 사회 전반에 걸쳐 광범위하게 확대될 것으로 예상되는 경우에는 AI 시대에도 여전히 군사적 갈등에 반대하는 국민의 수는 적지 않을 것이다.

반면에 민주평화에 대한 '정치정보 메커니즘'은 민주주의 국가들은 전쟁을 피할 수 있는 정치정보를 더 많이 양산한다고 한다. 그러나 AI 시대에는 가짜뉴스를 전파하는 디지털 플랫폼이 많아지고 군사적 갈등을 겪는 민주국가에 관한 정치정보들을 신뢰하기 어려워짐에 따라 민주평화 메커니즘이 작동하기 어려울 수 있다(Ndzendze and Marwala 2021). AI는 허구로 만들어진 인물, 영상, 사진, 발언 등과 같이 진짜처럼 보여지는 가짜 정보를 얼마든지 만들 수 있다. 예를 들어 2020년 미국의 대선 기간 동안 페이스북에서는 가짜 정보가 증폭되었다. 선거 직전 페이스북에서는 낸시 펠로시(Nancy Pelosi) 하원의장이

말이 꼬이고 어눌한 모습으로 나타나는 조작 동영상이 200만이 넘는 조회 수를 기록할 정도로 제약 없이 유통되었다. 또한 페이스북 알고리즘은 우파 콘텐츠를 우파 성향인 사람에게 보여주고 좌파 콘텐츠를 좌파 성향인 사람에게 보여줄 가능성이 크다. 이러한 결과로 생기는 필터버블이 소셜미디어에서 가짜 정보의 확산을 강화한다고 한다(아세모글루·존슨 2023, 513). 따라서 위기 상황과 관련하여 민주주의 국가 국민들의 정책선호나 국가지도자의 성향 및 정치적 한계 등에 관한 정치 정보들을 상대적으로 믿기 어렵다면 AI 시대 정치정보 메커니즘과 관련한 민주평화는 작동되기 어렵다.

이와 관련하여 두 국가 간 분쟁이 발생했을 때 분쟁 국가들은 AI로 허위정보를 유포함으로써 심리전을 적극적으로 전개할 수 있다. 현재 러시아와 같은 국가들은 AI 알고리즘 기술을 동원하여 사이버 프로파간다 활동을 적극 펼치고 있으며, 이와 같은 사이버 심리전은 실제 군사 분쟁과 결합되어 하이브리드전(hybrid warfare)의 성격을 띨 수 있다(송태은 2019). 분쟁 상황에서 사이버 심리전이 실행될 경우 민주주의 국가에서 보장되었던 온라인 공론장(public sphere)은 가짜뉴스에 쉽게 오염되어 민주평화를 위한 제어장치로서의 기능을 하기가 어렵게 될 것이다.

마지막으로 국내청중비용에 중점을 두는 '정치정보 메커니즘'은 민주주의 국가지도자의 공개적 위협이 상대 국가에게 신뢰할 만한 정보로 작용한다고 한다. 그러나 민주주의 국가지도자가 공개적으로 위협을 가한 뒤에 이를 실행하지 않은 이유를 자국의 인공지능 알고리즘의 결정에 기인한 것이라고 주장할 경우 지도자가 '공개적으로 물러난(backing down)' 정치적 행위에 대하여 국내적 처벌이 어려울 수 있다. 자국의 AI 시스템이 적의 동기와 군사력에 관련된 정보를 선택적으로 제공할 경우 정책결정자들은 AI 기반 시스템으로부터 제공된 정보를 어떻게 해석할 것인지 또는 해당 정보를 얼마나 신뢰할 것인지 알기 어렵다. 아울러 상대국가가 AI 기반 군사무기를 사용할 경우 이러한 행위가 상대국가 정부의 의도와 직접적으로 관련이 있는 것인지 아니면 상대국가도 예측하지 못했지만 컴퓨터 알고리즘의 결과 발생한 행위인지에 대해 불확실성이 존재할 것이다(Horowitz and Lin-Greenberg 2022, 2-3). 따라서 커밍스가 "시스템이 무력을 행사하도록 허용해두면 상대적으로 인간 의사결정자의 책임감이 사라지므로, 실수를 저질렀을 때도 무생물인 컴퓨터에 책임을 넘길 수 있다"(Cummings 2004, 33)라고 지적한 것과 같은 논리로 정치지도자는 공개적으로 위협을 이행하지 않은 책임을 컴퓨터 알고리즘에 전가할 수 있다. 결과적으로 AI 시대 국내청중비용으로 인한 민주평화의 가능성 역시 감소될 것이다.

2. AI 시대 상업적 평화

일찍이 정치철학자인 칸트는 『영구평화론』에서 세계평화는 민주주의, 국제법 및 국제기구의 존재뿐만 아니라 경제적 상호의존과 같은 보편적 제도에 의하여 유지된다고 주장하였다. 이러한 주장은 국제교역은 경제적 이익을 증진하고 보호하려는 사회계층을 출현시키고, 부를 축적하는 무역업자들은 평화와 분쟁에 대한 정치적 결정에 영향을 미칠 수 있다는 생각에 기반을 두고 있다(Dorussen 2006, 92). 칸트의 주장에 기반한 '경제적 상호의존론(economic interdependence theory)'에 의하면 국가 간 밀접한 무역관계는 국가 사이의 이해 및 협력을 촉진시키고 갈등과 오해를 감소하는 역할을 한다고 주장한다. 경제적 상호의존을 주창하는 일군의 학자들은 국제무역의 전반적인 평화증진 효과보다는 특정 교역상품에 주목하기도 한다(Dorussen 2006). 이들은 예를 들어 국가 간 대체되기 어려운 상품이 교역될 경우 무역의 평화증진 효과가 더욱 크게 나타난다고 주장하지만(Polachek and McDonald 1992), 해당 국가 외에 대체 시장을 쉽게 찾는 경우에는 국제무역의 평화증진 효과가 감소된다고 주장한다.

경제적 상호의존론을 설명하는 인과적 메커니즘은 다음과 같다. 첫째, 경제적으로 상호의존하고 있는 국가들 간에는 전쟁으로 인하여 무역이 감소되면 자국의 이익이 감소되기 때문에 서로 갈등이나 분쟁을 일으키지 않으려고 노력한다고 한다(Copeland 1996; Oneal and Russet 1997). 따라서 무역 수준이 높은 상황에서 전쟁이 무역을 중단시키고 이에 따라 경제적 손실이 발생할 것이라 예상하는 정치지도자들은 군사적 분쟁을 일으키지 않는 반면 무역 수준이 낮은 국가들은 전쟁에 따른 경제적 기회비용이 낮기 때문에 전쟁을 피할 경제적 유인이 감소된다('경제적 기회비용' 메커니즘). 둘째, 두 국가가 경제적으로 상호의존이 되면 개별 국가 내에서는 무역으로 이득을 보는 집단의 힘이 강해지고 이러한 집단들은 지속적인 무역활동을 위하여 평화적 관계를 유지하기 위해 많은 노력을 하기 마련이다(Rogowski 1989; Solingen 1998; McDonald 2009). 이러한 시각은 정부의 외교안보 정책결정 과정에서 경제행위자들의 압력이 중요하며, 경제적 상호의존의 평화적 효과가 국내정치 환경에 의해 강화될 수 있음을 강조한다('경제행위자 국내정치 영향력' 메커니즘).

경제적 상호의존에 관한 논쟁들을 고려할 때 AI의 도입은 국제무역에 많은 변화를 가져올 것으로 예상된다. 만약 무역업에 AI가 도입이 된다면 커뮤니케이션, 수요예측, 물류비용 등의 측면에서 효율성이 증가될 것이다. 커뮤니케이션 측면에서 AI 기반 번역 시스템의 도입은 주요 거래 플랫폼에서 국제무역을 전례없는 규모로 증가시킬 것이다. 언어 장벽은 무역을 심각하게 저해해 왔지만 AI는 이러한 문제들을 해결함으로써 경제적 효율성을 높이고 있다(Brynjolfsson et al. 2019). 예를 들어 구글은 2017년 실시간 통역이 가능한 무선 헤드폰을 출시했으며, 2007년부터 통계기반 번역에서 벗어나 AI 번역을 실시하고 있다. 따라서 AI 도입으로 시장에 대한 정보가 투명해지고 물류비용이 낮아져 국가 간 무역 패턴이 다양화 또는 다변화될 것으로 전망된다(한국무역협회 2019). 이처럼 국가 간 무역 패턴이 다양화 또는 다변화된다면 국가들 사이의 상호의존 규모는 상대적으로 낮아지게 되어 경제적 상호의존으로 인한 평화구축에 그다지 도움이 되지 않을 수도 있다. AI 기술로 인하여 시장의 투명성 및 효율성이 극대화되어 개별 국가들이 대체 시장을 상대적으로 용이하게 찾는다면 분쟁 상황에서 경제적 상호의존의 평화적 효과는 감소할 것이다.

아울러 AI 발전은 자본이 풍부한 국가들에게 많은 기회를 제공하는 반면에 노동이 풍부한 국가들에게는 손해를 창출할 수 있다(Horowitz 2018). 이 경우 AI 발전으로 인한 무역 증대에도 불구하고 자본이 풍부한 국가와 그렇지 않은 국가들 사이에는 새로운 갈등이 야기될 수 있다. 반면에 자본이 풍부한 국가들 사이에는 상호의존이 심화되고 나아가 상호 평화로운 관계가 지속될 수 있다. 그러나 이 경우에도 만약 자본이 풍부한 국가들이 공통된 이익 때문에 무역을 많이 하게 되고 나아가 전쟁을 하지 않는다면 이 경우 핵심적인 인과적 변수는 '국가 간 이익의 일치'이기 때문에 경제적 상호의존론과는 무관한 것으로 봐야 한다(Gartzke 2007).

AI 시대 국가 간 증대된 상호의존이 평화를 증진할 수 있는 경우

를 고려하기 위해서는 '경제행위자 국내정치 영향력' 메커니즘에 주목
할 필요가 있다. 즉, AI 시대 무역으로 이득을 보는 국내 집단들이 국내
정치적으로 많은 영향력을 갖게 되고 이들이 전쟁보다는 평화적 관계
를 선호하기 때문에 전쟁이 억제될 것이라는 전망이 가능하다. 만약 AI
기술이 전통적인 기술 대기업의 힘을 강화시키고, 새로운 AI 스타트업
집단들을 양산하여 이를 바탕으로 성장한 거대 자본과 높은 기술을 가
진 AI 다국적 기업들을 양산해 낸다면(Zhu and Long 2019, 147), 이러
한 경제행위자들은 국제정치 및 국내정치에서 국가 간 분쟁을 막는 주
요 행위자로 기능할 수 있다. 아세모글루와 존슨(2023, 56-58) 역시 실
제 AI 기술발전 과정에서 동일한 사고방식과 태도를 가진 소수의 배타
적인 집단이 사회적 권력을 독점할 수 있다고 주장한다. 아세모글루와
존슨이 '비전 과두귀족(vision oligarchy)'[4]이라고 명명하고 있는 소수
엘리트 집단은 놀라운 경제적 성공을 거둔 사람들이고 기하급수적으
로 증가하는 AI의 역량이 막대한 풍요와 자연에 대한 지배를 강화시켜
줄 것이라고 주장한다. 이처럼 비전 과두귀족과 같은 소수 엘리트 집단
이 무역으로 많은 이익을 얻고 국내정치적으로 영향력이 높은 이들이
분쟁보다는 평화적 관계를 통해 경제적 이익 창출을 중요하게 생각한
다면 전쟁이 억제될 수 있을 것이다.

결과적으로 AI 시대 국가 간 AI 기술 격차 또는 새롭게 창출된 이
익집단의 이해관계에 따라 국가 간 평화 또는 전쟁이 생겨날 수도 있
을 것으로 전망할 수 있다. 그러나 AI 시대 두 국가의 밀접한 무역이 국
가 간 분쟁 가능성을 얼마나 억제할 수 있을지는 결과적으로 각국의

4   아세모글루와 존슨은 비전 과두귀족은 특유의 다소 책벌레 같은 방식으로 카리스마가
     있으며, 대중에게 영향을 미칠 수 있는 저널리스트, 기업계 인사, 정치인, 학자, 지식인 등
     을 잘 현혹시키기에 현대판 과두귀족을 제어하는 것이 매우 중요하다고 주장한다.

국내정치적 환경에 따라 달라질 수 있을 것이다.

IV. 개인 수준에서 바라본 인공지능과 미래 안보

구조현실주의와 같은 체제 수준의 이론들은 개인 정책결정자들은 국제정치환경에 대하여 유사한 인식을 하게 되고 구조적으로 유도된 동인들에 대하여 유사하게 반응할 것이라고 가정하나 개인 수준 접근 법을 취하는 많은 국제정치이론들은 한 국가의 안보정책을 이해하기 위해서는 정치지도자들이 외부 세계를 어떻게 이해하고 이에 대한 정 책을 결정하고 또한 실행하는지에 대한 과정을 이해할 필요가 있다고 가정한다. 개인 수준의 많은 이론들이 주로 '정책결정자'로서의 개인에 중점을 두고 있으나 본 연구는 개인 수준의 미래 안보에 대한 종합적 인 이해를 위하여 AI 활용이 '안보정책 수용자'로서의 개인에 미치는 효과에 대해서도 생각해 본다.

1. '안보정책 결정자'로서의 개인

국제관계학에서 개인 수준의 분석들은 주로 정책결정자 개인의 기대효용, 심리, 인식이나 세계관 등으로 인하여 유사한 국제정치 또 는 국내정치적 환경 속에서도 다른 외교안보 정책이 나올 수 있다고 주장한다. 이처럼 정책결정자에 중점을 두는 이론들은 외교안보 정책 에 대한 결정과정에서 정부, 정권, 국가보다는 국가지도자 개인이 의사 결정의 주된 행위자임을 가정한다. 대부분의 국가지도자 또는 정책결 정자 중심의 연구들은 현 지도자가 어떻게 계속에서 권좌에 남아 있는

지 아니면 국가제도가 어떻게 국가 간 분쟁의 개시, 확대, 종식 등에 영향을 미쳤는지에 대하여 중점을 둔다(Bueno de Mesquita et al. 1999; Chiozza and Goemans 2004; Croco 2011).

최근 학계에서는 정책결정자의 개인적인 경험이나 신념을 통하여 분쟁행위를 설명하는 이론들이 등장하고 있다. 예를 들어 호로비츠 외(Horowitz et al. 2015)는 전투 경험이 있는 지도자나 군경험이 전무한 지도자들에 비해서 이라크의 후세인, 리비아의 가다피, 독일제국의 빌헬름 2세의 경우처럼 군 경험은 있으나 전투 경험이 없는 정책결정자들은 군사 문화, 군 조직, 군사적 능력에 익숙한 반면에 전투의 잔혹성을 경험하지 않았기 때문에 전쟁을 시작할 확률이 높다고 주장한다. 또한 퍼먼(Fuhrmann 2020)은 기업 운영 경험이 있는 국가지도자는 자기 개인의 효용을 보다 극대화하려는 경향이 있기 때문에 집단방위(collective defense)에 있어 무임승차하는 경우가 많다고 주장한다. 비슷한 논리로 만약 AI 시대 국가지도자가 AI의 역량이 국제사회에 막대한 부를 창출하고 또한 자연에 대한 지배를 강화해줄 것이라고 믿는 비전 과두귀족 출신이라면 AI 기반 무기 시스템에 대하여도 긍정적인 인식을 할 가능성이 높다. 만약 비전 과두귀족 출신의 정치지도자가 AI 시스템에 중요한 결정을 위임한다면 군사적 갈등이 고조될 가능성이 높다. 인간은 완벽하지 않지만 상대방과 공감하거나 더 큰 그림을 볼 수 있는 반면에 AI 알고리즘은 자신의 행동에 따른 결과를 이해할 수 있는 능력이나 특히 전쟁 직전에 물러날 수 있는 능력이 결여되어 있다(폴 샤레 2021, 478).

또한 정책결정자를 주요 분석 수준으로 가정하는 국제정치이론들은 정책결정자의 이익을 국가 전체의 이익과 구분하여 설명하기도 한다. 이는 국가지도자의 행위가 개인적 또는 지도자를 둘러싼 특정 소수집단에게는 유리하지만 국가 전체로 봤을 때는 해가 되는 행위를 할 수도 있음을 가정하고 있다. 이러한 이론들은 국가지도자들이 자신의 권력을 유지하기 위해 채택하는 정책들이 종종 국민들을 더욱 어렵게 만들 수 있다는 점을 반영하고 있다(Acemoglu and Robinson 2001; Bueno de Mesquita 2006; McGuire and Olson 1996). AI 시대 국가지도자들은 자신의 권위에 잠정적으로 도전하는 세력들을 감시하고 그 위협을 선제적으로 상쇄하는 방향으로 사용할 수 있다. 예를 들어 권위주의 체제인 중국 내 도시 지역에는 안면인식 기술을 내장한 고성능의 CCTV 2000만 대가 활용된 '톈왕(天網)'이라는 보안 감시 시스템이 있으며 농촌지역에는 대중 감시 네트워크 구축 프로젝트인 '쉐량(雪亮) 공정'이 작동하고 있다. 특히 신장 지역에서는 안면인식 기술을 활용하여 지정된 '안전지역(safe areas)'을 300미터 이상 벗어난 사람들이 있으면 관련 기관들에 경보를 울리는 '경보 프로젝트(The Xinjiang Alert Project)를 진행하고 있다(장기영 2022).

이러한 현상은 정도의 차이는 있겠지만 민주주의 국가에서도 발생할 수 있다. 현재에도 메타와 구글과 같은 테크 기업들은 동의를 구하지 않고 불특정 다수의 사람들의 정보나 사진을 일상적으로 수집하고 있으며, 이러한 행태는 기술이 발전하려면 대량의 데이터 수입이 필요하다는 논리로 정당화하고 있다. 클리어뷰 역시 불법 이민자와 잠재적으로 범죄를 저지를 가능성이 높은 사람들을 선별할 수 있는 예측도구를 만들기 위해 안면 이미지를 동의 없이 수집하였다. 이처럼 테크 기업들의 수익 창출 모델과 정부의 감시 지향이 수그러들지 않는 한 AI의 광범위한 사용은 민주주의를 훼손할 가능성이 높다(아세모글루·존슨 2023, 541-542). 결과적으로 훼손된 민주주의와 강화된 권위주의 시스템은 분쟁 상황에서 위기를 제어할 수 있는 국내정치적 메커니즘을 약화시킴으로써 국가 간 위기가 증폭될 가능성이 있다.

아울러 정책결정자의 개인적인 경험이나 정치 이익 외에 정책결정자의 인식에 중점을 두고 AI 사용이 미래 안보에 미칠 영향에 대하여 생각해 볼 수 있다. 일반적으로 잠재적인 적의 동기와 군사력에 대한 정책결정자의 인식은 해당 국가의 전략과 행위에 영향을 준다(Jervis 1976; Blainey 1988). 그렇다면 군사적 위기 상황에서 AI 시스템이 상대국에 대한 동기와 군사력에 대한 정책결정자의 인식에 어떠한 영향을 미칠 것인지 생각해 볼 필요가 있다. 우선 한 국가가 군사정보 및 첩보를 목적으로 AI 시스템을 운용하는 경우를 가정해보자. AI 시스템이 적의 동기와 군사력에 관련된 정보를 선택적으로 제공할 경우 정책결정자들은 AI 기반 시스템으로부터 제공된 정보를 어떻게 해석할 것인지 또는 해당 정보를 얼마나 신뢰할 것인지 알지 못한다. 아울러 상대국가가 AI 기반 군사무기를 사용할 경우 이러한 행위가 상대 국가 정부의 의도와 직접적으로 관련이 있는 것인지 아니면 상대국가도 예측하지 못했지만 컴퓨터 알고리즘의 결과 발생한 행위인지에 관한 불확실성이 존재할 것이다(Horowitz and Lin-Greenberg 2022, 2-3).

이렇듯 AI 무기는 불확실성을 증가시키고 아울러 가속화되는 전투 속도하에서 인간의 의사결정 시간을 단축시킴으로써 위기의 불안정성을 증폭시킬 수 있다. 빠른 속도로 결정을 내려야 하는 군사적 위기 상황에서는 (비록 완전하지는 않지만) 명시적 또는 묵시적으로 상대와 공감할 수 있는 인간의 판단이 개입될 여지가 없기 때문에 국가 간 군사적 위기가 제어되지 않고 증폭될 수 있다. 예를 들어 과거 쿠바 미사일 위기가 최고조에 달했을 때 소련의 흐루쇼프 서기장은 미국의 케네디 대통령에게 핵전쟁의 위기에서 벗어나기 위해 함께 노력할 것을 촉구하는 서한을 보냈으며, 케네디 역시 흐루쇼프의 이러한 입장에 공감했다. 그러나 AI 알고리즘에 따라 전적으로 군사적 결정이 이루어진다면 알고리즘의 경직된 규칙에 따라 양국 지도자의 복잡한 셈법, 심리, 전후 맥락이나 결과 등을 제대로 이해하지 못한 채 군사적 위기가 고조될 수 있을 것이다. 이렇듯 AI 기반 군사무기는 인간의 의사결정을 줄이고 교전 속도를 높이기 때문에 위기를 초래한 사건을 이해하고 통제하기가 어렵고 확전을 통제할 능력을 사실상 잃어버릴 수 있다 (Altmann and Sauer 2017).

2. '안보정책 수용자'로서의 개인

개인 수준의 통상적인 국제정치이론들은 주로 정책결정자에 중점을 두고 있으나 개인 수준의 미래 안보에 대한 종합적인 이해를 위하여 AI 활용이 '안보정책 수용자'로서의 개인에 미치는 안보 효과에 대해서도 고려해 본다. 이를 위하여 본 연구는 '인간안보' 개념을 사용한다. 원래 인간안보는 유엔개발계획(UNDP)의 〈인간개발보고서 1994〉에서 처음 선보인 개념이며, 국가안보 중심의 패러다임에서 벗어나 군사적 위협뿐만 아니라 경제, 보건, 교육, 문화적 분야 등의 다양한 위협으로부터 보호되어야 할 대상을 인간으로 설정하는 비전통적인 안보 개념이라고 할 수 있다. '인간안보'에 기반한 다양한 유형의 개인 수준 평화는 〈표 9.2〉와 같다. 〈표 9.2〉와 같이 UNDP에서는 인간안보의 요소로 경제, 식량, 보건, 환경, 개인, 공동체, 정치를 제시하고 있다.

비록 인간안보의 개념이 다소 광범위하고 모호하게 정의되는 문제는 있지만 해당 개념은 안보의 쟁점을 군사적 요소뿐만 아니라 경제, 자원, 보건, 환경 등 비군사적 요소들까지 확대했다는 점에서 그 의

표 9.2 인간안보에 근거한 개인 수준의 평화

안보대상	내용
경제	빈곤으로부터의 자유
식량	식량에 대한 접근
보건	의료보장에 대한 접근과 질병으로부터 보호
환경	공해와 환경오염으로부터 보호
개인	물리적 안전(고문, 전쟁, 범죄, 가정폭력, 마약, 자살과 교통사고 등이 없는 것)
공동체	전통문화의 보존 및 민족집단의 물리적 안전
정치	시민적 및 정치적 권리를 향유할 수 있는 자유, 정치적 억압으로부터의 자유

출처: 1994년 인간개발보고서(Human Development Report) 인용.

의를 찾을 수 있다. 특히 경제, 식량, 보건, 환경과 같은 분야에서 인간
안보를 위협하는 다양한 원인에 대해 1) 위협을 미리 알 수 있는 능력,
2) 위협에 대한 적절한 행위를 계획할 수 있는 능력, 3) 효율적으로 반
응할 수 있는 이해관계자에게 권한을 부여할 수 있는 능력은 대체로
결여되어 왔다. 따라서 AI의 사용은 다양한 인간안보 관련 이슈들에
대해 실시간의, 비용적으로 효율이 높은 대응(real-time, cost-effective
and efficient responses)을 가능하게 할 수 있는 잠정적 수단 중의 하
나일 수 있다고 여겨진다(Roff 2018). 현재에도 AI는 광범위하게 활용
되고 이러한 AI 활용은 일정 부분 인간안보에 많은 기여를 한다고 볼
수 있다. 예를 들어 식량 생산과 관련해서는 AI로 농약을 정밀하게 살
포하며, 병충해를 탐지하고, 수확량을 예측하고 있다. 보건과 관련해서
AI는 미세한 방사능 지표를 인식해 인간 의사보다 먼저 유방암을 탐지
하고, 병력을 분석해 당뇨저혈당증을 예측할 뿐만 아니라 유전부호를
분석해 여러 유전병을 탐지한다. 또한 AI가 대출승인, 인수합병, 파산
신청 등의 작업을 대량으로 처리하는 데 활용되기도 하며, 녹취와 번역
에 활용되어 서로 다른 언어를 사용하는 사람들을 원활하게 소통하도

록 도와준다(키신저 외 2023, 106-107).

   그러나 AI 기술이 인간안보적 측면에서 반드시 긍정적인 결과만을 가져다 주지는 않을 것이다. 일반적으로 백신 개발에 많은 시간이 걸리지만 2020년 초 모더나는 SARS-CoV-2 바이러스의 유전자 염기서열이 밝혀지고 불과 42일 만에 백신 후보 물질을 개발하였다. 만약 AI가 도입되어 대규모의 감염병 데이터를 현재보다 더 신속하고 효율적으로 처리한다면 바이러스가 일으키는 심각한 질병에 더욱 빠르게 대처할 수 있을 것이다. 그렇지만 이러한 의학기술의 발전이 자본이나 힘의 논리가 아닌 수십억 인구의 삶을 더 나아지게 만드는 쪽으로 쓰이게 하는 것은 다른 문제이다(아세모글루·존슨 2023, 43). 비슷한 논리로 AI의 발전은 자본소유자에게 혜택을 주고 노동자에게는 불이익으로 작용하여 결과적으로 막대한 사회적 불평등을 야기할 수 있다(Kucier 2018). 예를 들어 AI 기반의 로봇과 3D 프린터는 셔츠 제조와 같은 육체노동을 대체할 뿐만 아니라 매우 지능적인 알고리즘 역시 사무직을 대체할 수 있다.[5] 물론 이와 반대로 가상세계 설계사 같은 새로운 직종이 많이 생길 것이나, 그런 직종들은 평범한 직종보다 더 많은 창의력과 융통성을 필요로 하는 것이기 때문에 기존의 나이 먹은 계산원이나 보험설계사들이 해당 직종으로 이직하는 것은 상대적으로 어렵다고 할 수 있다(하라리 2023, 454-455).

   이와 같이 AI 시대의 인간안보 문제는 AI 기술로 인한 혜택이 개

---

5   2013년 옥스퍼드 대학의 프레이와 오스본(Frey and Osborne 2013)이 펴낸 '고용의 미래(The Future of Employment)'에 따르면 2033년 해당 직무 종사자들이 알고리즘에 일자리를 뺏길 확률은 다음과 같다: 텔레마케터와 보험업자(99%), 스포츠 심판(98%), 계산원(97%), 웨이터(94%), 물리치료사(94%), 관광가이드(91%), 제빵업자(89%), 버스기사(89%), 건설노동자(88%), 수의사 조수(86%), 경비원(84%), 항해사(83%), 바텐더(77%), 기록관리 전문가(76%), 목수(72%), 인명구조요원(67%), 고고학자(0.7%).

인에게 선별적으로 적용될 가능성이 있다는 것을 고려해야 한다. 아세모글루와 존슨(2023, 56-58)은 대부분의 테크놀로지 리더들이 기술발전 과정에서 처음에 뒤로 밀려나게 될 수 있는 많은 사람들도 곧 이득을 얻게 될 것이라는 믿음을 주장하겠지만 실제 AI 기술발전 과정에서 동일한 사고방식과 태도를 가진 소수의 배타적인 집단이 사회적 권력을 독점하고서 그 권력이 미치지 못하는 사회구성원들에게 미칠 파괴적인 영향을 무시할 수 있다고 지적한다. 하라리(2023, 450) 역시 알고리즘이 인간을 직업시장에서 몰아내면 전능한 알고리즘을 소유한 소수 엘리트 집단의 손에 부와 권력이 집중되어 유례없는 사회적 불평등이 발생하거나, 아니면 알고리즘들 자체가 스스로 주인이 될 수도 있다고 주장한다.

　AI 시대 공동체 및 정치적 측면에서의 인간안보 역시 다소 비관적인 전망을 할 수 있다. 앞서 언급한 것처럼 AI 기술이 국가의 권위에 잠정적으로 도전하는 세력들을 감시하고 그 위협을 선제적으로 상쇄하는 방향으로 사용하여 공동체 및 개인의 안보를 위협할 수 있다. 그러한 위협은 AI 선도국이자 권위주의 국가인 중국에서 두드러지게 드러나고 있다. AI 투자를 늘린 결과 중국의 중앙 및 지방정부는 사회에 대한 억압은 효과적으로 수행하면서도 감시를 위해 경찰력을 늘릴 필요성은 줄어들었다. 이처럼 감시 기술 수요가 증가하면서 중국의 지방정부와 계약한 AI 기업들은 연구개발의 방향을 안면 인식 등의 추적 기술 방향으로 선회하여 현재 중국은 감시 기술에서 글로벌 리더로 부상하였다. 또한 중국 스타트업들은 감시와 억압용으로 개발한 AI 기술들을 다른 권위주의 체제 국가들에게 수출하고 있다(아세모글루·존슨 2023, 504-506).

V. 결론

최근 국제관계 분야에서는 개인 및 국가 수준에서 다양한 국제정치이론들이 발전해 왔음에도 불구하고, AI 군사무기에 대한 대부분의 현행 연구들은 주로 체제 수준에서 패권전쟁, 불확실성, 안보딜레마 등을 통한 구조적 변화에 대해 다루어 왔으며 상대적으로 국가 수준이나 개인 수준의 변화에는 관심이 결여되어 왔다. 이에 본 연구는 AI 기술 발전이 미래의 안보환경에 미칠 주요 변화에 대하여 국가 수준 및 개인 수준에서 조명하였다.

우선 본 연구는 국가 수준 접근법 중의 대표적인 이론인 민주평화 이론과 경제적 상호의존이론에 중점을 두고 AI 군사기술 발전이 민주주의 국가들 또는 경제적으로 밀접한 교류가 있는 국가들 사이의 평화적 관계에 미칠 영향에 대하여 이론적으로 전망해 보았다. 민주평화론의 '전쟁비용 메커니즘'과 '정치정보 메커니즘'을 고려하면 향후 AI 시대 민주평화의 가능성은 감소할 것으로 예측할 수 있다. 본 연구는 만약 AI 군사무기로 인하여 직접 싸워야 하는 인간 군인의 수가 줄어들어 민주국가 국민들이 군사적 위기 상황에서 무력을 행사하는 정부의 결정에 반대할 유인이 감소하고, 많은 가짜정보의 등장과 사이버 심리전 등으로 인하여 민주주의 국가 국민들의 정책선호나 국가지도자의 성향 및 정치적 한계 등에 관한 정치정보들을 상대적으로 믿기 어렵게 되거나, 나아가 정치지도자가 공개적으로 위협을 이행하지 않은 책임을 컴퓨터 알고리즘에 전가할 수 있다면 AI 시대 민주평화는 작동되기 어렵다고 주장하였다.

비슷한 논리로 AI 시대 국가 간 무역 패턴이 다양화 또는 다변화된다면 국가들 사이의 상호의존 규모는 상대적으로 낮아지게 되어 경제적 상호의존으로 인한 평화구축에 그다지 도움이 되지 않을 수도 있으며 AI 기술로 인하여 시장의 투명성 및 효율성이 극대화되어 개별 국가들이 대체 시장을 상대적으로 용이하게 찾는다면 분쟁 상황에서 경제적 상호의존의 평화적 효과는 감소할 것이라고 전망해 볼 수 있다. 그러나 AI 시대 경제적으로 성공을 거둔 소수 엘리트 집단이 국내 정치적으로 많은 영향력을 갖게 되고 이들이 전쟁보다는 평화적 관계를 선호하게 된다면 국가 간 전쟁이 억제될 것이라는 예측 역시 가능하다.

마지막으로 본 연구는 '안보정책 결정자'로서의 개인과 '안보정책 수용자'로서의 개인을 구별하고 개인 수준의 미래 안보에 대하여 전망해 보았다. 우선 AI 시대 '안보정책 결정자'로서의 국가지도자가 AI의 역량이 국제사회에 막대한 부를 창출하고 또한 자연에 대한 지배를 강화해줄 것이라고 과도하게 믿는 '비전 과두귀족' 출신이라면 AI 시스템에 중요한 군사적 결정을 위임하기 쉽기 때문에 국가 간 갈등이 고조될 가능성이 높다. 또한 정치지도자가 AI 기술을 자신의 통치기반을 강화하는 데 사용하여 훼손된 민주주의와 강화된 권위주의 시스템이 등장한다면 분쟁 상황에서 위기를 제어할 수 있는 국내정치적 매커니즘을 약화시킴으로써 국가 간 위기가 증폭될 수 있을 것이다. 마지막으로 빠른 속도로 결정을 내려야 하는 군사적 위기 상황에서는 정책결정자가 명시적 또는 묵시적으로 상대와 공감할 수 있는 인간의 판단이 개입될 여지가 없기 때문에 국가 간 군사적 위기는 제어되지 않고 증폭될 수 있다.

반면에 AI 시대 '안보정책 수용자'로서의 개인의 안보를 인간안보 개념을 통해 종합적으로 전망해 보면 AI 기술의 사용은 인간안보와 관련한 다양한 이슈들에 대해 비용적으로 효율이 높은 실시간 대응을 가능하게 할 수 있다는 점에서 AI 활용은 일정 부분 인간안보에 많은 기여를 한다고 볼 수 있다. 그러나 AI 기술로 인한 혜택이 특정 개인이나 집단에게 선별적으로 적용될 가능성이 있다는 것을 고려한다면 반드시 AI 기술이 인간안보적 측면에서 반드시 긍정적인 결과만을 가져다주지는 않을 것이다. 특히 AI 시대 인간안보를 증진하기 위해서는 알고리즘을 소유한 소수 엘리트 집단의 손에 부와 권력이 집중되어 유례없는 사회적 불평등이 발생하거나 알고리즘들 자체가 스스로 주인이 될 수도 있는 가능성에 대비해야 할 것이다.

이와 같이 본 연구는 국가 및 개인 수준에서 AI 기술이 미래 안보에 미칠 영향에 대하여 전망하였다. 결과적으로 AI 기술에 대한 특별한 규범이나 거버넌스가 성립되지 않는 한 대체로 AI 시대에는 불안정한 안보환경이 도출될 것으로 전망해 볼 수 있다. AI 기술이 미래 안보에 미칠 영향에 대하여 본 연구가 제시한 다소 비관적인 전망은 향후 미래 평화를 위해서 지금까지 발전해온 AI 규범화의 방향 및 속도를 한 단계 더 심화해야 할 필요가 있음을 시사한다. 현재 AI 규제규범은 인도주의적 문제라는 프레임만으로는 성공적인 규범화를 달성하기 어렵고, 성공적인 규제규범은 강대국들 간 안보적 이해관계의 조율과 강대국 국내정치 영역에서 벌어지는 AI 프레이밍 게임의 결과로 비로소 가시화되기 시작할 것이다(장기영 2022). AI 활용이 초래할 불안정한 미래 안보 시나리오를 효과적으로 극복하기 위해서는 단순히 특정 기술규제에 대한 결정을 넘어서 그 기술이 체제 수준뿐만 아니라 국가 및 개인 수준에서 미래 안보를 강화하는 방향으로 글로벌 규범 및 거버넌스 시스템이 구축될 필요가 있다.

참고문헌

김상배. 2023. "신흥평화의 개념적 탐구: '창발(emergence)'의 시각에서 본 평화연구의 새로운 지평." 『한국정치학회보』 57(1): 225-247.

송태은. 2019. "사이버 심리전의 프로퍼갠더 전술과 권위주의 레짐의 샤프파워: 러시아의 심리전과 서구 민주주의의 대응." 『국제정치논총』 59(2): 161-204.

대런 아세모글루·사이먼 존슨. 2023. 『권력과 진보』. 김승진 옮김. 서울: 생각의힘.

유발 하라리. 2023. 『호모데우스』. 김명주 옮김. 파주: 김영사.

장기영. 2022. "인공지능 군사무기화의 국제안보적 영향과 규범화 연구." 『담론201』 25(3): 45-72.

폴 샤레. 2021. 『새로운 전쟁』. 박선령 옮김. 서울: 로크미디어.

한국무역협회. 2019. "바이어 발굴부터 네고까지 '인공지능이 무역하는 시대' 올까." https://www.kita.net/cmmrcInfo/cmmrcNews/cmmrcNews/cmmrcNewsDetail.do?pageIndex=1&nIndex=54899&sSiteid=1&searchReqType=detail&searchCondition=TITLE&searchStartDate=&searchEndDate=&categorySearch=1&searchKeyword

헨리 A. 키신저·에릭 슈밋·대니얼 허튼로커. 2023. 『AI 이후의 세계』. 김고명 옮김. 파주: 월북.

Acemoglu, Daron, and James A. Robinson. 2001. "A Theory of Political Transitions." *American Economic Review* 91(4): 938-963.

Altmann, Jürgen and Frank Sauer. 2017. "Autonomous Weapon Systems and Strategic Stability." *Survival* 59(5): 117-142.

Blainey, Geoffrey. 1988. *The Causes of War*. 3rd ed. New York: Free Press.

Bueno de Mesquita, Bruce. 2006. "Game Theory, Political Economy, and the Evolving Study of War and Peace." *American Political Science Review* 100(4): 637-642.

Bueno de Mesquita, Bruce, James D. Morrow, Randolph M. Siverson, and Alastair Smith. 1999. "An Institutional Explanation of the Democratic Peace." *American Political Science Review* 93(4): 791-807.

Bode, Ingvild and Hendrik Huelss. 2022. *Autonomous Weapons Systems and International Norms*. McGill-Queens' University Press.

Brynjolfsson, Erik, Xiang Hui, and Meng Liu. 2019. "Does Machine Translation Affect International Trade? Evidence from a Large Digital Platform." *Management Science* 65(12): 5449-5956.

Chiozza, Giacomo and Hein E. Goemans. 2004. "International Conflict and the Tenure of Leaders: Is War Still Ex Post Inefficient?" *American Journal of Political Science* 48(3): 604-619.

Cole, Chris. 2017. "Harm to Global Peace and Security." In *The Humanitarian Impact of*

Drones. eds. R. Acheson, M. Bolton, E. Minor and A. Pytlak. Womens International League for Peace and Freedom: 48-59.

Copeland, Dale. 1996. "Economic Interdependence and War." *International Security* 20: 5-41.

Croco, Sarah E. 2011. "The Decider's Dilemma: Leader Culpability, War Outcomes, and Domestic Punishment." *American Political Science Review* 105(3): 457-477.

Cummings, M. L. 2004. "Creating Moral Buffers in Weapon Control Interface Design." *IEEE Technology and Society Magazine*: 28-41.

Dorussen, Han. 2006. "Heterogeneous Trade Interests and Conflict: What You Trade Matters." *Journal of Conflict Resolution* 50(1): 87-107.

Doyle, Michael W. 1997. "Kant, Liberal Legacies, and Foreign Affairs." In *Debating the Democratic Peace*. eds. Michael E. Brown, Sean M. Lynn-Jones, and Steven E. Miller. Cambridge, MA: MIT Press.

Fearon, James D. 1994. "Domestic Political Audiences and the Escalation of International Disputes." *American Political Science Review* 88: 577-594.

Frey, Carl B. and Michael A. Osborne. 2013. "The Future of Employment: How Susceptible are Jobs to Computerisation?" Oxford University. https://www.oxfordmartin.ox.ac.uk/downloads/academic/The_Future_of_Employment.pdf

Fuhrmann, Matthew. 2020. "When Do Leaders Free-Ride? Business Experience and Contributions to Collective Defense." *American Journal of Political Science* 64(2): 416-431.

Garcia, Denise. 2018. "Lethal Artificial Intelligence and Change: The Future of International Peace and Security." *International Studies Review* 20(2): 334-341.

Garfinkel, Ben and Allan Dafoe. 2019. "How Does the Offense-Defense Balance Scale?" *Journal of Strategic Studies* 42: 736-763.

Gartzke, Erik. 2007. "The Capitalist Peace." *American Journal of Political Science* 51(1): 161-191.

Gibson, Jennifer. 2021. "Death by Data: Drones, Kill Lists and Algorithms." In *Remote Warfare: Interdisciplinary Perspectives*. eds. Alasdair McKay, Abigail Watson, and Megan Karlshøj-Pedersen, 187-198. Bristol: E-International Relations Publishing.

Haner, Justin and Denise Garcia. 2019. "The Artificial Intelligence Arms Race: Trends and World Leaders in Autonomous Weapons Development." *Global Policy* 10(3): 331-337.

Hoadley, Daniel S. and Nathan J. Lucas. 2018. "Artificial Intelligence and National Security." *Congressional Research Service* 7-5700. https://a51.nl/sites/default/files/pdf/R45178.pdf

Horowitz, Michael C. 2018. "Artificial Intelligence, International Competition, and the Balance of Power." *Texas National Security Review* 1(3).

_____. 2019. "When Speed Kills: Autonomous Weapons Systems, Deterrence, and

Stability." *Journal of Strategic Studies* 42/6: 764-788.

Horowitz, Michael C. and Matthew S. Levendusky. 2011. "Drafting Support for War: Conscription and Mass Support for Warfare." *Journal of Politics* 73(2): 524-534.

Horowitz, Michael C., Allan C. Stam, and Cali M. Ellis. 2015. *Why Leaders Fight.* Cambridge: Cambridge University.

Horowitz, Michael C. and Erik Lin-Greenberg. 2022. "Algorithms and Influence Artificial Intelligence and Crisis Decision-Making." *International Studies Quarterly* 66: 1-11.

Jervis, Robert. 1976. *Perception and Misperception in International Politics.* Princeton: Princeton University Press.

Johnson, James. 2021. "The End of Military-techno Pax Americana? Washington's Strategic Responses to Chinese AI-enabled Military Technology." *Pacific Review* 34(3): 351-378.

_____. 2023. *AI and the Bomb: Nuclear Strategy and Risk in the Digital Age.* New York: Oxford University Press.

Kucier, K. 2018. "The Economic Implications of Artificial Intelligence." In *Artificial Intelligence and International Affairs: Disruption Anticipated.* eds. M.L. Cummings, Heather M. Roff, Kenneth Cukier, Jacob Parakilas, and Hannah Bryce, 29-40. London: Chatham House.

Lindsay, Jon R. and Erik Gartzke. 2019. *Cross-Domain Deterrence.* New York: Oxford University Press.

McDonald, Patrick J. 2009. *The Invisible Hand of Peace: Capitalism, The War Machine, and International Relations Theory.* New York: Cambridge University Press.

McGuire, Martin and Mancur Olson. 1996. "The Economics of Autocracy and Majority Rule." *Journal of Economic Literature* 34(1): 72-96.

Ndzendze, Bhaso and Tasilidzi Marwala. 2021. *Artificial Intelligence and Emerging Technologies in International Relations.* World Scientific.

Oneal, John and Bruce Russet. 1997. "The Classical Liberals were Right: Democracy, Interdependence, and Conflict, 1950-1985." *International Studies Quarterly* 41: 267-293.

Polachek, Solomon W. and Judith A. McDonald. 1992. "Strategic Trade and the Incentive for Cooperation." In *Disarmament, Economic Conversion, and Management of Peace.* ed. Manas Chatterji and Linda R. Forcey. Westport, CT: Praeger.

Roff, Heather M. 2018. "Advancing Human Security Through Artificial Intelligence. In *Artificial Intelligence and International Affairs: Disruption Anticipated.* eds. M.L. Cummings, Heather M. Roff, Kenneth Cukier, Jacob Parakilas, and Hannah Bryce, 19-28. London: Chatham House.

Rogowski, Ronald. 1989. *Commerce and Coalitions: How Trade Affects Domestic Political Alignments.* Princeton, NJ: Princeton University Press.

Russet, Bruce, Christopher Layne, David E. Spiro, and Michael W. Doyle. 1995. "The

Democratic Peace." *International Security* 19: 164-184.

Sechser, Todd S., Neil Narang, and Caitlin Talmadge. 2019. "Emerging Technologies and Strategic Stability in Peacetime, Crisis, and War." *Journal of Strategic Studies* 42(6): 727-735.

Singer, David J. 1961. "The Level-of-Analysis Problem in International Relations." *World Politics* 14(1): 77-92.

Soligen, Etel. 1998. *Regional Orders at Century's Dawn: Global and Domestic Influences on Grand Strategy*. Princeton, NJ: Princeton University Press.

Talmadge, Caitlin. 2019. "Emerging Technology and Intra-war Escalation Risks: Evidence from the Cold War, Implications for Today." *Journal of Strategic Studies* 42(6): 864-887.

Vaynman, Jane and Tristan A. Volpe. 2023. "Dual Use Deception: How Technology Shapes Cooperation in International Relations." *International Organization* 77: 599-632.

Waltz, Kenneth N. 1959. *Man, the State, and War: A Theoretical Analysis*. New York: Columbia University Press.

Williams, Heather. 2019. "Asymmetric Arms Control and Strategic Stability: Scenarios for Limiting Hypersonic Glide Vehicles." *Journal of Strategic Studies* 42(6): 789-813.

Zhu, Qichao and Kun Long. 2019. "How will Artificial Intelligence Impact Sino-US Relations?" *China International Strategy Review* 1: 139-151.

제10장 인공지능과 국가주권 질서의 변동

송태은(국립외교원)

I. 문제 제기

인공지능의 발전은 인간의 질병과 수명의 한계를 극복하게 할 첨단 의료와 보건 기술을 제공하고, 도시와 국토를 안전하게 관리하여 사회질서를 유지하게 만들며, 인간의 노동력을 획기적으로 절감시킨 제조 과정을 가능케 하고, 저렴하면서 지속가능한(sustainable) 에너지를 제공하는 등 인류의 삶과 국가의 산업과 경제에 막대한 유익을 가져다 줄 것으로 기대되고 있다. 이러한 기대는 각국이 인공지능의 개발과 발전 및 관련 산업의 육성을 위해 국가 정책과 전략뿐 아니라 국가 목표와 비전까지 새롭게 제시하고 구축할 만큼 국가 간 경쟁을 심화시켜 왔다.

이렇게 미래의 각국 국력에 가장 지대하게 영향을 끼칠 것으로 예측되고 있는 인공지능 기술을 둘러싼 국가 간 경주는 특히 현재 전방위적으로 확대되고 있는 미국과 중국 간 패권경쟁의 결과를 판가름낼 것이다. 양국을 중심으로 한 진영 간 경쟁도 더욱 심화, 격화됨에 따라 인공지능 기술을 사용하는 데에 있어서 양국의 동맹 및 우호국들 중 양국과 활발한 경제협력 관계를 가져왔던 중견국이나 개도국은 어느 한쪽의 기술이나 한쪽 기술이 채택하는 기술표준을 선택해야만 하는 압박적인 상황에 놓여 있다. 인공지능 기술이 국가의 사회통제 시스템과 무기체제에 끼치는 중대한 영향력을 고려할 때, 일국의 그러한 선택은 곧 자국의 정치체제와 국가안보에 대한 결정이 될 수밖에 없다.

예컨대 미래전쟁에서 킬러로봇과 같은 인공지능 기술이 적용된 자율무기가 파괴적인 물리력을 행사하기 위해 내릴 수 있는 의사결정의 자율성 등 군사적 차원에서 인간의 개입 수준과 관련하여 미국과 중국은 서로 다른 기준에 의거한 결정을 내릴 수 있다. 또한 안면인식

(facial recognition)이나 생체인식 기술 등 인공지능 기술을 이용한 개인의 인체 정보에 대한 광범위한 수집이 프라이버시(privacy)와 인권을 침해할 수 있다는 우려를 개의하는 경우와 그렇지 않은 경우 인공지능 기술 발전에 사용되는 데이터 수집의 범위와 데이터 규모가 달라진다. 만약 일국의 자국의 가치 및 법제도적 기준에 의거하여 이루어진 의사결정이 미국이나 중국과의 외교관계와 연계가 되는 사안이 될 경우 각국의 주권은 패권이 추구하는 기술질서와 조응하거나 혹은 충돌하게 되는 것이다. 결과적으로 각국의 인공지능 기술 개발과 사용 방식은 자국의 주권과 세계패권의 정책 선호라는 두 개 변수에 영향을 받는다.

미중 간 기술패권경쟁의 승자가 쉽게 예측될 경우, 각국은 크게 갈등하기보다 승자에 편승하는 안전한 정책을 추구할 수 있을 것이다. 하지만, 현재 미중 기술경쟁의 최종적 결과는 인공지능 영역에서 중국이 빠르게 미국을 추격하고 있기 때문에 예측이 쉽지 않다. 중국의 기술 추격이 현재와 같은 속도로 지속될 수 있을지에 대한 의문은 여러 가지 이유에 기인한다. 먼저 미국의 중국에 대한 디커플링(decoupling) 혹은 디리스킹(derisking) 정책과 고성능 반도체의 수출통제 정책 등으로 중국이 부정적인 영향을 받고 있는 것이 향후 결과에도 주요 변수가 된다. 미국의 대중국 견제 정책으로 인해 중국이 자급자족(self-sufficiency) 정책을 강도 높게 추진하면서 중국 내 기술 자율성(technological autonomy)이 과도하게 강조되고 있는 경향도 관찰되고 있다(Engelke & Weinstein 2023).

다만 현재 미국이 강도 높게 추진하고 있는 중국에 대한 기술 봉쇄와 양국을 중심으로 한 지경학적 블록화는 양국 간 인공지능 분야에서의 현재의 기술격차를 더 벌여놓을 가능성을 높이고 있다. 현재 미국은 인공지능 알고리즘, GPU와 운영시스템을 포함한 기초 소프트웨어와 하드웨어 분야에서 중국에 대해 기술 우위를 누리고 있고, 중국은 스마트 칩과 플랫폼 운영시스템을 포함한 소프트웨어와 하드웨어 분야에서 약세를 보이고 있다. 중국의 칩 시장에서의 비중은 3% 수준에 그치고 있고, 중국의 인공지능 플랫폼 기업의 기술 고도화가 지연되고 있는 상황은 시장 규모의 확장을 제약할 수 있다. 더불어, 미국과 중국 간의 인공지능 분야에서의 협력이 저하됨에 따라 중국의 인공지능 분야의 혁신과 인재 양성도 부정적인 영향을 받고 있다(과학기술정보통신부·한국과학기술기획평가원·정보통신기획평가원 2023, 29).

이 글은 인공지능과 같은 신기술을 둘러싼 미중 및 진영 간 경쟁이 어떻게 패권과 주권 간의 긴장과 갈등을 유발하고 있는지 인공지능 기술의 위험에 대한 규범적 접근법의 차원, 정치체제와 국가안보의 차원에서 살펴본다. 특히 이 글은 미중 간 기술경쟁에서 다른 국가들이 양국 기술정책과 조응하기도 하고 충돌하기도 하며 패권과 자국 주권 간에 기술표준, 위험관리, 사회감시와 통제 및 커뮤니케이션 차원에서 어떤 갈등이 발생하는지, 그리고 그 과정에서 주권국가 질서가 어떤 변동을 경험하는지 고찰한다.

II. 과학기술 발전의 선택적 집중과 진영 공조

최근 2023년 5월 미 백악관 과학기술정책실(Office of Science & Technology Policy, OSTP)은 2019년 첫 발표 후 업데이트된 바이든 행정부의 인공지능 기술 발전 계획인 '2023 국가인공지능 R&D 전략 구상(National Artificial Intelligence R&D Strategic Plan 2023)'을 공

개했다. 이 보고서는 미국이 인공지능 R&D 생태계에서 중심적인 허브로서의 위상을 유지할 수 있어야 하고, 인공지능 관련 세계의 다양한 국제협력 프로그램과 파트너십에서 미국이 핵심적인 역할을 수행할 것을 주문했다. 총 9개 국가전략을 제시한 이 보고서는 '인공지능 연구를 위한 국제협력이 원칙에 근거한 조율된 접근법'이어야 함을 강조하면서 미국이 책임성 있고 신뢰할 수 있는 인공지능 기술 발전에 기여할 ① 글로벌 문화를 발전시키고, ② 세계적으로 통용되는 인공지능 시스템·표준·프레임워크의 구축과 발전을 지원하며, ③ 아이디어와 전문지식이 교류되게 촉진할 것과, ④ 전 세계에 혜택을 줄 수 있는 인공지능 개발을 도모해야 한다고 역설했다(Select Committee on Artificial Intelligence of the National Science and Technology Council 2023).

미국이 인공지능 기술 분야에서 세계 최고의 위치를 점하고 있음에도 불구하고 위와 같이 인공지능 기술과 관련하여 국제협력을 강조하는 것은 미국을 포함한 어떤 한 국가도 과학기술의 전 분야에서 선두에 서지 못하고 있기 때문이다. 2022년 1월 미국의 국가과학위원회(National Science Board)가 발표한 '2022년 미국 과학 및 공학 실태(The State of U.S. Science and Engineering 2022)'에 따르면 전 세계적으로 과학과 공학 분야 R&D는 극소수의 몇몇 국가에서 집중적으로 이루어지고 있는 것으로 나타났다. 2019년 기준 미국이 전 세계 과학과 공학 R&D의 27%, 중국이 22%, 일본, 독일, 한국이 각각 7%, 6%, 4%를 차지하고 있는 것도 미국과 중국의 우위경쟁이 어떻게 바뀔지 쉽게 가늠할 수 없게 한다(Burke, Okrent & Hale 2022).

미국의 이러한 평가는 국방 분야에서도 비슷하게 나타나고 있다. 2023년 5월 미 국방부(Defense Department of Defense, DoD)가 발표한 '국방과학기술전략(National Defense Science and Technology

Strategy, NDSTS)'은 적성국에 대한 경쟁력의 우위를 달성하고 적성국의 미래 안보 도전에 대응하기 위해 군이 모든 기술이 아니라 집중해서 추구해야 할 기술적 우선순위, 목표, 투자 분야를 선택해야 함을 강조했다. 이번 보고서를 발간하며 헤이디 슈(Heidi Shyu) 미 국방부 기술담당관은 국가안보를 위한 미국의 장기적 전략은 경쟁국들과 기술경쟁으로 인해 무제한의 국가 자원을 쏟기보다 '비대칭 전력(asymmetric capabilities)'의 발전에 집중하여 적에 대해 '상대적 우위(comparative advantages)'를 강화하는 것이라고 강조했다(U.S. DoD 2023).

미국의 주요 부처가 내놓고 있는 이러한 일련의 보고서가 일관적으로 강조하는 것은 세계 최고의 인공지능 기술을 보유한 미국도 국방 분야의 과학기술 전략에 있어서 특정 목표와 우선순위에 선택적으로 집중하는 것을 국가전략으로 삼고 있는 점이다. 즉 기술 강국들은 원하는 국가안보 목표를 달성하기 위해 신기술 개발과 이러한 첨단기술의 무기체계 적용에 있어서 제한된 국가 자원과 예산 및 인력을 가장 효과적이고 효율적으로 투입하고자 한다. 이러한 보고서들은 모두 한결같이 미국의 국가안보를 위한 과학기술의 개발과 발전에 있어 '선택적 집중(selective focus)'을 강조하고 있다. 또한 이들 보고서는 미국이 적성국들과 무한정으로 기술경쟁을 치르며 국가 자원을 낭비하는 것을 위험한 정책으로 간주하고 있다.

흥미로운 것은 이러한 판단과 평가에 기초한 미국의 일관성 있는 결론이다. 앞서 언급한 미 국방부가 발표한 국방과학기술전략(NDSTS)은 미국이 동맹국의 군과 방위산업체, 민간, 학계 등과 함께 국방 과학기술을 개발하고 동맹과 전략적 파트너십을 통해 공동연구 및 개발을 추구할 것을 강조하고 있는 점이다. 심지어 NDSTS는 미국의 국가안보 목표와 기술적 우수성을 이뤄내는 데에 있어서 미국의 '전략적 우위(strategic advantage)'의 유지 여부가 동맹 및 파트너국가들과의 공조와 협업에 있다고 강조했다. NDSTS는 미국의 전략적 파트너 기관으로서 나토과학기술기구(NATO Science & Technology Organization, STO), 첩보동맹인 파이브아이즈(Five Eyes), 미국, 영국, 캐나다, 호주, 뉴질랜드로 구성된 기술협력프로그램(The Technical Cooperation Program, TTCP) 동맹, 쿼드(Quadrilateral Security Dialogue, QSD), 그리고 나토의 북대서양방위개혁촉진(Defence Innovation Accelerator for the North Atlantic, DIANA) 프로그램을 언급했다(U.S. DoD 2023, 5-6).

III. 인공지능 정책을 둘러싼 패권 대 주권의 갈등

1. 기술표준 차원

기술경쟁에 있어서 가장 중요한 것은 '기술표준'이다. 미국은 핵심기술과 신기술(critical and emerging technology, CET)에 있어서 미국의 표준이 세계적으로 사용되는 것을 국가안보, 경제성장과 미래 산업 영역에서 미국의 리더십이 유지되게 하는 가장 중요한 조건으로 여기고 있다.

미 백악관이 2023년 5월 4일 발표한 '핵심 및 신기술에 대한 미 정부의 국가 표준 전략(U.S. Government National Standards Strategy for Critical and Emerging Technology)'은 전략적 경쟁국들이 방위산업과 독재체제의 존립을 위해 핵심 및 신기술의 세계 표준에 영향을 끼치려 하고, 정보의 자유로운 이동을 방해하며 타국의 기술개혁을 늦추는 정책을 펼친다고 비판했다. 이 보고서에서 미국은 표준을 발전시키는 데에 있어 '법칙 기반(rule-based)'의 '민간주도' 접근법을 추구할 것을 재확인하고, 유사입장국들(like-minded countries)과 '국제표준협력네트워크(International Standards Cooperation Network)'를 통해 협력할 것을 천명했다. 이 전략서는 기술표준에 대한 중국 정부 중심의 하향식(top-down) 접근법과 해외투자 및 강압적 경제수단을 이용한 협력국가에 대한 압력 행사 및 민간을 가장한 프록시(proxy) 회사의 활용, 배타적 표준 도모 등의 행위를 비판했다(White House 2023).

이와 같이 미중 기술패권 경쟁에서 동맹과 우호국이 미국과 동일한 기술표준을 추구하는 것을 미국이 중시하는 이유는 기술 자체, 기술이 적용된 상품, 관련된 절차와 통용되는 법칙, 기술 관련 가이드라인 등에 있어서 동일한 표준을 사용하는 일이 기술을 안전하고 보편적으로 사용될 수 있게 하고, 국가 간 상호운용성(interoperability)을 보장하기 때문이다. 상호 교류하는 국가 간 동일한 표준을 사용해야 통신, 금융, 무역, 차량이나 무기의 사용 등 기술과 기술 적용의 모든 차원에서 안전(safety), 상호운용성 및 공정한 경쟁을 가능하게 만들기 때문이다. 즉 서로 다른 국가가 협력하고 교류하며 경쟁하기 위해서 동일한 기술표준을 사용하는 것은 기술발전을 위한 가장 중요한 기초이고 조건이다(White House 2023, 4). 결과적으로 각국은 인공지능 기술에 대한 자국의 정책에 있어서 미국이나 중국이 제시하는 기술표준을 따라야 하고, 여기서 선택의 갈림길에 놓이기 때문에 패권과 각국 주권 간에 갈등이 발생한다.

미국은 중국과의 기술패권 경쟁에 있어서 동맹과 우호국에 대해 미국의 기술정책에 동조할 것을 요구하고 있고, 자국 기업들은 그러

한 기술정책의 첫 번째 적용 대상이다. 최근 2023년 8월 28일 미 상
무부는 중국뿐 아니라 중동 국가에 대한 Nvidia와 Advanced Micro
Devices(AMD)의 인공지능용 칩 수출을 통제하는 조치를 내렸다. 이
러한 결정은 Nvidia의 A100칩과 H100칩, 그리고 AMD의 MI250칩 등
인공지능용 고성능 칩이 중동 국가를 통해서 중국에 유입될 것을 우
려한 조치이다. 중국의 텐센트(Tencent)와 알리바바(Alibaba)는 이러
한 미 회사의 칩을 사용하여 인공지능 기술을 효과적으로 개발해왔다
(Nellis and Cherney 2023).

미 정부로부터 이러한 수출통제 조치를 통보 받은 Nvidia와 AMD
는 중동의 어떤 국가가 수출통제 대상인지 공개하지 않았으나, Nvidia
의 AI 칩을 구입했던 사우디아라비아와 UAE가 대상 국가로 추측되고
있다. 특히 사우디아라비아의 경우 최근 중국과 전략적 동맹관계를 맺
고 인공지능 분야에서 협력을 강화하고 있는 일련의 움직임이(Murgia
et al. 2023) 미 정부의 조치에 영향을 끼친 것으로 보인다. UAE의 경
우 2023년 8월 22일~24일 브라질, 러시아, 인도, 중국, 남아프리카공
화국으로 구성된 '브릭스(BRICS)' 15차 정상회의에서 UAE의 회원국
신청 결과 2024년 1월부터 정식 회원국으로 초청되었다. 즉 6개의 새
로운 회원국이 가입하면서 총 11개국의 회원국으로 확대된 브릭스는
중국이 글로벌 남부(Global South)와의 관계를 한층 강화할 수 있는
그룹이 된 것이다. 즉 이 정상회의를 통해 확대된 브릭스는 중국과 러
시아를 주축으로 한, 지정학적·지경학적으로 대(對)서방 레버리지가
될 수 있고, 하나의 블록(bloc)으로서 기능하게 될 것으로 보인다(강선
주 2023).

미중 간 기술경쟁과 양국을 중심으로 한 진영 경쟁에서 인공지능
기술과 관련된 국제적 거버넌스에 있어서 미국과 유럽연합(EU)의 정

책이 동질성 혹은 이질성을 보이는지는 진영 경쟁의 추이에 중대한 영향을 끼칠 수 있다. 즉 양측이 동일한 접근법을 취하는지의 여부는 미국과 EU 양자 간 무역 증진이나 인공지능 기술에 대한 규제·감독 공조를 넘어서 미국과 중국을 중심으로 한 진영 간 경쟁에서 서방이 우세를 차지할 수 있는지를 가늠할 수 있게 한다. 또한 인공지능 관련 국제 거버넌스에서 미국의 가장 중요한 파트너인 EU의 정책은 여타 미국의 다른 우호국에게 일종의 행위 모델이나 선례가 되어 이들 국가들의 인공지능 정책에도 영향을 끼칠 수 있다.

2. 위험관리 차원

미국과 EU는 모두 개념적 차원에서 '위험기반 접근법(risk-based approach)'을 통해 협력하려는 전략을 취하고 있다. 양측은 TTC를 통해 논의된 '신뢰할 만한 AI(trustworthy AI)'와 같은 핵심 원칙을 중심으로 세계표준을 구축하고자 하고, 양측 모두 이 과정에서 영향력을 행사하고자 한다. 미국과 EU는 공통적으로 인공지능 기술의 개발 원칙에 있어서 인공지능 기술의 '정확성(accuracy)', '강건성(robustness)', '안전성(safety)', '비차별성(non-discrimination)', '보안성(security)', '투명성(transpareny)', '책임성(accountability)', '설명가능성(explainability)', '해석가능성(interpretability)', '데이터프라이버시(data privacy)'를 강조하고 있다.

한편 '인공지능 위험관리 레짐(AI risk management regime)'에 있어서 양측은 세부 사항과 관련해서는 유사하기보다 차별되는 입장을 갖고 있다. 특히 인공지능의 '사회경제적' 영향이나 온라인 플랫폼에서의 AI 기술 규제에 있어서 양측은 상당히 상반된 입장을 취하고 있다.

유럽연합집행위원회/유럽위원회(European Commission)는 2021년 4월 세계 최초로 AI 규제 프레임워크를 제시했고, 최근 2023년 6월에는 '유럽연합 인공지능법(EU AI Act)'을 유럽의회에서 통과시켰다. 미국에 비할 때 EU의 접근법은 중앙집중적으로 조율되어 있고 규제가 적용되는 대상이 상당히 포괄적이다. 즉 각각의 서로 다른 인공지능 기술의 적용에 대해 구속력을 갖는 법들이 마련되어 있다. EU의 경우 인공지능 기술 적용과 관련하여 위반 시 법적 제재를 가할 수 있는 기관이 존재하고 그러한 규제를 강제할 수 있는 제도를 갖추고 있다. 특히 고위험 인공지능 시스템이 EU 내에서 수행하는 데이터 수집과 대규모 온라인 플랫폼를 대상으로 하는 독립된 연구자의 데이터 접근성 등 인공지능의 사회적 역할과 관련된 사항에 있어서 EU는 미국보다 더 큰 투명성을 요구하고 있다(Engler 2023).

반면, AI 기술의 위험관리에 있어서 미국은 규제보다도 오히려 연구와 개발을 더욱 강조한다. AI 기술의 위험관리를 위한 여러 연방정부기관이 마련한 나름의 가이드라인들도 하나의 통일된 규제안을 갖는 것이 아니어서 인공지능 기술을 효과적으로 실제로 규제할 법적 기관이 부재하다. 그러한 사례가 바로 미 국립표준기술연구소(National Institute of Standards & Technology, NIST)가 2022년 3월 17일 제시하고 2023년 1월 26일 최종안을 발표한 '인공지능 위험관리 프레임워크(AI Risk Management Framework, RMF)'이다. 이 프레임워크는 경제협력개발기구(OECD)가 제시한 '인공지능시스템 분류 프레임워크(Framework for the Classification of AI Systems)'를 참고로 하여 만든 자발적(voluntary) 프레임워크이다. 즉 RMF는 인공지능의 전체 생애주기(lifecycle) 동안 위험이 어떻게, 언제 관리되어야 하는지에 대해 종합적인 제안을 제공한다.[1]

미국은 2022년 4월 발족한 인공지능 국가자문위원회(National AI Advisory Committee)가 AI 국가전략을 제시하기도 했고, 2022년 동안 13개 연방정부기관이 인공지능 R&D를 위한 재정적 지원을 아끼지 않았으며, 바이든 행정부는 국가인공지능연구자원(National AI Research Resource, NAIPR) 프로젝트를 통해 향후 6년 동안 인공지능 인프라에 25억 달러를 투자하기로 하는 등 총력적인 다양한 노력을 '신뢰할 만한 인공지능'의 개발에 쏟고 있다. 또한 캘리포니아, 코네티컷, 버몬트와 같은 여러 주에서는 알고리즘의 위험에 제동을 걸 수 있는 다양한 법안이 만들어지고 있다. 하지만, 신뢰할 만한 인공지능 개발을 위한 이러한 전 국가적인 관심과 노력에도 불구하고 연방정부 차원의 법이 각 주(states)에서 마련한 법들을 대체하여 구속력 있는 제도로서 기능할 수 있는지의 여부는 불투명하다(Engler 2023).

서방 진영 내에서도 미국과 EU가 인공지능 기술에 대해 취하는 이와 같은 서로 다른 접근 방식은 앞으로 양측의 이견이 조율되지 않을 경우 인공지능을 둘러싼 상당한 갈등을 증대시킬 수 있다. 그리고 그러한 서방의 분열은 중국을 중심으로 한 인공지능 기술에 대한 권위주의적 레짐을 서방이 견제하거나 인공지능 기술에 대한 국제표준을 세우는 데에 장애물이 될 수 있다.

3. 사회감시·통제 차원

급속도로 발전하고 있는 인공지능 기술은 국가의 사회에 대한 감시와 통제체제에 유용한 수단을 제공한다. 국토 보호와 사회질서 유지

---

1   National Institute of Standards & Technology. "AI Risk Management Framework" https://www.nist.gov/itl/ai-risk-management-framework

를 위해 사용되는 인공지능 기술이 적용된 첨단 감시기술과 모든 곳에 편재하면서 인터넷 연결을 무한하게 확장시키는 지능형 사물인터넷(AIoT), 그리고 개인의 디지털 기기 사용에 의해 자동적으로 실시간 생성되는 대규모 개인정보는 국가가 개인과 사회에 대한 전방위적 감시체제를 구축할 수 있는 중요한 기반이 되고 있다. 이러한 기술 및 정보환경은 전방위적인 국가 감시체계를 형성시키는 결과를 가져오고 국가는 국내 정치에 영향을 끼칠 수 있는 더 광범위한 통치기술과 정교한 디지털 자원을 구비할 수 있다. 즉 국가는 인공지능 기술의 발달로 인해 근대 시민이 누려온 기본적인 권리인 정치적 표현의 자유와 집회와 시위 등 정치적 참여 행위를 감시하고 제한을 가할 수 있는 기술적 수단을 획득하게 된 것이다(송태은 2021).

미국과 EU가 2021년 9월 29일 EU-미국 무역기술위원회(Trade & Technology Council, TTC)의 첫 회의에서 선언한 바는 인권을 존중하지 않는 인공지능 기술에 대한 반대였다. 인공지능 기술을 통해 사회평가시스템(social scoring system)을 운영하고 불법적인 사회감시와 사회통제를 강화하는 권위주의 국가의 기술 사용에 대한 비판이 이 회의의 주요 의제였다. 이 회의의 암묵적인 비판 대상은 개인에 대한 전방위 감시체계를 통해 개인에게 사회적 평가를 부여하는 사회신용제도(social credit system)를 운용하는 중국 정부였다.

권위주의 정부가 AI 감시기술을 통해 획득한 개인 정보를 사용하는 방식, 즉 중국 정부의 AI 기술과 데이터를 사용하는 방식에 대한 서방의 이러한 비판은 중국이 자국 영토에서 생산된 디지털 데이터의 사용처에 대한 중국 정부의 통제 능력과 권리, 즉 '디지털 주권(digital sovereignty)'에 대한 주장으로 이어졌다. 중국에서는 광범위하게 사용되고 있는 AI 기술을 이용한 사회적 평점 시스템(social credit system)

과 실시간 원격 생체정보 기반 식별(real-time remote biometric identification) 기술인 '천망공정(天网工程; Skynet Project)'은 EU의 AI Act에서 '허용불가 위험(unacceptable risk)'을 가진 기술로 분류되어 사용이 금지되고 있다(고학수·임용·박상철 2021).

미국과 유럽의 중국이 주장하는 디지털 주권에 대한 비판은 사회적 가치와 정치적 차원에서 이루어졌지만, AI 감시기술을 통해 획득한 데이터를 사용하는 방식에 있어서 양측이 동일한 접근법을 갖지는 않는다. 미국은 데이터에 대한 국가의 개입을 지양하고 데이터의 자유로운 이동과 데이터 활용과 관련한 기업의 자율규제를 중시한다. 이는 중국이나 러시아가 주장하는 데이터 주권과 반대되는 접근법이다. EU의 경우는 미국처럼 데이터의 자유로운 이동 원칙은 지지하지만 개인정보의 보호도 강조하기 때문에 미국의 시장 중심적 입장과 중국의 국가 중심 데이터 주권 담론의 입장의 중간 지점에 위치한다고 볼 수 있다. 즉 유럽은 '자유롭고 안전한 데이터 이동'을 지지하지만 자국민 데이터의 유럽 외 해외 이전에 대해서는 강경하게 제한을 두는 정책인 GDPR(General Data Protection Regulation)을 운용하고 있다(윤정현·홍건식 2022, 50-51).

국제정치의 주요 행위자인 각국의 정치체제는 국가 간 외교관계에 영향을 끼칠 수 있는 중요한 변수이다. 국가가 개인의 자유를 존중하고 성숙한 민주주의 정치제도를 평화적으로 운영할 수 있는지의 여부는 그 국가가 다른 국가들과 외교관계를 형성하고 국제규범을 이행하거나 국가 간 갈등을 해결하는 방식에도 영향을 끼치기 때문이다. 그런데 인공지능 기술이 적용되고 있는 현대의 첨단 감시기술이 세계적으로 확산되면서 디지털 기술이 민주주의를 증진시키기보다 권위주의의 강화에 기여할 가능성은 중국과 러시아와 같은 권위주의 레짐에만

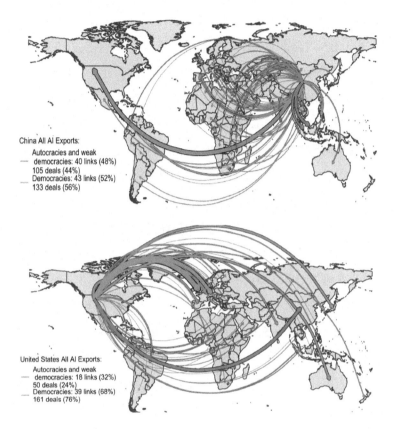

그림 10.1 중국과 미국의 AI 감시기술 수출
출처: Feldstein(2019).

해당되지는 않는다. 다만 〈그림 10.1〉에서 보는 바와 같이 미국과 중국 모두 AI 감시기술을 전 세계로 수출하는데, 중국이 미국보다 독재국가 (autocracies)와 신생 민주주의 국가(weak democracies)에 AI 감시기술을 더 많이 수출하고, 미국은 선진 민주주의 국가에 더 많이 수출한다(Beraja et al. 2023).

AI 감시기술의 사용 여부 자체는 국가의 정치체제의 문제가 아니다. 일반적인 예상과 달리 독재국가나 권위주의 국가보다 오히려 그러한 첨단 감시기술을 보유하고 있는 기술강국의 대부분은 민주주의 선진국이다. 하지만 문제는 중국이나 러시아와 같이 권위주의 국가들이 AI 감시기술을 시민권 침해와 인권탄압 등 정치적 목적으로 자의적으로 남용할 가능성이 크고, 중국의 감시기술이 다른 국가로 확산될 때 중국의 사회통제 및 감시방식이 다른 권위주의 혹은 신생 민주주의 국가로 확산된다는 점이다. 중국의 AI 감시기술은 케냐, 라오스, 몽골, 우간다, 우즈베키스탄, 남아프리카공화국, 보츠와나, 나이지리아와 같이 첨단기술이 부재한 국가들이 중국의 일대일로에 참여하거나 화웨이(Huawei)가 이러한 국가의 도시들과 맺은 스마트시티 개발 협정 등의 사업을 통해 확산되고 있다(Feldstein 2019).

더불어, 중국의 디지털 대기업의 세계적 진출은 중국의 세계 각지에서의 정보수집 활동으로 인해 대상 국가의 안보와 보안이 중국에 대해 취약해질 수 있으며, '만리방화벽(Great firewall)'과 같은 광범위한 검열과 자동화된 감시(automated surveillance) 시스템을 갖춘 폐쇄적인 디지털 인프라와 플랫폼이 이식되면서 중국식 디지털 권위주의도 함께 확산되는 문제를 발생시킨다. 즉, 중국의 AI 감시기술을 자국의 사회감시 및 통제 시스템으로 활용하는 국가들은 국내적으로는 자국 시민들에 대한 정치적 검열과 감시를 강화할 수 있겠지만, 중국에 대해서 자국에 설치된 중국 감시장비를 통해 자국 시민의 정보 유출을 기술적으로 차단할 수 없다면, 결과적으로 중국에 대한 자국의 디지털 주권을 완전하게 행사하지 못하는 상황에 놓이게 된다.

4. 인지·커뮤니케이션 차원

인공지능이 패권과 주권 간 갈등을 일으키는 또 다른 차원에는 인지(cognition)나 정보커뮤니케이션 차원이 포함될 수 있다. 현재 국제사회에서 공격적으로 다뤄지고 있는 '허위조작정보의 유포(disinformation campaign)' 문제는 Chat GPT와 같은 생성형 인공지능의 대중화로 앞으로 더 심화될 것이며 국가 간 갈등의 주요 축으로 작동할 수 있다. 특히 세계의 정보활동과 커뮤니케이션이 가장 압도적으로 이루어지는 인터넷과 소셜미디어 공간을 통해 생성형 인공지능 기술이 사용된 정보와 내러티브를 유포시키는 활동은 사이버 공격과 같이 익명성을 띠고 그 어떤 행위자 차원에서 은밀하게 이루어질 수 있는 행위이기 때문에 디지털 주권의 문제가 가장 복잡하게 표출되는 사안이다.

주로 트위터(tweeter), 페이스북(facebook), 유튜브(YouTube)와 같은 소셜미디어 플랫폼(social media platform)에서 대규모로, 빠르게 확산되는 허위조작정보 유포의 문제는 단순히 사이버 공간에서의 사실왜곡을 통한 이윤 추구 활동이나 정치적 편향성을 부추기는 여론몰이 수준의 사안이 아니다. 오늘날 가짜뉴스(fake news)와 딥페이크(deep fake)와 같은 허위조작정보에 대해 각국이 공격적으로 대응하기까지 국제적 문제로 대두되게 된 데에는 두 가지의 큰 이유가 있다. 첫째는 주로 사이버 공간을 통해 확산되는 허위조작정보의 생산과 조직적인 유통에 앞서 언급한 AI 알고리즘의 내러티브 기술이 적극적으로 사용되고 있는 것이고, 두 번째는 미·중경쟁과 진영 간 갈등 속에서 국가가 발신하는 내러티브와 담론이 서로 다른 정치체제와 가치·이념 간 우월경쟁의 중요한 무기가 되고 있는 점이다.

이미 미국은 트럼프 대통령이 당선된 2016년 대통령 선거를 시작으로 하여 러시아와 이란 등 권위주의 국가의 AI 알고리즘 기술을 사용한 '컴퓨터 프로파간다(computational propaganda)' 활동으로 선거여론이 좌지우지되는 경험을 반복적으로 경험했다. 유럽도 2016년 영국의 브렉시트(Brexit) 국민투표를 비롯하여 이후 프랑스, 독일 등 각종 주요 선거철 외부로부터의 허위조작정보 유포 공격의 피해를 입었고, 그 배후로 러시아와 이란 등을 지목한 바 있다. 선거철 사이버 공간에서 펼치는 허위조작정보 유포 활동은 사실상 평시(peacetime)의 '사이버 심리전(psychological warfare)'이나 '사이버 영향공작(influence operations)'과 다름없다.

사이버 공간에서 챗봇(chat bots)과 같은 AI 알고리즘의 내러티브 구사능력과 봇부대(bot army)와 같은 대규모 정보확산 알고리즘 프로그램을 사용하여 여론을 교란시키고 사회갈등을 증폭시키며 선거와 같은 민주주의 제도의 핵심 기능과 정부의 '정치적 정당성(political legitimacy)'을 훼손하려는 활동은 본질적으로 '전복적인(subversive)' 행위이다. 따라서 서방은 이러한 국가 배후 허위조작정보 유포 활동을 '사이버 테러'이자 '주권'에 대한 개입으로 간주하고 군사적 차원에서 대응하고 있다. 미국과 유럽에서 개별 국가 차원에서 혹은 다국적 연대 차원에서 이루어지는 수많은 사이버 모의군사훈련에 허위조작정보의 유포 상황을 가정한 시뮬레이션이 반드시 동반되는 것은 허위조작정보 유포에 대한 서방의 군사적인 접근법을 보여준다.

AI의 자연어처리(Natural Language Processing, NLP) 기술 중 GPT(Generative Pre-trained Transformer)는 텍스트 생성을 위한 딥러닝(Deep Learning, DL)에 기반한 AI 언어모델로서 대규모 텍스트 데이터를 학습하여 인간의 언어를 분석하고, 인간의 질문에 대한 답변이 가능한 대화형 AI 프로그램이다. AI의 언어구사 능력은 AI 기술의 궁극적이고 최종적인 목표인 '인간스러운 지능(humanistic intelligence)'을 구현하기 위한 핵심적인 능력 중 하나이다. 인간스러운 지능은 인간과 AI가 공생할 수 있는 하나의 팀이 되도록 심리적, 사회적, 기술적으로 통합된 시스템을 지원하는 것을 목표로 개발된다.

궁극적으로 Chat GPT와 같은 AI 챗봇이나 자연어처리 기술의 발전은 기계의 인간 언어 구사력을 통해 인류의 사고방식과 의사결정 과정, 감정과 가치체계에 심대한 영향을 끼칠 것이므로 향후 국가 간 기술경쟁 결과를 결정짓는 주요 변수 중 하나가 될 수 있다. 따라서 EU AI Act는 생성형 AI(Generative AI)에 대해서는 특정 콘텐츠가 생성형 AI 기술로 제작된 경우, 불법적 콘텐츠를 이용하여 알고리즘 모델을 만들거나 저작권이 있는 데이터를 머신러닝(machine learning, ML) 자료로 사용해 요약하여 공개할 경우 그러한 인공지능 기술을 사용한 사실을 밝히는 등 투명성 의무를 져야 할 것을 명시하고 있다(European Parliament 2023).

한편, 인간의 지능을 목표로 하는 AI 기술의 발전이 뇌과학 (neuroscience) 연구의 진전으로 더욱 발전되고 있지만 아직까지는 AI가 인간의 뇌처럼 사고하는 것은 아니다. AI 챗봇이나 AI 스피커가 인간의 언어를 구사한다고 해도 AI가 곧 인간처럼 생각하는 것은 아니기 때문이다. 하지만 문제는 이러한 생성형 AI가 국가 간 '정보전 (information warfare)'이나 '심리전(psychological warfare)', 그리고 더 나아가 '인지전(cognitive warfare)'의 무기로 사용될 수 있다는 점이다.

인지전의 개념은 NATO연합변혁사령부(Allied Command Transformation, ACT) 주도로 2020년 "인지전: 진실과 생각에 대한 공격(Cognitive Warfare: An Attack on Truth and Thought)" 제목의 연구물을 출간하면서 서방에 광범위하게 알려지기 시작했다. 이 보고서에서 NATO는 기존의 심리전이 군사작전이자 상대 정부를 전복시키는 군사적 활동에 초점이 맞춰져 있다면, 인지전은 보다 적국 여론을 교란시키기 위한 활동에 초점이 맞춰져 있다고 두 개념을 차별시키고 있다. 특히 인지전은 대량의 정보와 메시지 발신, 그리고 대규모의 청중에 대한 영향력 행사가 기존의 심리전과 다른 점인데, 이는 오늘날의 인터넷과 소셜미디어 및 인공지능 알고리즘에 의한 대규모 정보의 아주 빠른 전달 능력에 의해 쉽게 수행될 수 있다(Bernal et al. 2020, 9-10).

2021년 6월 인지전에 대한 논의가 NATO Science and Technology Organization가 개최한 과학회의에서 소개되면서 이 회의의 결과 보고서인 "인지전: 인지 장악의 미래(Cognitive Warfare: The Future of Cognitive Dominance)"의 출간에는 뇌과학자, 심리학자, 국제정치학자, 인문학자, 전투기 조종사 등이 참여했고, 이러한 일련의 회의와 연구를 통해 NATO는 인지전을 위한 '뇌과학의 무기화'를 추구하고 있다. 아주 쉽게 말해, 과거 '심리전'은 '마음과 생각을 사로잡기(winning hearts and minds)'에 초점이 맞춰진 군사작전이었다면, '인지전'은 '뇌를 통제하기(winning brain)'에 관심을 갖는 군사활동이라고 볼 수 있다.[2]

NATO는 미래전을 준비하기 위해 인지바이오 기술(cognitive biotechnology, CBT)도 연구하고 있는데, 기술을 이용하여 물리적·사

---

2   "Winning hearts and minds? Try 'winning the brain'." Defence Connect(August 26, 2022). https://www.defenceconnect.com.au/key-enablers/10569-winning-hearts-and-minds-try-winning-the-brain (검색일: 2023. 03. 03.).

회적 환경에 대한 인간의 지각, 감성, 행동을 증강시키는 것을 목표로 한다. 엑소스켈리톤(exoskeleton)이나 센서 등을 신체에 부착하여 인간의 뇌를 관찰하고 얻어진 데이터를 분석하여 궁극적으로 전투력을 높이려 하므로 군인의 기계화(mechanization)를 추구한다고 볼 수 있다(Johns Hopkins University & Imperial College London 2021). 마찬가지로 중국의 경우도 인지전 수행을 위해 스마트 센서 팔찌 등을 통해 사람의 표정정보, 감정 변화, 전투 수행 능력에 영향을 끼치는 군인의 심리적 상태 등을 판단하는 기술을 개발하고 있다(Allied Command Transformation 2023).

한편 이와 같은 군사적 차원에서의 인공지능과 뇌과학의 활용은 윤리적 이슈를 제기한다. CBT를 사용하여 군인이 동기부여를 받고, 특정한 의사결정과 행동을 취하게 된다면 군인의 군사적 행위에 대한 개인적 책임의 문제는 누구에게 물을 것인가? 또한 그러한 장치를 사용하는 군인에게 가해질 수 있는 의도되지 않은 심리사회적·정신적 피해에 대해서는 어떤 조치를 취할 수 있을까? 더불어, 그러한 장치를 착용했을 때 노출되게 되는 개인의 정신상태와 생각에 대한 개인정보를 어떻게 보호할 것이고, 누가 그러한 정보를 저장하고 어떻게 사용할 것인지, 혹은 어떻게 폐기할 것인지의 문제들이 지속적으로 제기될 수 있다(Johns Hopkins University & Imperial College London 2021). 그리고 NATO와 같은 연합군이 이러한 정보를 사용할 때 디지털 주권과 관련된 논쟁이 발생할 수 있다.

사람의 인지능력에 영향을 끼칠 수 있는 이러한 인공지능 기술의 위험은 다시 '책임성 있는 인공지능의 사용(responsible use of AI)' 문제로 귀결된다. EU AI Act는 '허용불가 위험(unacceptable risk)'을 가진 AI 시스템은 활용을 금지해야 할 유형으로 분류했다. 그 중에서는

'잠재의식의 조작(subliminal manipulation)', 즉 사람의 행위에 중대한 왜곡을 발생시키기 위해 신체적 혹은 정신적 위해를 가하거나 혹은 그러한 가능성을 가진 잠재의식 조작 기법 능력을 가진 인공지능 기술을 포함시켰다(고학수·임용·박상철 2021).

인간의 인지 과정과 인지능력에 영향을 끼칠 수 있는 생성형 AI의 사용과 관련된 문제는 만약 한 국가가 적성국의 여론과 선거와 같은 정치 과정에 광범위하게 영향을 끼치고자 디지털 정보와 메시지를 대량으로 신속하게 발신하여 적성국의 여론과 선거 등에 지대한 영향을 끼칠 경우, 이러한 피해에 대해 어떻게 공격 국가에게 책임을 물을 수 있는지의 문제로 귀결된다. 즉 AI 기술을 사용한 허위조작정보의 유포와 인지전의 전개는 디지털 주권의 문제와 직결된다.

가장 큰 문제는 이러한 생성형 AI를 사용한 한 국가의 여론에 대한 인지적 공격을 국가가 아닌 비국가 행위자가 구사하는 경우이다. 현재도 국가의 사이버 공격이나 허위조작정보 공격도 국가가 배후로 있으면서 해커조직들이 대신 수행하는 경우가 빈번하므로 AI를 이용한 허위조작정보의 유포나 인지전의 경우 디지털 주권의 문제는 국가 간 이슈로서만 다뤄지기 어렵다. 또한, 인간이 원래 의도한 바가 아닌 창작물을 인공지능이 제작하고 그러한 정보가 유포될 경우 의도하지 않은 피해가 발생할 경우 이 문제는 인간과 비인간(non-human) 간의 새로운 이슈로 전환될 수 있다.

V. 결론

인공지능이 인류의 삶과 국가 간 권력관계 및 세계질서에 끼치는 심대한 영향을 고려할 때, 인공지능의 사용과 관련한 각국의 정책결정은 단순히 기술발전을 위한 경쟁의 논리에만 매몰되지는 않을 것이다. 인공지능의 위험성을 규제하기 위한 다양한 이니셔티브와 국제사회에서의 거버넌스 노력이 끊임없이 이루어지는 것은 바로 그러한 징후라고 볼 수 있다. 특히 패권질서와 주권 간의 갈등이 끊임없이 발생하는 인공지능의 개발과 사용의 이슈는 인공지능 기술이 어떤 방향으로 발전할 것인지 분명하게 예측할 수 없고, 미중 기술경쟁의 향배 또한 투명하게 가늠하기 어려운 상황에서는 각국에게 더욱 많은 갈등과 고민을 안겨줄 것으로 보인다. 더군다나 범용기술인 인공지능 기술이 인류의 삶에 더욱 깊숙이 개입하며 사회 전체에 지대한 영향을 끼치기 때문에 패권과 주권 간 갈등만큼이나 국가와 사회 간 긴장과 갈등도 커질 것이다. 결국 이러한 다양한 긴장과 갈등은 개인의 자유와 인권에 대한 다양한 논쟁도 국제적인 수준에서 심도 깊은 논의를 불러일으킬 것이다. 이렇게 볼 때 인공지능 기술의 표준이나 기술의 위험성 및 사회통제와 인지, 커뮤니케이션 차원에서의 다양한 이슈들은 국가 간, 국가와 사회 간에 지속적인 대화와 일련의 협상을 통해 관리해나가려는 국제사회의 움직임을 불러일으킬 것으로 보인다. 특히 인공지능 기술이 가져올 국가적 이익과 국제사회와 개인에 가져올 위험 간에는 끊임없는 긴장이 있을 것이므로 국가는 지속적으로 안전하고 신뢰할 수 있으며 책임감 있는 인공지능의 개발을 추구할 수밖에 없다.

참고문헌

강선주. 2023. "2023년 브릭스(BRICS)의 확장: 지정학적 새 판짜기의 시동." IFANS FOCUS 2023-25K. 국립외교원 외교안보연구소.

고학수·임용·박상철. 2021. "유럽연합 인공지능 법안의 개요 및 대응방안." *DAIG* 2호.

과학기술정보통신부·한국과학기술기획평가원·정보통신기획평가원. 2023. "과학기술 & ICT 정책·기술 동향." No. 246(9월 8일).

송태은. 2021. "인공지능 기술을 이용한 국가의 사회감시 체계 현황과 주요 쟁점." 『정책연구시리즈』 2020-12. 국립외교원 외교안보연구소.

윤정현·홍건식. 2022. "디지털 전환기의 국가전략기술과 기술주권 강화방안." INSS 연구보고서 2022-16. 국가안보전략연구원.

Allied Command Transformation. 2023. "Cognitive Warfare: Beyond Military Information Support Operations." (May 9). https://www.act.nato.int/article/cognitive-warfare-beyond-military-information-support-operations (검색일: 2023. 06. 06.).

Beraja, Martin, Andrew Kao, David Y. Yang, and Noam Yuchtman. 2023. "Exporting the Surveillance State via Trade in AI." *Working Paper*, Brookings (January). https://www.brookings.edu/wp-content/uploads/2023/01/Exporting-the-surveillance-state-via-trade-in-AI_FINAL-1.pdf (검색일: 2023. 08.3 1.).

Bernal, Alonso, Cameron Carter, Ishpreet Singh, Kathy Cao, and Olivia Madreperla. 2020. "Cognitive Warfare: An Attack on Truth and Thought." NATO.

Burke, A. A. Okrent, and K. Hale. 2022. "The State of U.S. Science and Engineering 2022." The National Science Board (January 18). https://ncses.nsf.gov/pubs/nsb20221 (검색일: 2023. 03. 01.).

Engelke, Peter and Emily Weinstein. 2023. "Assessing China's approach to technological competition with the United States." *Strategic Insights Memo*. Atlantic Council (April 24). https://www.atlanticcouncil.org/content-series/strategic-insights-memos/assessing-chinas-approach-to-technological-competition-with-the-united-states (검색일: 2023. 05. 06.).

Engler, Alex. 2023. "The EU and U.S. diverge on AI regulation: A transatlantic comparison and steps to alignment." *Brookings* (April 25). https://www.brookings.edu/articles/the-eu-and-us-diverge-on-ai-regulation-a-transatlantic-comparison-and-steps-to-alignment/#anchor1 (검색일: 2023. 09. 01.).

European Parliament. 2023. "EU AI Act: first regulation on artificial intelligence." News (June 8). https://www.europarl.europa.eu/news/en/headlines/society/20230601STO93804/eu-ai-act-first-regulation-on-artificial-intelligence (검색일: 2023. 07. 05.).

Feldstein, Steven. 2019. *The Global Expansion of AI Surveillance*. Carnegie Endowment
for International Peace.

Johns Hopkins University & Imperial College London. 2021. "Cognitive Biotechnology:
opportunities and considerations for the NATO Alliance." *NATO Review*
(February 26). https://www.nato.int/docu/review/articles/2021/02/26/cognitive-
biotechnology-opportunities-and-considerations-for-the-nato-alliance/index.html
(검색일: 2023. 01. 31.).

Murgia, Madhumita, Andrew England, Qianer Liu, Eleanor Olcott, and Samer Al-Atrush.
2023. "Saudi Arabia and UAE race to buy Nvidia chips to power AI ambitions."
Financial Times (August 15). https://www.ft.com/content/c93d2a76-16f3-4585-
af61-86667c5090ba (검색일: 2023. 09. 18).

National Institute of Standards & Technology. "AI Risk Management Framework"
https://www.nist.gov/itl/ai-risk-management-framework

Nellis, Stephen and Max A. Cherney. 2023. "US curbs AI chip exports from Nvidia and
AMD to some Middle East countries." *Reuters* (September 1). https://www.reuters.
com/technology/us-restricts-exports-some-nvidia-chips-middle-east-countries-
filing-2023-08-30 (검색일: 2023. 09.18.).

Select Committee on Artificial Intelligence of the National Science and Technology
Council. 2023. "National Artificial Intelligence Research & Development Strategic
Plan – 2023 Update." (May).

U.S. Department of Defense. 2023. *National Defense Science and Technology Strategy*.
(May 9). https://media.defense.gov/2023/May/09/2003218877/-1/-1/0/NDSTS-
FINAL-WEB-VERSION.PDF (검색일: 2023. 06. 07.).

White House. 2023. "U.S. Government National Standards Strategy for Critical and
Emerging Technology." (May). https://www.whitehouse.gov/wp-content/
uploads/2023/05/US-Gov-National-Standards-Strategy-2023.pdf (검색일: 2023. 06.
03.).

"Winning hearts and minds? Try 'winning the brain'." *Defence Connect* (August 26,
2022). https://www.defenceconnect.com.au/key-enablers/10569-winning-hearts-
and-minds-try-winning-the-brain (검색일: 2023. 03. 03.).

322

찾아보기